本成果受到中国人民大学 2021 年度
"中央高校建设世界一流大学（学科）和特色发展引导专项资金"支持

第一卷　　感觉　图像　叙事
第二卷　　概念　文本　方法
第三卷　　文化史研究的再出发
第四卷　　再生产的近代知识
第五卷　　清史研究的新境
第六卷　　历史的生态学解释
第七卷　　20 世纪中国革命的再阐释
第八卷　　历史与记忆
第九卷　　医疗史的新探索
第十卷　　激辩儒教：近世中国的宗教认同
第十一卷　近代中国的旅行写作
第十二卷　量化史学专辑
第十三卷　历史的统一性和多元性
第十四卷　中古时代的知识、信仰与地域

新 史 学

中文社会科学引文索引（CSSCI）来源集刊
中国人民大学清史研究所　主办

社会史的新探索

第十五卷

本卷主编
李恭忠

社会科学文献出版社
SOCIAL SCIENCES ACADEMIC PRESS (CHINA)

《新史学》编辑委员会

召集人 孙 江 杨念群 黄兴涛

编　委（按姓氏笔画排列）

王　笛　王奇生　毛　丹　朱庆葆
行　龙　刘建辉　吴义雄　余新忠
贺照田　夏明方　黄东兰　龚　隽
麻国庆　章　清　彭　刚　韩东育

学术秘书 萧凌波

社会史的边缘视角与整体观照（代序）

李恭忠

一

中国的社会史研究自从 1980 年代"复兴"以来，历经三十多年的发展，已经成为一块"熟地"，取得了令人瞩目的进展，涌现了丰富多彩的成果，尤其是发掘了众多日常性、边缘性的事物。与此同时，也有人对近些年的历史学特别是社会史研究颇有微词，比如"吃喝玩乐""声色犬马"的嘲讽，"碎片化"的批评，等等。这种嘲讽和批评未必完全准确，但也反映了社会史研究客观存在的一些不足。在这种情况下，似有必要回到起点和本原，重新思考社会史是什么这个基本问题。

社会史是什么？1980 年代中期大体上有三种理解：（1）"专史说"，即认为社会史就是社会生活史（专门史）；（2）"通史说"，主张社会史是一种整体的历史（通史）；（3）"范式说"，认为社会史是一种研究范式（题材无定）。三十多年后回头来看，"范式说"体现了开放的学术思维、开阔的学术视野和创新的学术追求，起到了打开和活跃学术风气的作用。不过从范式的角度而言，社会史相比于其他的史学研究路数或者领域，其独特之处究竟何在，这个问题难有确切的答案。"通史说"立意和境界都很高，只是实际操作起来难度很大，成功的例子比较少，要么是无所不包的通史，例如坊间几种大部头、多卷本的《中国通史》；或者是个性化的整体视野和框架，比如陈旭麓先生留下的《近代中国社会的新陈代谢》一书。这样的通史，需要很高的史学造诣，对于许多学者而言，颇有"可望而不可即"之感。相比之下，"专史"的理解，即社会生活史，相对容易上手操作，可复制性相对较强，对于众多普通学人而言尤其如此，因而涌现的成果最多，同时也容易流于"碎片化"。

从近三十年社会史研究领域的实际情况来看,学界对于"专史"的理解,或许还可以有进一步探讨的余地。"专史说"往往令人想起20世纪前期英国著名史学家屈威廉(George Macaulay Trevelyan,1876~1962)的说法,后者又被有的学者概括并且批评为"剩余论"(residual view),即认为屈威廉主张社会史只是研究政治以外的历史。① 如果这样来理解,那么社会史的性格就注定是边缘性的、碎片化的。可是,屈威廉的说法究竟如何?社会史当真是以"剩余的"历史为研究对象么?

回顾一下屈威廉的原话可以发现,在他那里社会史既是边缘性的(相对于政治史而言),同时也是整体性的。可以看看他的原话:

> 社会史或许可以通过反向的方式,即一个民族的历史中除政治之外的内容。也许,将政治从任何民族的历史中刨除都是很难的,对于英吉利民族而言尤其如此。但由于如此众多的历史书籍都是由政治编年史构成的,几乎没有关注其社会背景,因此,将那种方法倒转过来,也许能够起到再平衡的作用……社会史的研究范围或许可以被界定为以往岁月里这片土地上的居民们的日常生活(daily life):这包括人类以及不同阶级之间的经济联系、家庭和家户生活的特征、劳动和闲暇的状况、人对自然的态度,以及由这些一般生活状况所产生的每个时代的文化,后者呈现为持续变迁的宗教、文学、音乐、建筑、学术和思想形式。②

这段话的第一句虽然提到了"除政治之外"的"历史",但随后说得很清楚,"将政治从任何民族的历史中刨除都是很难的"。屈威廉其实是

---

① 参见庞卓恒主编《西方新史学述评》,高等教育出版社,1992,第38~39页。
② G. M. Trevelyan, *English Social History: A Survey of Six Centuries, Chaucer to Queen Victoria*, London: Longmans, Green and Co., 1942, Introduction. 原文为:"Social history might be defined negatively as a history of a people with the politics left out. It is perhaps difficult to leave out politics from the history of any people, particularly the English people. But as so many history books have consisted of political annals with little reference to their social environment, a reversal of that method may have its uses to redress the balance. ……Its scope may be defined as the daily life of the inhabitants of the land in past ages: this includes the human as well as the economical relation of different classes to one another, the character of family and household life, the conditions of labour and of leisure, the attitude of man to nature, the culture of each age as it arose out of these general conditions of life, and took ever changing forms in religion, literature and music, architecture, learning and thought."

在拿政治史与社会史做一个对比性的区分，而不是要将两者截然分割开来。他所言社会史与政治史的区别就在于：政治史往往以重大政治事件为中心、主轴来展开宏大叙事，侧重于叙述那些轰轰烈烈的人和事；而社会史则基于日常的视角，侧重于描述那种相对平静的历史剖面及其中长期变迁。文中的 daily life 一词值得注意，这个术语在当代汉语中一般译为"日常生活"，但两者的意涵颇有差异。屈威廉对 daily life 的界定，其实是宏大的、几乎无所不包的。从文中所举的例子来看，他所提倡的以 daily life 为研究对象的"社会史"，关注的题材其实非常广泛、多样，经济关系和阶级结构、家庭模式、劳动和休闲模式、对待自然环境的态度，以及宗教、文艺、音乐、建筑、学术和思想，都可以被纳入社会史的研究范围。这样的社会史，相对于政治史的宏大叙事而言虽然可能显得零碎乃至边缘，但其基本取向依然是整体的"社会生活"（social life）及其变迁。因此，这种社会史其实就是 daily life 视角的整体史，跟 politics 视角的宏大叙事刚好互为补充、互为映衬。相比之下，中文里的"日常生活"一词不容易准确表达这种社会史的内涵，其实是将这种社会史"窄化"了。

屈威廉的说法背后的观念基础，乃是 19 世纪以来欧洲对于"社会"这一近代基本概念的理解。19 世纪前期欧洲的"社会"概念，包含着两个维度的内涵：（1）集合单数的"社会"（society in large），指一种整体意义上的人群集合体，相当于 a people，与"政治共同体"（political community）、"民族/国家"（nation）在内涵上有很大的交集，甚至是约等于的关系；（2）复数的社会（societies、associations），指各类具体的、个别的结社组织。[①] 此外，还有形容词的"社会"

[①] *Encyclopaedia Britannica*: or, *A Dictionary of Arts, Sciences, and Miscellaneous Literature*, 3rd edition, vol. 17, Edinburgh: A. Bell and C. Macfarquhar, 1797, pp. 568–589; *Encyclopaedia Britannica*: or, *A Dictionary of Arts, Sciences, and Miscellaneous Literature*, Enlarged and Improved, 4th edition, vol. 19, Edinburgh: Printed by Andrew Bell, the Proprietor, 1810, pp. 435–456; *Encyclopaedia Britannica*: or, *A Dictionary of Arts, Sciences, and Miscellaneous Literature*, Enlarged and Improved, 6th edition, vol. 19, Edinburgh: Printed for Archibald Constable and Company; and Hurst, Robinson and Company, 1823, pp. 435–456; *The Encyclopaedia Britannica*: or, *Dictionary of Arts, Sciences, and General Literature*, 7th edition, vol. 20, Edinburgh: Adam and Charles Black, 1842, pp. 433–434.

(the social)，其内涵偏重于人际之间的联系、互动，以及由此产生的各种关系模式。

基于上述"社会"概念，一方面，在19世纪欧美和明治日本的史学著述中，存在着一种广义的社会史理念，即整体意义上的社会史（history of a people）。这种社会史是一种基于文明进步观念的宏大叙事，后来又加入了社会进化论的因素，其内涵与"制度史"（institutional history）、"思想史"（intellectual history）和"文明史"（history of civilization）有着很大的交叠。19世纪欧美地区流行的"普遍史""世界史"，明治日本盛行的"万国史"，都很推崇这种与文明进步主题紧密相连的社会史。明治时期的日本学者曾经将这种史学风格概括为"文明史体"，认为历史学是关于"社会发达之记录"①"社会之传记"，②应该重点关注"社会内部之情态，即国民之生活、感情、理想、技艺、发明、产业等等之情况"，③观察"社会事实"之间的因果关系、阐明"社会之存在"的基本法则。④远藤隆吉（1874~1946）编写的教科书《近世社会学》，还专设一节论述"文明史与社会史"的关系，认为文明史关注的对象不仅仅是文学、美术这些特别的内容，而应该是"文明全体"，这与社会史关注"社会全体"颇为类似。⑤20世纪初年梁启超（1873~1929）等人通过明治日本途径借鉴西方史学资源，提倡以"国民全体"作为讲述、书写对象的"新史学"，这种新史学也与广义的社会史旨趣相通。直到二战前后英国人屈威廉所说的 daily life 视角的社会史，都还明显保留着19世纪这种广义社会史的面貌。简言之，广义的社会史以人类群体的组织机制的演变为关注焦点，与民族/国家史（history of a nation）的内涵和关怀异曲同工。在19世纪以来直至20世纪中期以民族国家为本位演进的人类历史进程中，对于整体"社会"的生成演变、起伏兴衰及其背后规律的探讨成为欧美、日本和中国学人前后相继的课题。

---

① 天野為之『萬國曆史』（五版）富山房書店、1888、"序文"第2~3頁。
② 金井恒郎編『萬國史・上世史』吉川半七發行、1894、第1頁。
③ 金井恒郎編『萬國史・近世史』吉川半七發行、1894、第2頁。
④ 元良勇次郎、家永豐吉『萬國史綱』上卷、三省堂、1892、第2~3頁。
⑤ 遠藤隆吉『近世社會學』成美堂、1907、第483頁。

另一方面，社会史又被理解为一种专门、具体的题材领域。同样是明治日本学者笔下的"文明史体"著作，在强调整体意义上的"社会"之历史的同时，其基本叙述框架中又往往将"社会"单列为一个专门的类目，与"政治""宗教""文学""技艺"等其他类目区别开来，相互并列。这在上古史/古代史部分的叙述中体现得尤其明显，元良勇次郎（1858~1912）、家永丰吉（1862~1936）出版于1892年的合著《万国史纲》即为典型。该书"上古编"分为三章，分别讲述古代"东洋"、希腊和罗马的历史。每章之下又分为六节，古代东洋章各节的主题为"政治""宗教""技艺""学术""文学""社会之情态"；希腊章各节的主题为"政治史概要"，"宗教"，"工艺技艺"（包括建筑、雕刻、绘画），"文学"（包括诗歌、戏曲、历史、辩论术），"哲学科学"，"社会之情态"；罗马章各节的主题为"政治史概要"，"法律及国语"，"宗教"，"工艺"，"文学及哲学"（包括诗歌戏曲、辩论术、历史、哲学科学），"社会之情态"。在这样的历史叙述框架中，古代东洋"社会之情态"，侧重于"阶级""族制"；古希腊"社会之情态"，涉及"教育""妇女之境遇""友情""职业""奴隶""游娱"（包括演剧、飨宴）等内容；古罗马"社会之情态"，则涉及"教育""妇女之地位""奴隶制""游戏"（包括演剧、竞技、格斗等）、免费谷物配给制等内容。① 由此可见，在这样的历史叙述框架中，"社会"的历史仅与一些具体的主题或者题材相关，比如人口群体、阶层区分、集体行为。对此，梁启超在20世纪初即有清楚的了解。1902年他在《新民丛报》发表文章介绍明治日本的历史书籍，特意提到《万国史纲》旨在叙述"万国文明之变迁"，既从纵向交代上古、中古、近世的历史演进脉络，也从横向"分（为）政治史、宗教史、工艺技术史、文学哲学科学史、社会史等门"。② 这是"社会史"作为一个专有名词在汉语中出现的较早例子。在梁启超当时的笔下，这种"社会史"显然是一种狭义的社会史，或者说专门社会史。

---

① 元良勇次郎、家永豊吉『萬國史綱』上卷、第32~34、103~108、161~166頁。
② 饮冰室主人：《东籍月旦·历史》，《新民丛报》第11号，1902年7月5日，第105页。

二

19世纪广义和狭义的社会史传统，20世纪以来都在中国学界产生了深远的影响。广义的社会史一开始附着于社会进化论之下，经过20世纪二三十年代的"社会史大论战"获得了独立的名分，并且越来越趋向于"社会发展史"，致力于自觉地探求和阐释人类社会历史演进的普遍规律。与此同时，狭义的或者专门意义上的社会史也一度活跃，宗族、集团、群体、生活、风俗等题材的历史论著纷纷出现。1980年代以来社会史研究的"复兴"，一方面是在20世纪二三十年代狭义的专门社会史基础上的复兴、扩展和深化，进而成为人们最熟悉的"社会史"；另一方面也更加重视理论和方法的自觉，积极引介国外的社会史研究经验，进而立足中国语境尝试构建社会史研究的本土流派。

今天来看，一个多世纪以前广义和狭义的两种社会史确实各有优长，两者恰可互为补充。着眼于"社会"概念的多重内涵，社会史在发挥边缘视角、特色题材、小众关怀等优势的同时，可以更加关注人际之间的联系和互动，更加重视边缘与中心、群体与个体、政治与生活、利益与情感之间的交互作用，从而体现全局观照和整体关怀，进一步彰显社会史的品格和特色。

关于社会史研究的边缘视角、整体观照和品格特色，中国秘密社会史这一学术领域的探索颇可回味。所谓"秘密社会"，又称"秘密结社"，为英文 secret society/ secret association 的汉字译名，显然是复数名词意义上的"社会"概念衍生出来的次一级概念。1822年，英国传教士马礼逊（Robert Morrison，1782~1834）出版其编纂的英汉词典第三部，在解释 brotherhood 一词时提到中国有许多 secret associations，并且列举了"天地会""三合会""天理会"等名目。① 四年以后，其已故同事米怜（William Milne，1785~1822）研究三合会的一篇英文文章，

---

① Robert Morrison, *A Dictionary of the Chinese Language*, Part 3, *English and Chinese*, Macao: East India Company's Press, 1822, p. 54.

经过马礼逊的努力在英国皇家亚洲学会会刊公开发表。① 此文开启了欧洲人研究华人民间结社的先河,此后几十年里欧洲人陆续开展了关于华人天地会、三合会的研究,并且都将其理解为 secret society/ secret association。1888 年 1 月,"秘密结社"一词即已出现在中文报纸转载的日本新闻中,当时还只表示"秘密地结社"之意。② 1902 年,广东归善(今惠阳)人欧榘甲(1870~1911)在日本出版中文小册子《新广东》,使用"秘密社会"一词来统称那些"其宗旨不可表白于天下,其行为不可明著于人群",且"行事秘密,誓不外泄"的"私会",包括天地会、三合会、哥老会、安清道友会、白莲教、斋教、八卦教、义和团、东北马贼,等等③。此后"秘密社会"引起中、日两国近代革命者的重视,并且被打上"民族主义"的光环、被寄予助力"民族革命"的期待。1912 年,日本人平山周(1870~1940)在上海商务印书馆出版了一部中文著作,书名叫作《中国秘密社会史》,此后在中、日学术界产生了持续的影响。由此,"秘密社会史"成为一个专门的术语,逐渐指向一个特定的问题领域。

1920 年代以后,秘密社会史研究作为一种专门的社会史逐渐兴起。一开始,学者们仍然沿袭 19 世纪西方人的路数,基于精英文化的视角,主要依靠秘密结社内部资料进行文本、典故的考释和话语阐释。1960 年代,蔡少卿(1933~2019)开始发掘利用官方档案、时人记载等各种外部资料,把秘密结社置于经济-社会格局及其变迁背景下进行考察,从而将秘密社会史研究导向更加符合历史学规范的发展路径。④ 此后几十年,围绕"秘密社会"的历史起源、演变脉络、群体基础、结构功能和政治社会影响等内容,中外学术界开展了持续的探讨。总体而言,不管对"秘密社会"的印象和评价是偏向于负面还是尽可能辩证

---

① Dr. Milne, "Some Account of a Secret Association in China, Entitled the Triad Society," *Transactions of the Royal Asiatic Society of Great Britain and Ireland*, Vol. 1, No. 2 (1826), pp. 240 - 250.
② "东京于二十六号,特出保安例七条,宣布国中。其大要,如秘密结社出会,家内集会成党,阴谋内乱,通同外乱等事,不论军民人等,察出从重治罪。"《东报摘译》,《申报》1888 年 1 月 8 日,第 2 版。
③ 太平洋客(欧榘甲):《新广东》,横滨新民丛报社,光绪壬寅九月,第 51~64 页。
④ 参见蔡少卿《关于天地会的起源问题》,《北京大学学报》1964 年第 1 期;蔡少卿:《中国近代会党史研究》,中华书局,1987。

地去看待，学者们的关注点长期以来都放在其边缘性、异端性上面，侧重呈现其与主流社会、官方体制的差异、疏离乃至对立关系。经过几十年的发展，秘密社会史研究取得了丰富的成果，基本构筑起了专门的学术体系，成为一种成熟的专门社会史。然而另一方面，到了20世纪末21世纪初，这个领域面临的瓶颈状态也很明显。因为，专注于特定对象、领域的研究，有点像矿产资源的开采，在资料发掘和议题拓展方面，总会接近资源枯竭的时候。在民间宗教结社史研究方面，这个问题还未必有那么严峻，因为仍有可能通过田野工作发掘新材料，甚至获得重大发现，比如曹新宇近年关于明清以来华北乡村地区黄天道的调查和研究成果。① 而在秘密会党史这个细分领域，问题更加明显。存量的直接资料比较有限，新资料的出现又难以预期，老题材已经研究得差不多了，继续研究下去难免深度"内卷"，而且很容易流于对以往成果的重复。

　　面对秘密社会史研究的瓶颈，一些学者进行了反思和新的探索。蔡少卿先生在1980年代就强调，秘密会党在组织机制上模拟了传统时代的血缘家族制度，这一点对于理解会党的性质和功能非常重要。② 这个见解提示研究者，"秘密社会"与常规的、主流的体制具有同构性。20世纪末，加拿大学者王大为（David Ownby）对于"公开"和"秘密"、"地下"和"主流"、"正统"和"异端"之间是否能够严格区分开来表示怀疑。③ 孙江进而提出，应该跳出正统与异端二元对立的思维，摆脱将秘密结社视为反体制甚至反社会的话语惯性，而将秘密结社理解为中国社会人际关系网络中的一个纽结。④ 近二十年来，相关的学术趋势越来越明显，即在充分呈现秘密结社的个别性及特殊内涵的基础上，尝试着跳出"秘密社会"的视野来看秘密结社，不是强调它们的反常性

---

① 参见曹新宇《明清民间教门的地方化：鲜为人知的黄天道历史》，《清史研究》2013年第2期；曹新宇主编《明清秘密社会史料撷珍·黄天道卷》（全7册），台北：博扬文化事业，2013。
② 蔡少卿：《中国近代会党史研究》，第14~19页。
③ ［加］王大为：《一个西方学者关于中国秘密社会史研究的看法》，曹新宇译，《清史研究》2000年第2期。
④ 孙江：《话语之旅：关于中国叙述中秘密结社话语的考察》，《中国学术》总第18辑（2005年1月），第36页。

和异质性,而是侧重于分析它们与常规的、普通的"社会"之间的联系和共性,努力通过"秘密结社"这种历史现象去反观整体"中国社会"的深层特征、构造机制和历史变迁。① 对此,专长西方政治思想史的南京大学张凤阳教授,大约十年前就有形象的概括:秘密社会史研究,就是从"秘密社会"发现"中国社会"的"秘密"。诚哉斯言!如果能将边缘视角和整体观照切实结合起来,从个性题材出发透析一般机理,那么秘密社会史研究不仅可以得到更进一步的发展,还可望为思考历史学研究中的"碎片化"问题提供一份独特的学术资源。

三

收入本辑的各篇文章,不敢说能在多大程度上实现边缘视角与整体观照的统一,不过确实体现了朝着这一方向的努力。这些文章大致可以分为四组。

第一组的三篇文章,主要关注边缘交错背景下特殊人群的经历和体验。

陈明华的《吃斋与认同:清代闽浙赣边山区移民的组织化》,关注帝制时代晚期跨行政区域地带边缘人群的组织化及其对地方秩序的影响。文章以清代闽浙赣边山区的罗教支派组织——斋教为例,讨论人口跨界流动与偏僻山区开发的背景下,移民群体如何通过民间教派的传播机制、组织网络和仪式活动,在通常的宗族模式之外构建另一种跨越血缘和地缘的经济互助共同体并形成共有的身份认同。文章认为,山区移民受到经济利益与信仰因素的双重驱动,以教派信仰结成群体组织,成为移民获取社会资源和应对生存困境的重要架构。这种方式一度在闽浙赣山区的移民社会中相当普遍,只有在特定条件的叠加刺激下,被教派仪式和经济利益整合起来的人群才可能对统治秩序形成严重威胁。斋教的案例表明,在大一统王朝时代,内地的边缘区域存在着多种"社会"凝聚方式,血缘关系和信仰仪式都曾是社区公共关系构建的重要媒介,只不过随着王朝国家的控制加强,后者乔装打扮,逐渐淡出人们的视

---

① 这方面的代表性成果,参见孙江《重审近代中国的结社》,商务印书馆,2021。

野，但并不意味着它的作用完全消失了。

钟云莺的《越南"四恩孝义"派对汉传佛教经典之运用与转化》，则关注跨文化、跨族群背景下汉传佛教对民间宗教如何产生影响。关于中华文化在越南的影响，长期以来学界比较重视越南各朝之精英学者与知识分子，特别是儒家学者的著述。这篇文章则认为，如果从民间社会的生活面观察，帝制时期的越南则是以佛为要，民间化、世俗化、法会礼仪祈福在家化的民间佛教已经融入了越南人的生活，观音信仰更是深植民心。19世纪中后期越南南部出现的民间教派"四恩孝义"，即为鲜明的例子。"四恩孝义"的兴起，同样与移民和山区开发背景有关，辟地、建村、安民、立庙，是一个连贯的过程。不同的是，创教者创造性地运用汉传佛教经典，在绍承传统的同时，又从传统中再生产、再创作出内部专属的典籍，由此掌握了重新诠释越南民众原有佛教信仰与观音信仰的文化权力。尤其值得注意的是，"四恩孝义"至今维持着使用汉字来创作与传抄内部典籍的传统，甚至要求传教者或礼仪主事者皆习汉字。这既是其在佛教传统中已自成一派的标志，也是它在许多同类教派皆已衰微凋零的情况下还能流传至今的主要原因。

齐金英的《"马贼"与清俄战争——石光真清〈旷野之花〉中的"弃民"与"侠民"》，关注近代帝国主义扩张背景下边境地区下层人群的命运。在一般人心目中，东北地区的"马贼"似乎就是一种来无影、去无踪的武装抢劫团伙。但他们究竟是什么样的一群人？到底是什么样的环境催生了这样一群人？作为同样有血有肉的普通人，他们如何应对生活的日常和时代的大潮？迄今为止直接描述"马贼"具体情况的论著仍然非常缺乏。这篇文章借助"他者"的视角，呈现了19世纪末20世纪初多方异质力量交错背景下"马贼"的经历和体验。文章发掘了一份此前极少受到关注的独特文本，即日本谍报人员石光真清的手记《旷野之花》。石光真清曾经与"马贼"接近、交往，甚至成为"马贼"的副头领，在他的笔下，"马贼"并非单纯奸杀掳掠、令人畏惧的存在，不乏反抗社会不平、抗击帝国主义侵略的侠义精神。"马贼"不是孤立的人群，在当时的东北大地上，还有许多普通人在看得见的国境线附近生活。通过石光真清细致的描摹，我们可以看到20世纪初沙俄侵华战争之际的不同边缘人群如何在帝国主义扩张的铁蹄下被践踏蹂躏，如何拼尽全力去抵抗。在国与国之间弱肉强食的原理之下，普通人一旦遭遇战争，即被肉眼看不到的界线隔离开，面临被屠杀者或是屠杀者的命运。

第二组的三篇文章，围绕转型秩序这一主题展开，并且侧重于地方的视角。

间泽的《"民党"的尝试和困境——民国初年中国社会党研究》，通过一个具体的案例，讨论民初大变局和制度转型背景下政治类结社的理念和实践。"政党"是现代政治的题中应有之义，也是今人据以观察、分析民初政治变迁的一个基础概念。不过，民初一度出现过的大量政治类结社，却被议会拒之门外，无法以政党的形式进行活动，因而很难用"政党"概念加以概括。对此，当时人有另一个概念——"民党"来指称这类团体。在蜂拥而起的数以百计的民党当中，中国社会党成立最早、规模最大、党员人数最多，在较长时间里保持了活跃状态。尤为特殊的是，它明确以"社会主义"为基本纲领，而且从一开始就拒绝"政党"的身份标签，先是以"社会党"作为标榜，后来则以"民党"自称。它以"社会"而非国会作为主要活动平台，试图以"主义"和群众结合，在全国进行社会改良。中国社会党的这种思路和探索实践未能取得成功，但也反映了民初制度转型过程的特殊一面。

王亚飞的《制度实践与地方社会——民元江苏的县官选举》，将视线投向地方层面，以民初江苏常熟、武进两县县官选举为例，探讨20世纪前期制度转型背景下地方社会特别是士绅群体的行为表现及其政治影响。辛亥鼎革之际，江苏临时省议会确立了县官民选的机制，相当程度上颠覆了清代惯行的人事制度与回避制度。县官选举以自治办理为前提，并由自治机关具体操作，此举又突破了清季"以自治辅官治之不足"的定位，尝试"合官治与自治而为一"，将选举由政体之外移入体制之内。县官民选唤起了地方士绅的权力欲，由此引发激烈争执。其间又配合着新式的理念包装和运作方式，使得士绅的派系分野与利益纠葛更添一层近代政党竞争的色彩。由选举纠纷引发的各种对立和撕裂，对地域社会产生了持续影响。这场昙花一现的尝试表明，地方官由国家直接委任这条从上到下的单向传递之路已受到质疑，而新式政治知识和政治制度的本土内化，则还需要更长的调适过程。

叶培林的《地方民军与基层政治——福建长泰县叶文龙的个案研究（1926～1940）》，同样关注转型时期的地方秩序，讨论的对象则是"民军"这一特殊势力在县域范围内的影响。作为辛亥革命前后出现的反清、反北洋军阀的民间武装力量，地方民军在民国时期制度转型背景下的角色有点模糊。他们有别于士绅阶层所领导的、以保卫乡里为目标的团练，也不同于啸聚山林的土匪，近似军阀但又实力不济。他们正规性不足，实力较弱，与中央政权以及帝国主义的联系并不密切。但在特定的环境下，他们又可能对基层政治和地方治理产生重要影响。以福建为例，自清末民初至1940年代，民军在历史舞台上活跃了近半个世纪，范围遍布八闽大地。长泰县的叶文龙，起家于以"国民革命"为旗号的北伐战争，始终以该县为势力范围，周旋于更加强大的不同政治力量之间。在国民政府的承认和纵容下，他实际把持地方权力、控制地方事务十余年，同时也不忘塑造自己"热心建设""造福乡梓"的形象。直至1940年代初，抗战形势日趋严峻，国民政府对于地方兵员、税收等资源的需求愈发扩大，政府与民军之间的张力终于突破界限，叶文龙部也被国民政府军队以"扰乱后方、妨碍抗战"之名剿灭。叶文龙只是一个普通的例子，但也浓缩了一段秩序转型的历史。

第三组的两篇文章，围绕慈善网络这一具体视点展开，主要关注近代中国慈善公益事业赖以开展和维系的机制。

蔡勤禹、燕鹏的《中国近代名流慈善圈探析》，以近代中国不同职业阶层的代表人物余治、经元善、熊希龄、王一亭为例，分别讨论了绅士慈善圈、绅商慈善圈、致仕官员慈善圈、跨界人物慈善圈这四类名流慈善圈的构成、层阶、辐射范围及影响。名人慈善圈主要靠其拥有的社会资本而形成，通过名流的人脉关系建立和传承，并以此为核心来组织、开展慈善活动。名人慈善圈的特点，有如费孝通所说的"差序格局"，核心圈、中间圈和外层圈逐层向外扩散。名流慈善圈与慈善组织慈善圈、都市慈善圈具有重合性与交叉性。名流置身慈善组织，以慈善组织为平台开展慈善活动；慈善组织根植于都市，以都市为依托来进行募捐和活动。这样既分也合的慈善圈，反映了近代慈善事业发展形态的多样性。

李璐的《全面抗战时期大同慈善社研究》，则通过一个具体的个案，探讨了全面抗战时期慈善组织与国民党政权之间支配与被支配、磨合与协商的微妙关系。文章显示，作为1920年代新兴宗教慈善团体的一员，大同慈善社曾经被国民政府取缔，此后改为不同名目继续活动。全面抗战时期，在庞大的战时救济工作需要面前，如何动员宗教慈善团体参与战时救济，并将之纳入国家主导的秩序范围，成为国民政府亟须解决的一个难题。大同慈善社聚集了大量内迁难民，自然被纳入了国民政府的动员范围，承担了大量战时救济工作，由此也获得了政府的认可，从而有了更多活动空间。在大同慈善社那里，宗教与慈善实为一体两面，是它进行慈善救济活动的内在动力。但国民政府希图强化社会统合，通过推动其改组，将其降为地方社团，限制其宗教性的一面，力图将之改造为纯粹的"慈善团体"。在此形势下，大同慈善社越来越向"慈善团体"靠拢。但在抗战结束、内迁民众大量回迁、资金来源不能保证的情况下，被纳入社团体系的大同慈善社逐渐名存实亡。大同慈善社的例子表明，同样是"慈善"，从政治和宗教的角度出发，理解和定位可能大不一样，由此而来的效果和影响，也可能偏离各自的本意。

最后两篇文章，分别讨论基本概念和理论脉络。

笔者的《何谓"社会"——近代中西知识交汇与概念生成》，尝试梳理近代中国"社会"概念的由来，探析其为何具有多重复杂甚至是相互矛盾的含义。时至今日，"社会"一词既可能指高大上的正面意涵，比如"社会主义社会""共产主义社会"，又可能语带暧昧，甚至指向某种负面意涵，比如"社会上的"。其实，类似的情况在近代"社会"概念形成之初即已存在。"社会"一词古汉语中早已有之，主要指民间的迎神赛会，而且带有官方或者精英居高临下、轻蔑贬抑的意涵。19世纪传教士采用汉字词"会""社"对译society，使用的释例往往是本土的民间结社，包括"天地会""三合会""白莲会"，等等。明治日本知识人采用古汉语"社会"一词来对译society，由此将其发展为一个表达新式概念的和制汉语新词。甲午之后，和制汉语新词"社会"传入中国，又与古汉语"社会"一词的意涵相互混杂。由此，近代中国的"社会"概念呈现出暧昧特征，从理论上说指向时代变革的不二方向，其内涵所指跟"国运"升降、新型"国家"的建构这一宏大追求紧密相连，但在经验和实践层面，又仍旧带有官方或者精英视角之下令人不屑、不满乃至不安的特征。这种"社会"认知在现代汉语中沉淀下来，也隐约提示着后来"国家–社会"关系以及"政治–社会"关系的构建方向。

二宫宏之的《作为参照系的身体与心灵——历史人类学试论》，是一篇提纲挈领的理论文章。作者是研究前近代法国史的日本老一辈专家，在回顾和梳理20世纪中后期法国有关社会史、文化史、历史人类学的相关学术脉络的基础上，提出了自己对于历史人类学的系统思考。文章将各式各样的问题群回归到"人类"之下，以"身体"与"心灵"两条轴线为中心进行整合，并且主张从"身体"与"心灵"的实际情况出发，去探寻连接人与人的"纽带"究竟是何种性质之物。二宫先生已经去世十余年，他这篇文章在日本初次发表的时间则更早，但其中体现的学术卓识，对于中文学界思考和探索社会史研究的后续发展，特别是社会史研究如何在微观、具体乃至"碎片化"与整体观照之间取得平衡，仍然不无启发意义。

目录

边缘空间

3 吃斋与认同：清代闽浙赣边山区移民的组织化
　　陈明华

30 越南"四恩孝义"派对汉传佛教经典之运用与转化
　　钟云莺

55 "马贼"与清俄战争
　　——石光真清《旷野之花》中的"弃民"与"侠民"
　　齐金英

转型秩序

89 "民党"的尝试和困境
　　——民国初年中国社会党研究
　　阎　泽

109 制度实践与地方社会
　　——民元江苏的县官选举
　　王亚飞

144 地方民军与基层政治
　　——福建长泰县叶文龙的个案研究(1926~1940)
　　叶培林

慈善网络

167 中国近代名流慈善圈探析
　　蔡勤禹　燕　鹏

183 全面抗战时期大同慈善社研究
　　李　璐

理论经纬

207 何谓"社会"
　　——近代中西知识交汇与概念生成
　　李恭忠

237 作为参照系的身体与心灵
　　——历史人类学试论
　　〔日〕二宫宏之 撰　王瀚浩 译

边缘空间

吃斋与认同：清代闽浙赣边山区移民的组织化

陈明华[*]

引 言

明清时期，大量被称作"棚民"或"流民"的群体离开原居地，进入闽浙赣交界之地，从事种植、矿冶、手工诸业，该区域也因此得到开发。那么这些游走于街头巷尾，往来于崇山峻岭之中的"无籍之徒"，如何在异乡生成社会关系，构建自己的群体身份？梁肇庭把客家人和棚民族群意识的形成置于资源竞争社会背景中加以考察。在他看来，当经济趋于萧条，人群之间争夺生存资源的竞争会日趋尖锐，族群分类和族群动员也会不断凸显，这最终导致族群意识的产生。客家或棚民的族群性正是在其所处区域经济周期性衰退中形成的。[①] 梁氏在书中对此做出了详细论证，不过从逻辑上说，群体之间能够展开竞争、爆发冲突，说明此前隐隐然已经有群体的身份边界，冲突只是进一步强化、修正既有的界线。有鉴于此，梁肇庭借鉴帕特森（Orland Patterson）的族群分析理论中"族群"与"文化群"的概念，指出只有当文化群借用共同的文化标签来动员和提升他们的凝聚力，以便在与其他群体竞争时获取更多的社会资源或减少生存威胁时，才成为"族群"。[②] 那么这种"文化群"的共同身份又是如何而来？他们靠什么样的机制凝聚起来？

宗族组织是传统中国社会重要的组织方式，但并非唯一方式。人类学家通过田野调查材料已经注意到，民国时期诸如圣谕坛之类民间教门

---

[*] 陈明华，杭州师范大学人文学院历史系副教授。
[①] 梁肇庭：《中国历史上的移民与族群性：客家人、棚民及其邻居》，冷剑波、周云水译，社会科学文献出版社，2013，第87页。
[②] 梁肇庭：《中国历史上的移民与族群性：客家人、棚民及其邻居》，第2页。

在地方社会普遍存在，它们借助宗教方式和组织网络，整合、组织社区，成为宗族之外的"大规模社会团结"。① 而历史学者也把活跃于移民群体中的教派看作一种跨越血缘和地缘的大众组织、一种宗族之外凝聚民众的机制。②

明末以来，大量移民进入闽浙赣边山区，与此同时各种教派也在此区域广泛流行。与强调打坐、推拿、拳棒等修炼方式的北方教派相比，活跃于三省交界的教派在修行上更为突显"吃斋诵经"（北方不少教派也有吃斋的要求），因此也被统称为"斋教"或"江南斋教"，其中又以罗教（罗祖教、无为教）相关支派为主。本文即以这些罗教支派为代表，探讨它们如何在利益分配机制和仪式活动中不断创造信众的共同身份，并且给地方秩序带来可能的影响。

一 闽浙赣边山区的开发与移民

闽浙赣边山区主要指福建、浙江、江西三省交界地区，这片区域主要包括清代福建建宁、延平、邵武、汀州，浙江处州、衢州，江西广信、建昌、宁都（州）、赣州诸府范围。不过这并不是一个完全固定的界线，有时也可扩充至周边府县。③ 这片区域位于东南丘陵地带，多山少平原，海拔 200 米以上的丘陵到海拔千米的山峰，不下数十万座，其中以武夷山脉和仙霞岭最为著名。因此从广义上说，称其为"山区"亦无不可。④

三省山区虽然可能很早孕育了原始稻作农业，但是直到公元 2 世纪，山区民众依然以山伐、渔猎、畜牧作为主要生计。唐代、北宋时

---

① 杨春宇：《民国社区研究与民间教门——以西镇圣谕坛为例》，《社会学评论》2015 年第 3 期，第 12 页。
② 罗士杰：《民间教派、宗教家庭与地方社会——以十七至十九世纪中叶浙江庆元姚氏家族为中心》，《台大历史学报》（台北）第 56 期，2015，第 87~132 页。
③ 徐晓望：《明清东南山区社会经济转型——以闽浙赣边为中心》，中国文史出版社，2014，"绪论"第 4~5 页。
④ 学界一般将起伏相对高度大于 200 米的地域称为"山区"或"山地"，不过历史学者有时在更为宽泛的意义上使用"山区"这一概念，即包括平原之外的全部地区。鲁西奇：《南方山区开发的历史进程、特征及其意义》，《中国经济与社会史评论》2009 年卷，第 49 页。

期，浙赣山地得到迅速开发。浙闽山地开发较晚，至南宋才开始。① 被称为"流民"或"棚民"的山外移民是开发的主力，山区的开发每每与他们的流入相伴随。明清时期，三省之间的山区经历多次移民浪潮。

福建地区宋代就已存在人多地少的问题，到了明清时期人地关系更为紧张。为了生存需要，福建人不仅在省内寻求适合定居之所，而且向邻省乃至海外迁徙。浙江、江西即成为闽北、闽西诸府移民主要的移入地。而浙江、江西部分地区面临类似问题，因此也有民众向三省交界的山区迁徙。

明代前期，赣中山区开始吸引闽西客家人迁入，至明末依然持续不断，此外还有一部分来自江西宁都、石城的移民。赣南山区从明代以来一直有福建移民迁入，这些移民大部分来自汀州，小部分来自上杭和连城。②

由黄山支脉、怀玉山和武夷山组成的赣东北山区，地处闽浙赣三省交界，盛产铜、银、铅等有色金属，是移民青睐之地，明代前期就有相当数量的流民来此私开银矿。铜塘山等地还爆发过叶宗留等多次矿工起义，为此政府不惜将武夷山脉和怀玉山脉东段封禁。不过此举依然无法杜绝移民进入。清代初年，广信府所属山区"深山大谷，棚民所在都有"。③

浙西南山区的汤溪、江山、西安以及遂昌等县，明末以来即有大量闽人来此种靛植麻。而处州地区也有大量移民进入，按照地方志的描述，当时本地人口锐减，移民搭棚占地，居住在丘陵、沟壑之间。云和县移民的数量甚至达到人口总量的60%。④

闽北和闽西山区是浙、赣山区移民的主要来源地，不过在明清时期，闽省内部其他地区移民也有部分进入该区域。永福、邵武、宁德等县山区在明末就有大量客民伐山采木。⑤ 而客家人离开闽西山区外迁时，闽南、闽北地区的一些移民就进入到这个区域。⑥

---

① 鲁西奇：《南方山区开发的历史进程、特征及其意义》，《中国经济与社会史评论》2009年卷，第53、61、63页。
② 曹树基：《中国移民史》第六卷，福建人民出版社，1997，第176~177、198页。
③ 曹树基：《中国移民史》第六卷，第241页。
④ 梁肇庭：《中国历史上的移民与族群性：客家人、棚民及其邻居》，第78页。
⑤ 胡碧珊：《清代东南山区棚民之研究》，东海大学历史研究所硕士论文，1996，第8页。
⑥ 林国平、邱季端主编，张贵明副主编《福建移民史》，方志出版社，2005，第63~64页。

清初的战乱特别是"三藩之乱",促成新一波移民运动。地方政府为了保证税赋,恢复生产,大力招徕流民,大量福建和江西的移民进入浙南山区,据曹树基推算,这批移民规模在23万左右。① 此外,来自粤东、闽南的民众也在赣南山区垦殖。如赣南东北部的广昌县,818个村庄中,有216个来自福建,占总数26.4%。居于赣南中部的瑞金县在康熙年间,闽粤移民十倍于本地居民。②

赣东北山区在"三藩之乱"以后,也迎来了类似的移民潮。移民主要来自福建,少部分来自浙江。贵溪和铅山两县南靠武夷山,到清乾隆时期,贵溪县南部山区移民占全县人口约10%,铅山县移民占全县人口23%左右。玉山县北部的怀玉山区,清代以前因为政府封禁,移民村落较少,清初以来移民运动展开之后,大批移民相继迁入玉山。至乾隆年间,清代迁入的闽籍移民村庄占该县北部山区总村庄数34.8%,浙江和江西南丰移民次之,分别为12.3%和9.5%,三地移民村庄总计56.6%。怀玉山开禁之后,原先作为封禁山的铜塘山区域也不断为棚民所蚕食。到乾隆时期,禁山已被垦去三分之二。铜塘山区虽然开发较晚,但在部分区域,清代移民迁入村也占到山区村落总数的22%左右。③

山区可耕地资源匮乏,造成了移民生计形态的多样。除了农耕之外,移民还可能种植经济作物,开发矿产资源,经营手工各业。雍正三年(1725)地方官员向朝廷报告闽、浙、赣三省的山区棚民生计,就包括种植大麻、靛青、炼铁、造纸和种菇等项。④ 而实际上的经营范围还要宽泛,种植烟草、茶叶、桐油、苎麻、大麻、竹笋等,都是移民的谋生手段。不过,无论是农业耕种,还是经济作物种植、矿冶、造纸等产业,它们的目标都是进行商品化生产,因此与市场的关系极为密切。⑤ 这也意味着移民生计容易受到市场波动影响,具有相当的脆弱性。

有些山区经过开发,粮食产量较多,甚至可以向外输出。但是总体来说山区粮食难以自给自足。一旦遭遇荒歉,米价腾贵,就容易爆发各

---

① 曹树基:《清代前期浙江山区的客家移民》,闽西客家联谊会编《闽西客家外迁研究文集》,海峡文艺出版社,2013,第192页。
② 曹树基:《明清时期的流民和赣南山区的开发》,《中国农史》1985年第4期,第28页。
③ 曹树基:《中国移民史》第六卷,第243、244、246页。
④ 胡碧珊:《清代东南山区棚民之研究》,第14页。
⑤ 梁肇庭:《中国历史上的移民与族群性:客家人、棚民及其邻居》,"序言"第14页。

种禁米、抢米风潮。① 除了粮食之外，生活必需的食盐也是山区紧缺的物资，一旦市场供需紧张就会导致食盐难以运入。山区恶劣的环境，使移民和当地人都面临着生活、生产资源紧张的问题，彼此之间也容易爆发冲突。特别是在灾歉年份，移民与当地人之间容易爆发大规模暴力行动，彼此都处于一种恐怖威胁之中。②

移民面对着自然环境和社会环境带来的重重挑战，他们的生活处于一种相当脆弱的状态，正如梁肇庭所总结的："多数棚民要与恶劣环境、当地人的敌意、不公正的租金和物价、经常存在的歉收等困难作斗争。"③ 正是在这种恶劣环境之下，移民往往会有许多希冀。他们希望能够避免疫疾的侵袭，在灾歉年份可以果腹幸存。除了这些现实要求外，移民也会关心死后谁来祭献之类问题。婚姻对于移民是种奢望，很多人可能一辈子孤身一人。即使结婚生子，以山区的条件，婴儿存活率也相当低。④ 对于没有子嗣的中国人，死后谁来供奉香火成为人生焦虑之一。

构建群体组织是解决以上困境的出路之一。在中国社会，借助血缘关系构建家族组织是普遍采用的方式。一些移民家庭进入移居地后，逐步重建宗族，以满足某些生存需求。不过，普通移民家庭要发展成宗族成本极大。据曹树基估算，移民从一个小家庭发展成"家族"，进而演化为由若干房组成的小宗族要100年以上的时间。根据人口年平均增长率15‰的高增长率推算，普通五口之家要成长为100个家族成员的宗族需要200年时间。⑤ 因此在王朝时代的边缘人群中，血缘关系并非社会组织的唯一方式，如华南地区的"水上人"在未纳入王朝编户以前，

---

① 徐晓望：《明清东南山区社会经济转型——以闽浙赣边为中心》，第63~64页。
② 饶伟新：《明代赣南的社会动乱与闽粤移民的族群背景》，《厦门大学学报》（哲学社会科学版）2000年第4期，第137页。
③ 梁肇庭：《中国历史上的移民与族群性：客家人、棚民及其邻居》，第79页。
④ 根据郭松义对清代《刑科题本》中144对夫妇（妻子年龄在39岁以上或结婚超过20年）的统计，未生子女者占11.11%，拥有子女1人者，占20.14%。而其对婴儿和儿童的死亡率估算大致在50%左右。这还是当时的平均水平，考虑到山区的自然条件和医疗条件，这个数据可能会高出许多。郭松义：《清代小农家庭规模的考察》，方行主编《中国社会经济史论丛：吴承明教授九十华诞纪念文集》，中国社会科学出版社，2006。
⑤ 曹树基：《中国移民史》第六卷，第106页。

很少拥有血缘组织。① 在浙江、江西也可以看到移民社区往往以"会"作为宗族组织的替代。② 而在编织此类社会关系时，各种信仰元素成为重要的媒介，至少在闽浙赣边山区中如此。

　　由于王朝国家的控制相对较弱，山区文化较为多元，各种异端信仰颇为活跃。如浙江处州缙云县，县中"多山少田，勤于树艺，信鬼尚巫，虽士大夫之家亦不能免"。③ "地多深山溪谷"的江西广丰县，也是"旧时缙绅谈性命之学"。④ 玉山县同样巫风盛行，以至于清代方志编纂者把一首《驱巫诗》录入当地"风俗"之中，这首诗是蒋士铨为铅山县所作，之所以移用，盖因习俗相同。⑤ 福建崇安"俗信巫，故业巫者盛，"而且多以外来者为之。⑥ 邵武、浦城、建宁等地也都有尚鬼好巫之俗，建瓯直到抗战前，还非常"迷信"，"庙宇佛堂林立，和尚、尼姑、道士随处可见。每年总有十几次的迎神赛会"。⑦ 南方山区普遍存在"好祀鬼神""崇重道教"的特点。⑧ 这些异端信仰在山区移民社区关系的构建中曾发挥过不同程度的作用，其中不少标榜"吃斋诵经"的教派，在山区移民群体身份的构建上尤为活跃，并对山区秩序产生了重要影响。

二　山区移民与吃斋

　　北宋时期，提倡吃斋诵经的教派从福建传入温州，并扩散至两浙地

---

① 〔美〕穆黛安：《华南海盗（1790～1810）》，刘平译，中国社会科学出版社，1997，第20页。
② 曹树基：《中国移民史》第六卷，第313～314页。
③ 何乃容、葛华总纂，潘树棠汇修《光绪缙云县志》，《中国地方志集成·浙江府县志辑》第66册，上海书店，1993，第521页。
④ （清）双全等总修，顾兰生等纂修《广丰县志》，同治十一年刊本，第二册"风俗志"，第15页。
⑤ （清）黄寿祺等主修，吴华辰等总修《玉山县志》，同治十二年刊本，第一卷下"地理志"，第19页。
⑥ 《崇安县新志》，民国三十年铅印本，第六卷"礼俗"，第7页。
⑦ 刘道生：《福建的建瓯》，《世界晨报》1935年11月6日，第2版。
⑧ 鲁西奇：《南方山区开发的历史进程、特征及其意义》，《中国经济与社会史评论》2009年卷，第81页。

区。① 宣和年间，浙江温、台二州"村民多学妖法，号吃菜事魔，蛊惑众听，劫持州县"；"结集社会，或名白衣礼佛会，及假天兵，号迎神会。千百成群，夜聚晓散，传习妖教"。此后严州、衢州亦有传授"魔法"之人。②

南宋时期，此类团体在东南各地蔓延。绍兴三十二年（1162），陆游给刚即位的宋孝宗的条对状中就提及"妖幻邪人"，"处处皆有，淮南谓之'二襘子'，两浙谓之'牟尼教'，江东谓之'四果'，江西谓之'金刚禅'，福建谓之'明教''揭谛斋'之类。名号不一，明教尤甚。至有秀才、吏人、军兵亦相传习"。③ 这些团体内容近似，"大抵不事荤酒，故易于裕足，而不杀物命"，④ 故宋人多笼统地称之为"吃菜事魔"教。

南宋庆元四年（1198），臣僚上书言及浙右"道民"，对于此类教派情况的描述更为细致：

> 浙右有所谓道民，实吃菜事魔之流，而窃自托于佛老以掩物议，既非僧道，又非童行，辄于编户之外别为一族。奸淫污秽甚于常人，而以屏妻孥、断荤酒为戒法；贪冒货贿甚于常人，而以建祠庙、修桥梁为功行。一乡一聚，各有魁宿。平居暇日，公为结集，曰烧香，曰燃灯，曰设斋，曰诵经，千百为群，倏聚忽散。撰造事端，兴动工役，夤缘名色，敛率民财，陵驾善良，横行村疃间。有斗讼则合谋并力，共出金钱，厚赂胥吏，必胜乃已。每遇营造，阴相部勒，啸呼所及，跨县连州。工匠役徒悉出其党，什器资粮随即备具。人徒见其一切办事之可喜，而不知张皇声势之可虑也。⑤

从中可以看到这些教派的一些特点，他们袭用佛、道教的内容，将"吃斋诵经"作为最重要的修行方式，但又不属于官方认可的佛教、道教。

---

① （宋）庄绰：《鸡肋篇》，上海书店，1990，第 9~10 页。
② （清）徐松辑录《宋会要辑稿·刑法二·禁约二》，刘琳等点校，上海古籍出版社，2014，第 8342 页。
③ （宋）陆游：《渭南文集》卷五《条对状》，《陆放翁全集（上）》，中国书店，1986，第 28~29 页。
④ 《佛祖统纪》卷五四《事魔邪党》，《大正藏》第 49 册，第 2035 号，第 475 页上。
⑤ （清）徐松辑录《宋会要辑稿·刑法二·禁约三》，第 8358 页。

而其参与者"于编户之外别为一族",而且以乡为单位"一乡一聚,各有魁宿"。聚会时的仪式有"烧香""燃灯""设斋""诵经"等名目,而且遇事相互集资帮助,获取更多利益,这些都为后来的斋教团体所继承。

明末清初,随着移民在闽浙赣地区流动,各种教派也开始蔓延开来,它们似乎延续了此前地方的传统,依然流行"吃斋诵经"。江南地区"有长生圣母、无为、糙团、圆果等号,各立各户,以相传授"。① 实际上流传的不止这些名目,仅福建当时影响较大的就有罗教、金堂教、腰条教、密密教、无极教、祖师教、圆顿大乘教、大乘教、龙华教、先天教、无为教、老官斋教、空道教等名目。②

这些教派虽然名目各异,核心内容却相类似,都以"吃斋诵经"为主,以至于外界把这些教派与"吃菜事魔"等旧名称相联系。万历年间,沈德符就说:"向来白莲、无为之教盛行,如宋人所谓'吃菜事魔'者,南北并起,盖不胜书。"③ 直到晚清,左宗棠还斩钉截铁地认为斋教即"吃菜事魔邪教"。④ 正因此特色,外界笼统将此类团体称为斋教,下文也沿用此称呼。

这些斋教团体伴随着移民而来,并依靠移民网络进行传播。以姚门教为例,其二代祖师殷继南(也作应继南)和三代祖师姚文宇很可能都是福建客家移民。⑤ 而他们最初的传教区域往往也是福建移民聚居区。如姚文宇向周边各县传教时,金、衢两府是其活动的主要区域,汤溪则尤其受到重视。姚文宇曾亲自策划在汤溪举行千佛会和龙华会,以壮大声势,吸收信徒。⑥ 金、衢两府当时有不少福建移民进入,汤溪南部山区则是福建移民最集中的聚居区,他们"依山种靛为利"。⑦

---

① (清)郑光祖:《一斑录》,中国书店,1990,第284页。
② 参见连立昌《福建秘密社会》,福建人民出版社,1989。
③ (明)沈德符:《万历野获编》卷三十《妖人王子龙》条,上海古籍出版社,2012,第639页。
④ 《官军越境追剿斋匪珍灭净尽并提臣前赴署任折》(同治五年四月十九日),《左宗棠全集》第四册《左文襄公奏稿》卷十七,第46页,上海书店影印本,1986,第2795页。
⑤ 陈明华:《清代斋教与山区移民认同的塑造——以闽浙赣地区为例》,《开放时代》2020年第2期,第101页。
⑥ 《太上祖师三世因由总录·庆云三复》,王见川、林万传编《明清民间宗教经卷文献》(第6册),台北:新文丰出版公司,2010,第285~286、290页。
⑦ 曹树基:《中国移民史》第六卷,第287页。

这种情况在清代也未有改变。在江西、福建等地传布的罗祖大乘教，有两位重要的传教首领。一位沈本源，"原籍（福建龙岩）连城县，迁居长汀县，自幼卜卦为生"。一位詹明空，江西赣州石城县人，"幼失怙恃，飘流外省，于乾隆二十七年回籍，信奉罗教"。他们习教、传教区域也是移民集中的宁都州山区。① 在浦城、崇安地区活动的罗教教首何圆一，"原籍江西瑞金……自幼随父兄至崇安作木工，十八岁时拜师吃斋，十九岁在浦城出家"。② 姚门教教徒蔡立贤、鲁圣先，原籍均为江苏，自幼在处州遂昌、松阳等地佣工度日。③

移民传教者，一边在异乡从事"生理"，一边借乡音乡谊传教。雍正七年（1729），江西南安、赣州、吉安、瑞州、南昌、抚州等府查到大成教、三乘教信徒民人123人，僧人68人，"查出之人，在城者习手艺，在乡者务耕作"。④ 教派多在政治控制比较薄弱的僻远山区扎根。沈本源等人在宁都怀德地方传播罗祖大乘教，该地"万山错综"，而他们的据点河树庵古庙，也"僻在山隅"。⑤

乾隆十三年（1748），福建建宁府爆发了"老官斋会"攻打府城事件，乾隆帝震怒，下令官员严查。官员调查发现，福建各地存在金幢、大乘、大主、观音、一字门（姚门教）、罗教等各类教派斋堂73处之多。⑥ 这些斋堂多坐落在移民聚居的山区，有些山区村落已经到了"各

---

① 刘子扬、张莉：《清廷查办秘密社会案》二，线装书局，2006，第638、640页。
② 刘子扬、张莉：《清廷查办秘密社会案》二，第641页。
③ 刘子扬、张莉：《清廷查办秘密社会案》二，第656页。
④ 《江西南安等地访获王耀圣等习奉罗教》（雍正七年十二月初六日），刘子扬、张莉：《清廷查办秘密社会案》七，第378页。
⑤ 刘子扬、张莉：《清廷查办秘密社会案》二，第639页。
⑥ 具体分布如下：兴化府属莆田、仙游二县则有金童（幢）教，供奉观音大士，男妇聚会吃斋；邵武府属邵武县则有大主、大乘二教，各在家内吃斋崇奉，并无经堂；建宁县则有罗教斋堂二处，汀州府属长汀县则有罗教、大乘门、一字门斋堂十四处，宁化县则有从前罗教斋堂改供观音斋堂十三处，清流县则有各教斋堂十三处，归化县则有大乘门斋堂十三处，连城县则有观音教、大乘门斋堂二处，武平县则有观音教斋堂六处，延平府属南平县则有罗教斋堂一处，福宁府属霞浦县则有罗教斋堂一处，建宁府属建安县则有罗教斋堂四处，松溪县则有罗教斋堂一处，崇安县则有观音斋堂一处，台湾府属诸罗县则有罗教斋堂二处。"凡此各种邪教斋堂，每处在堂吃斋者自二三人至十余人不等。"《喀尔吉善潘思榘折》（乾隆十三年六月二十六日），上海书店出版社编《清代档案史料选编》（第2册），第563~564页。

家俱有从教",每月朔望在斋堂"念经吃斋"的程度,①俨然是"于编户之外别为一族"的斋教村。

清代晚期,受太平天国时期战乱影响,闽浙赣边山区又迎来了一波移民潮,躲避战祸的移民进入山区垦种,斋教教派也随之活跃。同治五年(1866),毗连武夷山脉的福建崇安县爆发斋教暴动,官员们发现所谓的"斋匪"成员"多江西南丰及崇安东北乡一带棚民"。②这些棚民生活困苦,但却热衷于参加各类教派。在浙江开化县,斋堂聚会动辄有数百男女参加,其规模可见一斑。③与乾嘉之际鄂西北的白莲教团类似,斋教各支派以"师傅"或"教首"为核心,各自独立地在官方控制较弱的山区传布。④而其之所以能在移民中迅速传播,既与其宣扬的吃斋获福等理念有关,也与其信众吸纳机制有关。

三 信众吸纳与群体塑造

民间教派多会以"趋吉避凶""可以救穷"之类说法吸引信徒。⑤闽浙赣山区的斋教教派也大同小异。乾隆四十五年(1780)福建地区查获罗祖大乘教,据其教徒沈本源交代,之所以拜廖惠恩为师,是因为廖向他鼓吹罗祖大乘教"可以获福消灾,延年增寿"。⑥

吃斋邀福的说法隐含着某种"自我实现"的逻辑,因为生活习惯的优化,经济、健康状况也可能随之改善。庄绰在批评"吃菜事魔"信徒时就说:"小人无识,不知绝酒、燕祭、厚葬,自能积财也。"⑦后

---

① 《福建宁化拿获严友辉并询问传习老官斋教情况》(乾隆十三年十一月二十九日),刘子扬、张莉:《清廷查办秘密社会案》七,第461页。
② 左宗棠:《斋匪突陷崇安建阳两城旋即收复见在追缴情形折》(同治五年三月初十日),《左宗棠全集》第四册《左文襄公奏稿》卷十七,第27页,第2758页。
③ 汤肇熙:《禁三清山进香示》(1873),《出山草谱》卷1,光绪昆阳县署刻本,第22~24页。
④ 关于秘密教派传播的空间特质的详细分析,请参考鲁西奇、江田祥《传统中国秘密社会的"核心集团"与"核心区"——以白莲教"襄阳集团"的形成为中心》,《厦门大学学报》2011年第6期。
⑤ [美]韩书瑞:《千年末世之乱——1813年八卦教起义》,陈仲丹译,江苏人民出版社,2010,第99页。
⑥ 刘子扬、张莉:《清廷查办秘密社会案》二,第639页。
⑦ (宋)庄绰:《鸡肋篇》,第9页。

来的斋教各派多以此吸引信众。当然仅此一点还不足以吸引大量信徒，各派还会创造各种新名目，如宁波龙华会众就在姚门教基础上发展出三个修炼层级："头一层功夫名小乘，念二十八字偈语；第二层功夫名大乘，有一百八字偈语；三层没有偈语，只有坐功。"① 修习不同的层级需要支付不同的费用，"要学小乘的，送三分三厘；学大乘的，送一钱二分；学三乘要一两银子"，并且要与姚氏温州祖堂分成，"六钱七分留作斋佛费用，三钱三分存解祖堂"。② 宁波龙华会在郡城之内，不属于山区范围，但是这种运作模式普遍在各地姚门教中存在，由此可见这些山区教派在信徒吸纳上也体现了浓浓的商业逻辑。

在这种逻辑下，各支派之间相互模仿借鉴，修炼阶梯的层级也就越来越多。乾隆时期的三个层级，到了嘉庆年间查禁大乘教张起坤一派时，已经扩展到"十步功夫"（十个层级）：

> 一步名小乘，仅止吃斋；二步名大乘，兼习静功；三步名传士，取普字派名，并授经卷；四步小引，传点信香，即可掌法；五步名大引；六步名四句，其四句系：一要空身，二要空心，三要空性，四要空法……七步名传灯，八步名号裁；九步名四句敕，又名明敕；十步名清差，又名蜡敕。③

而到了张起坤弟子手上，甚至发展出了"十二步道行"：

> 一步名小乘，系七字经四句；二步名大乘，系二十八句经咒；三步名三乘，圆道是讲究运气之法，并教诵天缘十报经，学至此步，始有法名；四步名小引，是遵依三皈五戒；五步名大引，是参功悟道功夫；六步名祀主，六门道是摆供、礼佛之事；七步名燃灯；八步名

---

① 《浙江宁波周喜吉龙华会案》（1753），刘子扬、张莉：《清廷查办秘密社会案》一，第298~299页；《浙江鄞县查获传习罗教之龙华会周喜吉并讯明派系情形》（乾隆十八年七月十三日），刘子扬、张莉：《清廷查办秘密社会案》七，第463页。
② 《浙江宁波周喜吉龙华会案》（1753），刘子扬、张莉：《清廷查办秘密社会案》一，第299页；《浙江鄞县查获传习罗教之龙华会周喜吉并讯明派系情形》（乾隆十八年七月十三日），刘子扬、张莉：《清廷查办秘密社会案》七，第464页。
③ 《浙江拿获传习大乘教之张起坤并审明定拟事》（嘉庆十九年四月二十八日），刘子扬、张莉：《清廷查办秘密社会案》十六，第3772~3773页。

清水；九步名号池；十步名明池；十一步名腊池；十二步名总池。均系仅有其名，未有传授，亦不知作何讲解。①

两相比较，前五步名字和修习内容比较稳定，第六步以后名字稍有变化，但也大同小异。而第七步以后都不知具体内容，一方面可能少有人修习到此层级，另一方面也可能仅仅是主事者为了吸引眼球而设，仅有名目而无实质内容。

斋教各派的"十二步道行"（或"十步功夫"）不仅是个修习的进阶体系，也是一套利益分配体系，据江西被捕罗教徒供称：

> 凡始入教，诵真言二十八字，曰小乘。再进啉大乘经者，曰大乘。再进曰三乘，始取普字派法名。再进可引人入小乘法，曰小引。再进可引人入大乘法，曰大引。此二者能引而不教。再进曰四句，许传二十八字法，以授小乘。再进曰传灯，始有教单，如执照然，始许领寻常拜佛法事。再进曰号敕，许传大乘法；再进曰明偈，许代三乘人取法名；再进曰蜡敕，许作蜡会领法事；再进曰清虚，副掌教事，蜡敕以下，皆听指挥。其教蔓延闽、浙、楚、粤、皖江、豫章诸省，有清虚数人分领，时往来焉。各步岁有费用，多寡不一，积储以待清虚携奉总敕。②

从中可以看到，"小乘"到"三乘"阶段，成员主要就是念诵真言、经卷、取名之类内容，并无何权力。从第四步开始则有了一些权限，第四步"小引""可引人入小乘法"，第五步"大引"则可"引人入大乘法"，其实就是负责引人入教，因此也被称为"引进"。"引进"可以分享新成员带来的红利，从第一层"小乘"开始，信众每学一层都要缴纳不同额度的经费，"引进"则可以从中分成。"小引"和"大引"引入的层级不同，意味着分享经费数额不一样，因此有大小之分。层级越高，所能得到的收益也相应提高。

---

① 刘子扬、张莉：《清廷查办秘密社会案》二，第669页。
② 此段内容据江西斋教徒口供记载，道光丁未（1847），江西长宁县斋教头目谢奉嗣"作乱围城"，失败后不少教徒被捕，作者当年参与审讯，将口供采入笔记。（清）采蘅子：《虫鸣漫录》卷1，上海进步书局石印本，第30页。

嘉庆时期大乘教教首张起坤的交代，给我们提供了一个该体系如何盈利的生动例子。张起坤籍贯江西贵溪县，从小以唱戏谋生。后来同戏班的万年县叶益章向他介绍大乘教，许诺传授"五戒"及"十步教法"。张起坤就拜叶益章为师，并向叶益章缴纳了7000余文，叶益章给他取了法名"普甜"。可能缴纳的钱数不够，或者叶益章自己所学有限，张起坤只被传授了"十步教法"中的1~6步，不过已经达到"四句"层级，有吸收新信众并传授二十八字真言（小乘法）的权限。于是叶益章给予罗教经典《五部六册》抄本，以及《金刚论经》和《意旨了然集》各一本，并给刊刻"普甜代化"木戳一个，意为可以代祖师教化之意。叶益章此举意在借张起坤帮他吸收新的信徒，获取更多钱财，但是没想到张起坤不愿只分一杯羹，私下刊刻了经卷，并用水晶仿刻了一个"普甜代化"的图记，开始自行传教收徒。① 从中可以看到，特定宗教资产的控制，成为师傅控制下级徒弟的关键。张起坤正是因为盗印了相关的经卷和图戳，而另立山头。

不过，张起坤后来可能吸取了师傅的教训，很好地管控了这些宗教资产，因此他的徒弟没有过早独立。张起坤在江西鄱阳县遇到一位以剃头为生的临川人王桂林，就声称"拜伊为师入教，吃斋念经，可以祈福延年"。王桂林听信之后便"允从入教"。张起坤同样向王桂林传授了"五戒"和"十步教法"中的前四步，这就意味着王桂林即可为上家（张起坤）招募"目标客户"，并能获得相应的分成。王桂林为此支付了2860文。此后，王桂林很快就转引王秀淙等十余人入教，这些人都拜张起坤为师，"每人给张钱一千文"，而王桂林也"各分钱一二百文"。②

至此，我们才能理解姚门教三世主姚文宇早年孤苦，为何能在信众日广之后，变成拥有"广第良园""朽贯腐仓"的大富豪。③ 多数教徒

---

① 刘子扬、张莉：《清廷查办秘密社会案》二，第666页。
② 刘子扬、张莉：《清廷查办秘密社会案》二，第667、668页。
③ 其传记作者称："（姚文宇）未经纪于婺州，衣粗衣，食淡如也。今倏焉而人衣其衣，人食其食，不啻若田横之士五百，孟尝之门客三千众，实甚也。刻广第良园，旋易夫荜门圭窦之常，朽贯腐仓，顿改夫一丝一粟之素。以为异，异莫异于此矣。以为善，善莫善于此矣。"五云郑载飏拜撰《远七十二公讳文字字汝盛号镜山传》（千八公房第十二镜山公传），《庆元姚氏总谱》，道光六年铅印本，无页码。

没有像姚文宇那么幸运，坐拥田园钱财，但是这套体系的确有助于较高层级（四级以上）的教徒获利，如温州的斋教徒吴恒选，本已亡命山林，身无分文，后来通过传教，也使生活变得富有。①

各个层级的教徒能否获利，关键在于能否不断吸纳大量新人，因此新人引入量成为教内地位的评判标准之一。在教内重要仪式——点蜡大会中，除了重要教首，其他人座次安排完全"以引进多寡定次序"。②而吸收人数的多少也成为评价"引进"优劣的标准，有"引进""分路相串，谁串得倍多，则倍为出色"之说。③ 在经济利益刺激下，老信众狂热地去移民中吸纳新信众，而且在利益分享机制整合下，彼此成为一个经济共同体。这也是斋教教派迅速蔓延闽浙赣诸省的原因所在。

因为斋教教派强大的"吸金"能力，官府往往给其贴上敛财的标签。但是在一个可以相对自由选择的"宗教市场"下，资源的汲取并不是无条件的。教徒如果认为不合理可以自由退出，转投其他教派，各种教派都不乏教徒觉得收费不合理而退出的例子。④ 而姚门教之所以特别流行，正是"因其取香资无多，人易信从"。⑤ 可见，一个教派要维持信众的持续"付费"，需要提供其认可的"服务"。因此，那些教首在向教众汲取资金的同时，也需要进行一定程度的"反哺"，以获得认同。

庄绰早年就对东南地区"吃菜事魔"教派惑众机制做过解释：加入其中"有甚贫者，众率财以助，积微以至于小康矣。凡出入经过，虽不识，党人皆馆谷焉。人物用之无间，谓为一家"。⑥ 从中可以看到，宋代吃斋教派的诱人之法，在于信众之间提供互助救济。这种方式在后

---

① 方志刚译编《施鸿鳌事件始末》，温州市政协文史资料委员会编印《温州文史资料》第9辑，1994，第219~220页。
② 《点蜡》，《申报》1918年9月3日，第五版。
③ 陈向真：《除害有望》，《闽省会报》第254期，光绪二十一年闰五月，第2149页，转引自郑国艺《斋教与古田教案之研究》，第23页。
④ 民间教派的师徒之间并没有严格的控制关系，参见梁景之《清代民间宗教与乡土社会》，社会科学文献出版社，2004，第102~138页。
⑤ 《浙江鄞县查获传习罗教之龙华会曹进候等并审讯情形》（乾隆十八年七月十九日），刘子扬、张莉：《清廷查办秘密社会案》七，第467页。
⑥ （宋）庄绰：《鸡肋篇》，第9~10页。

来的斋教中也被沿用。姚门教第三代祖师姚文宇生前不乏捐粮、捐棺、造桥修路等善举。①受救济之人大部分可能就是入教信徒。乾隆十三年（1748）福建老官斋案中，官方调查报告也明确指出，这些教众除了平日诵经拜忏之外，也救济那些年老残疾的孤寡之人。②此外，山区移民多膝下无子，甚或孤身终老，对于丧葬礼仪颇有焦虑。因此有些斋教团体也包揽丧葬事宜，教中有过世之人，"必须同教收殓，虽亲丁不得预也"。③而对于中国人万分关注的身后香火问题，加入教团也可得到缓解。有些斋教徒在斋堂内塑造自己的泥像，"希望将来同教之人祭奠"。④

这种资源回馈方式，无论在宋代活跃于东南的"吃菜事魔"教，还是清代山区的斋教中，都普遍存在。斋教团体则继承了原先的地方传统，通过利益分享的制度安排，把一地教众以吃斋念经的方式凝聚起来，形成一个共同体，从而成为一种宗族组织的替代结构。除了经济互助上的整合外，斋教各派也有意识地在仪式上塑造群体身份意识。

四 "吃斋人"身份的构建

守戒吃斋本身即有一定的身份区隔作用，吃斋者因为饮食问题与不吃斋的人有所区别，而与同样守戒之人间更容易产生认同。⑤不过，要形成一个有明确身份意识的群体还需要其他机制的配合，斋教团体主要通过仪式把信众与其他山区移民区隔开来。

山区聚落的空间距离往往给信徒聚会造成阻碍，如罗祖大乘教的一位教授詹明空，在江西宁都州狮子岩地方陆续收了十二名徒弟，他们"或居住较远，或各自农工度日，均不能朝夕相识"，只有住处较近的

---

① 《太上祖师三世因由总录·庆云三复》，王见川、林万传编《明清民间宗教经卷文献》（第6册），第298页。
② 《喀尔吉善潘思榘折》（乾隆十三年六月二十六日），上海书店出版社编《清代档案史料选编》（第二册），上海书店出版社，2010，第563页。
③ 《查办斋匪》，《万国公报》第486期，1878，第15页。
④ 刘子扬、张莉：《清廷查办秘密社会案》二，第657页。
⑤ 林泽荣：《吃斋与清代民间宗教的发展机制》，《台湾师大历史学报》第33期，2005，第132页。

徒弟才能"往来甚密"。① 从中可以看到，要维系频繁的仪式，必须打破日常劳作节奏，形成专门的信仰空间。

早期地方教首（会首）往往会将自己的房屋作为聚会之处，等集聚了一定的资金之后，则会营造专门的信仰空间。如姚门教一个支派的负责人黄英章，在继承师傅传教之权（其标志就是师傅临终前传给经卷等项）后，于乾隆十六年（1751），在遂昌县购买田地，搭篷居住，并且"于篷内装塑观音韦驮佛像，起名白云庵，在内礼拜"。而他的弟子蔡立贤继承衣钵之后，也用自己"所积累的香资"将原先窄小旧篷改造成大篷，"将观音韦驮移供于新篷"。② 此类场所常被人称为"斋堂",③ 清政府在闽、赣查禁罗教时就发现了不少这样的斋堂。

更多的斋堂为了自保，往往"镶嵌"在地方庙宇之中。如长汀县新桥镇的西峰寺，曾经就是罗教庵堂，由畲族移民在顺治十一年（1654）创立，至今还保留着一块民国时期安设的罗祖教神主牌，上书"西峰寺始祖罗清庵法号悟空祖师历代传法香座前位"，并罗列该地三十七代祖师的名号。而庙中尚有斋姑，带发茹素修行。④ 该寺今日尚存光绪十四年（1888）碑文一块，可以让我们一睹吃斋同道捐资购地、维持斋堂的运作情况：

> 从来创业难，守成亦不易。长汀新桥坊上切坑，于顺治十一年邓心灯、钟子周创造斋堂，著名西峰山。迨道光十七年（1837），住持无人，由是钟、许两姓请宁化会同里徐群龙、黄一发师任住持堂前，许鹏公施皮骨田大小坵角不等，递年清明交禾米一斗以为规，万年无异。众善主施温坑里田皮两处共二十一担，骨是一发师自置，因此其业频增：烂寮里田皮十二担，又早禾田皮五担，大坑里田皮骨十五担，小坑尾田皮骨大坵角无间，小面里草禾田皮十六担，大冬田皮十六担，牛角窝里田皮十担，树林下四担，俱有字据。但恐堂下有不肖之徒，以将产业典卖，前人创业，后人失之，

---

① 刘子扬、张莉：《清廷查办秘密社会案》二，第640页。
② 刘子扬、张莉：《清廷查办秘密社会案》二，第657页。
③ 秦宝琦：《明清秘密社会史料新发现》，《中国秘密社会新论——秦宝琦自选集》，福建人民出版社，2006，第39~40页。
④ 陈进国：《救劫：当代济度宗教的田野研究》，社会科学文献出版社，2017，第146页。

可惜矣！故一发师去世后，其徒曹观富等，请集绅耆酌等，凡本堂之业，只准一发师徒众耕作点灯祀神，斋人不得借为徒众典卖，四方善主亦不得向买等情。如有此情，写必邀同绅耆，将私相买卖之人呈官究治。因弁数言镌诸石上，以垂久远为引。先年曹合主将大坑里皮骨一处共十八担出典龚宅，于后丙辰（1856）当家谢发生师辨边田赎买回堂下，共二十员正，永远照（管）。

光绪十四年十月吉日 新桥全坊绅耆及斋人同立①

斋堂的基址和房屋建筑也多由同道集资购买而来，运河周边的罗教庵堂往往就是漕运水手入教后集资购买。他们也购置土地，以租息作为庵堂运作的基金。② 可见这种合伙置产的方式是各种斋教团体建立信仰空间的重要手段。

有了固定空间可以保证定期聚会和举行仪式，一些斋堂空间较大，甚至能够向距离较远的徒众提供长期住宿，便利他们集中参加各类聚会。③ 这在一定程度上降低了空间距离对于教团整合的阻碍。因此一些比较成熟的教派，即使处于深山，聚会也能常规化。如姚门教派的斋堂"每月朔望聚会，念经吃斋"。④ 长汀县的归根道也在每月初一和十五两次聚会，进行诵经礼忏等活动。⑤

规制化的聚会包含一系列仪式活动。韩书瑞研究白莲教发现，在聚会上，信众准备好供品，通常都是素食，祭献之后大家坐下来吃。接着聚会者听、读、颂教派经卷，有时还在一起打坐、念八字真言。有时首

---

① 陈进国：《救劫：当代济度宗教的田野研究》，第145页。
② 《崔应阶折》（乾隆三十三年十一月三十日），《清代档案史料选编》（第二册），第678~679页。
③ 如在宁都传播的罗祖大乘教教徒交代，"所收徒众，或住庵庙，或在家吃斋，所习皆系罗教经卷，其中（只有）廖廷瞻等数人识字，藏有经卷"。刘子扬、张莉：《清廷查办秘密社会案》（第二编），第640页。又如乾隆十三年姚家振交代，江西抚州临川县有个陈万善的斋头，原来就是"小的祖上教下的徒弟，曾起有斋堂，小的家里姚焕一被他叫去，就在那里居住，养有儿子叫细妹。康熙五十四年，小的到那里去过一次，听见他们说赣州也有斋堂"。《江西石城拿获罗教之姚文谟等并讯明其祖上传习该教情形》（乾隆十三年十一月二十四日），刘子扬、张莉：《清廷查办秘密社会案》七，第457页。
④ 《大清高宗纯（乾隆）皇帝实录》卷之三百九，乾隆十三年二月下，第4492页。
⑤ 陈进国：《救劫：当代济度宗教的田野研究》，第153页。

领还会阐释教义。① 斋教各派的聚会内容大体相似，主要是"念经吃斋"等内容。江西三乘会的教首潘玉衡对于聚会活动有较详细的描述："小的们念经时都是穿的随身衣服，是小的站在上首，众人都在下边跪拜，供的是笑罗汉（弥勒佛），点起大烛，供些茶果糍粑，黄昏起念到五更时候，把糍粑切开吃了散去。"② 该无为教支派在聚会时要供糍粑，于是也被称为"糍粑教"。念经要从"黄昏起念到五更"，念完之后聚会接近尾声。这里念的经主要就是祖师"传下经卷"，估计主要是罗教《五部六册》以及外加上一些《金刚经》《目连正教血盆经》之类民间较为流行的佛道教经文。③ 这些经卷的主要内容无外乎阐述"无为大道"，强调修道的好处以及各种道德规训。当然不同派系的经典侧重有所不同，浙南姚门教的经典比较强调吃斋的好处，强调通过吃斋守戒，走上回归"真空家乡"的神圣之路。除此之外，教派内部的一些经卷还以通俗故事叙述本派的历史叙述，建立所谓的"道统"。在聚会之中，信众在念经（或者其他人宣讲）过程中，不断接受经卷中伦理的规训和本派历史的叙述，从而逐渐形成一种认同感。

那些在斋堂举行的特殊仪式也有身份构建的作用。如姚门教新教徒皈依时要举行一系列的仪式。入教者进入佛堂后，要点燃香烛口头礼拜，然后把姓名、年龄、籍贯、住址以及介绍人（"引进"）等信息，写入"愿单"内。然后把"愿单"放入"挂香簿"中，再由教内仪式专家（"当头"）举行仪式，朗诵"愿单"。当头诵读完"愿单"，入教者还要根据内容，自认一愿，如"刀山地狱""血湖地狱"等，也就是发愿守戒，如果违反，死后就要承受上刀山、下地狱之类的惩罚。④ 金幢派的加入者也要经过念诵《皈依贴式》、《皈依忏文》和《皈依文》等程式。⑤

这一系列程式、文书无不让入教者明白自己身份的改变，从此以后要吃斋守戒，成为特殊的"吃斋人"，只要守戒就能走上"天堂之路"，

---

① 韩书瑞：《千年末世之乱——1813年八卦教起义》，第57页。
② 《赵弘恩赵国麟折》，《清代档案史料选编》第二册，第354页。
③ 刘子扬、张莉：《清廷查办秘密社会案》二，第661~662页。
④ 秦宝琦：《明清秘密社会史料新发现》，《中国秘密社会新论——秦宝琦自选集》，第40~41页。
⑤ 俞黎媛、陈松青：《莆田金幢教现状初探》，《宗教学研究》2016年第1期，第246页。

成为特殊的神圣群体中的一员。如果违反戒律或泄露教内秘密就要遭受惩罚。先天道成员入道时要赌咒对外保守秘密,连父母妻子也不例外。同时还要发给代表教内身份的文牒、执据。① 这无疑是在提醒入教者内外身份的区隔。

此外,闽浙赣山区的斋教团体往往设有修习进阶体系(诸如"十步功夫"或"十二步道行"),信众在晋级时的一些仪式同样充满了身份构建意味。一些教派的成员进入第一级、第二级时往往会被授予"七字经四句""二十八句经咒"之类"真言",也就是108字的真言。② 这些"真言"类似江湖切口,其实是一套在陌生人群之间迅速建立联系的"身份密码",以期在遭遇困难时,获得同教之人的帮助。③ 姚门教确认新教徒正式"转正"的"圆关"仪式,则充满了塑造"吃斋人"共同体的意象。一般来说,新人修习完前两步功夫后,升入第三阶层("大乘"或"上乘"),相当于结束考察,正式成为教派成员。在升级时,晋级之人("新禅士")先在特殊的"天盘台"前抓取一个"法名",然后交给"表房"登记,再经过拜佛、念经、宣誓、点道等环节,然后再"出关",以上诸环节含有赋予新身份的意义。新禅士"出关"之后,还要由众人一起共同打坐用功,其中特别强调新人上了"法船",表示此后成为渡向"真空家乡"的共同体。

---

① 王兆刚、邹晓华:《先天道与宝应腊八暴乱》,《档案与建设》2006年第6期,第36页。
② 秦宝琦田野调查得到的姚门教28字真言为:"一心思想念弥陀,莫等流落下界途,专心常念菩提路,反身跳出自心窝。"嘉庆年间姚门教教首在供词中也提到过28字偈语,与此基本一致,仅个别字稍有出入,其文曰:"一心心善念弥陀,莫等流落下街头,真心常念菩提路,凡自跳出自心窝。"此外佚名《醒迷篇》(收录于《耶稣会罗马档案馆明清天主教文献》第9册)中讲到了无为教的28字真言:"一身心香念弥陀,不要流落下界多,专心常念归家路,翻身跳出生死窠。"三个版本略有出入,但大体相同,应是流传变化所致。108字真言为:一心正念,本师阿弥陀佛救苦救难观世音菩萨,根耙根健常明在心,佛悉担多叭达呐悉达奴,心常念伽罗汉婆婆诃金刚,心常念伽罗汉婆婆诃菩提,心常念伽罗汉婆婆诃心问,心常念伽罗汉婆婆诃圆觉,心常念伽罗汉婆婆诃心空,日月流空入得西方极乐世界阿弥陀佛。参见秦宝琦《明清秘密社会史料新发现》,《中国秘密社会新论——秦宝琦自选集》,第40~42页;Barend J. ter Harr, "The Non-Action Teachings and Christianity: Confusion and Similarities",见柯若朴主编《中国民间宗教、民间信仰研究之中欧视角》,台北:博扬文化事业有限公司,2012,第308页。刘子扬、张莉:《清廷查办秘密社会案》二,第669页。
③ 《斋匪与教案》,《闽省会报》第256期,光绪二十一年六月,第2177页,转引自郑国艺《斋教与古田教案之研究》,第23、24页。

闽浙赣各地的斋教团体定期都有类似的"圆关"仪式，如古田斋会每个斋堂每月一次小规模的"圆关"，每年一次大规模的"圆关"。① 这些仪式是构建"吃斋人"认同的重要机制，且多在斋教的信仰空间——"斋堂"完成。因此清政府在查禁斋教时，对于没有设立斋堂和"聚众生事"的教众多从轻发落，而对于"创会设堂"的人则会严惩。② 独立的信仰空间为仪式提供场所，也从侧面反映政府清楚认识到斋堂中举行的活动容易增强信众的凝聚力。

五 认同与集体暴力

仪式活动与经济互助的双向整合能够塑造出强烈的群体认同，《明神宗实录》中批评明末各类教派的一段话，很好地揭示了这种机制：

> 近日妖僧流道，聚众谈经，醵钱轮会，一名涅槃教，一名红封教，一名老子教，又有罗祖教、南无教、净空教、悟明教、大成无为教，皆讳白莲之名，实演白莲之实。有一教名，便有一教主。愚夫愚妇，转相煽惑，宁怯于公赋，而乐于私会；宁薄于骨肉，而厚于伙党；宁骈首以死，而不敢违其教主之令。此在天下处处盛行，而畿辅为甚。③

正是"聚众谈经"和"醵钱轮会"让愚夫愚妇们发展出了超强的认同，甚至可以不顾骨肉之情，而听命于教主。这种情况不仅适合明末的罗教，而且同样适合清代闽浙赣山区的斋教。

教派形成的群体认同，往往在面临危机的时候得到体现。乾隆十三年（1748）正月在福建建宁府属瓯宁县西北山区爆发的"老官斋起事"，

---

① 秦宝琦：《明清秘密社会史料新发现》，《中国秘密社会新论——秦宝琦自选集》，第42～43页。
② 《浙江鄞县查获传习罗教之龙华会曹进候等并审讯情形》（乾隆十八年七月十九日），刘子扬、张莉：《清廷查办秘密社会案》七，第467页。
③ （明）顾秉谦等纂《明神宗实录》卷533，万历四十三年六月庚子条，第10094～10095页。

就是很好的例子。建安、瓯宁为建宁府附郭县,两县地处闽浙商道之上,在宋代就是著名工商城市,以开采矿产(银矿)闻名,明清时期也是闽浙赣边的商业中心。① 府城西北方"山岭重叠",不少移民在此搭棚垦种。发端于处州的姚门教在此流行,其中尤以移立、周地、芝田、七道桥、埂尾等村信众最为发达。这些村落都建立起斋堂,拥有固定的会首(具体斋堂堂名、会首和坐落村落见表1)。男女会众以斋堂为单位"每逢朔望,各持香烛,赴堂念经聚会,每次人数多寡不等"。② 定期聚会和各种仪式塑造了一个具有相当认同的群体,人们称之为"老官斋会"。③

表1 瓯宁西北五村斋堂信息

村落名	斋堂名	会首
移立	斋明堂	陈光耀(法名普照)
周地	千兴堂	江华章(法名普才)
芝田	得遇堂	魏华胜(法名普胜)
七道桥	兴发堂	黄朝尊(又名黄朝庄)
埂尾(梗尾)	纯仁堂	王大伦

资料来源:《福建遵旨访查建安瓯宁老官斋教聚众闹事原委》(乾隆十三年三月十四日),刘子扬、张莉《清廷查办秘密社会案》七,第393~394页。

乾隆十二年(1747)十一月,移立村会首陈光耀主持举行点蜡仪式,该仪式是斋教重要的仪式,其间往往会有各地教徒齐聚,教主或高级别教首出席并会发布教单,提升一部分教徒的修行等级。但是这一次移立村的点蜡仪式被人举报,陈光耀等五名(一说三名)会首被拘禁。按照官方的说法,此举导致了老官斋会众在农历正月的劫狱行动。④ 不过,两者能否能够建立直接联系,还有不少疑问。逮捕会首

---

① 徐晓望:《明清东南山区社会经济转型——以闽浙赣边为中心》,第33~34、194页。
② 《福建遵旨访查建安瓯宁老官斋教聚众闹事原委》(乾隆十三年三月十四日),刘子扬、张莉:《清廷查办秘密社会案》七,第393~394页。
③ 根据张瑞威对运河水手中的罗教研究,罗教教首称为老官,老官权力巨大,入教水手都要听其节制。张瑞威:《清代粮船水手的组织与"巢穴"》,《运河学研究》第5辑,第180页。
④ 《福建遵旨访查建安瓯宁老官斋教聚众闹事原委》(乾隆十三年三月十四日),刘子扬、张莉:《清廷查办秘密社会案》七,第389、394页;《福建遵旨询明建安瓯宁老官斋聚众闹事缘由及经过情形》(乾隆十三年三月二十七日),刘子扬、张莉:《清廷查办秘密社会案》七,第416~417页。

时，会众并没有激烈的抵抗行为，而是在约两个月以后才行动。官方的解释是因为会众当中有在逃通缉要犯，一些斋堂首领担心，一旦陈光耀等人交代，将"连及会众，遂密邀各堂会首聚谋"。①但是劫狱之举直接走上对抗政府之路，性质更为严重，那些担心遭受连累之人为何反而选择此举？因此，会众暴动劫狱的说法充满疑窦。不过无论如何，斋教会首和骨干对于会众的动员情况却显而易见。一位擅长巫术的女教首（老官娘）严氏，"捏称坐功上天"，称祖师交代要应弥勒下降治世的预言，并且声称"弥勒佛欲入府城"。然后，会首、骨干们"各以神言煽惑"，以此完成会众的集结。最后，正月十五日清晨，会众向郡城进发，头上包着写有"无极老祖"的布块，打着写有"无极圣祖""代天行事""无为大道"之类字样的各色旗帜。在遭遇官军后，展开了一番厮杀，最后在官军镇压下溃败逃散。②

由此案可以看到老官斋会众与周边群体的身份界限。会首和骨干主动运用老官斋的各种文化标签动员会众。弥勒降世是白莲教中普遍流行的末世预言，虽然罗教教主罗梦鸿批判白莲教的种种做法，但闽浙赣地区的罗教支派吸收了这种说法。而"无极老祖""无为大道"都是信众所信仰的符号。

如果说老官斋会众的行动间隔较长，那么汀州宁化县斋教徒的反应则更为直接。该县地处武夷山东麓，也是移民大量聚集之区。姚门教等教派在此同样流行。斋公严友辉随姚文宇后人习教，后来在该县上龙里村居住，村中"各家俱有从教"，严友辉家中设有斋堂，"每月朔望聚会，念经吃斋"。老官斋起事导致官府全面查禁同类斋教教派，官府调查后开始注意到严友辉领导的团体。乾隆十三年（1748）九月十六日，知县亲自带人下乡抓捕严友辉，他们似乎意识到斋教群体间的凝聚力，因此特地在凌晨前往，以减少抓捕的难度。不过当乡约刘瑞周带人上门抓捕严友辉时，可能布置不够周密，严的妻子还是跑到街上进行呼救。邻近的同教信众被呼喊声惊醒后，迅速赶到严氏住处，并发动邻村的教众前来助阵，最后一百余名教众，"各执木棍等械，围住房屋"，并且

---

① 《福建遵旨询明建安瓯宁老官斋聚众闹事缘由及经过情形》（乾隆十三年三月二十七日），刘子扬、张莉：《清廷查办秘密社会案》七，第416~417页。
② 《大清高宗纯（乾隆）皇帝实录》卷之三百九，乾隆十三年二月下，第4482~4483页。

"四面用草拥塞",准备"放火焚烧",把严友辉抢回来。知县率领兵差擒拿拘捕,但是会众还是将严友辉和经卷、神像从官军手中抢走,逃往邻村。①

从以上两个案子中我们可以看到,在建立斋堂的区域,斋教信众有着明确的身份认同,而且可以一睹这类认同群体的大致结构。这是一个以教主或师傅为核心凝聚起来的信徒群体。他们的组成和分布一般局限于较小区域,具有明显的地方性和亲缘性。② 同一群体中存在不同的认同强度。在老官斋案中,积极谋划和发动起事的是各堂会首和骨干,其他信众,即使是同一斋堂也有全然不知者,甚至"有一闻倡乱惟恐波及逃避深山者"。③ 不少参与攻打郡城的信众,是被以"迎神名义"欺骗或半强迫之下裹挟而去的。④ 严友辉案件中,为首纠约众人的主要是同教又同族的严姓兄弟,其他人多系在场围观、声援。⑤

认同的加强可以增加暴力潜能,这种能力既然能够针对官府,自然也可以针对普通人,而且多数时候恰恰运用于与其他群体的资源争夺。在闽浙赣山区,移民的生计来源主要是佃耕、开矿、种植经济作物。随着移民大量进入和经济条件的恶化,土客关系普遍紧张。梁肇庭研究发现,在明末清初的江西万载等湘赣边界地带,移民与本地人之间有着明确的界线,本地人对于移民有各种敌视和偏见。⑥ 有时候,客民群体会借助群体暴力获取更多资源。据曹树基研究,在明末清初的江西省,不少来自福建汀州的移民与当地居民发生持续的冲突,以至于"闽佃"在当地居民眼里成为暴力的代名词。⑦ 土客易位的关键在于群体的暴力潜能的大小。江西袁州知府施闰章在一首诗中生动展示了这一机制。客

---

① 《福建宁化查拿罗教严友辉并教民劫狱拘捕情形》(乾隆十三年十月初二日),刘子扬、张莉:《清廷查办秘密社会案》七,第453、454页。
② 鲁西奇、江田祥:《传统中国秘密社会的"核心集团"与"核心区"——以白莲教"襄阳教团"的形成为中心》,《厦门大学学报》2011年第6期,第18页。
③ 《福建酌定审拟安瓯宁老官斋聚众闹事案首从罪名等级》(乾隆十三年三月十四日),刘子扬、张莉:《清廷查办秘密社会案》七,第405页。
④ 《福建遵旨讯明建安瓯宁老官斋教聚众闹事缘由及经过情形》(乾隆十三年三月二十七日),刘子扬、张莉:《清廷查办秘密社会案》七,第417页。
⑤ 《福建宁化查拿罗教严友辉并教民劫狱拘捕情形》(乾隆十三年十月初二日),刘子扬、张莉:《清廷查办秘密社会案》七,第454页。
⑥ 梁肇庭:《中国历史上的移民与族群性:客家人、棚民及其邻居》,第104页。
⑦ 曹树基:《中国移民史》第六卷(清 民国时期),第211页。

民通过种植苎麻、甘蔗之类作物积累资金,并且逐步凝聚成为一支可以相互援助的强大力量,此后他们就变得傲慢,开始逃避租金并羞辱本地人,带着武器去争吵,最后则发展成叛乱。① 徐晓望在研究中指出,闽浙赣边的客民往往利用同乡关系相互联系,结成了对抗当地居民的团体力量,从而令当地居民无可奈何。② 客民相互联系的方式不仅止于简单的同乡关系,还可能加入其他的方式,吃斋入教正是客民加强认同的方法之一。

老官斋会众与周边其他村民的关系就处于紧张状态,"与附近不吃斋村民素日原系交恶"。吃斋与否成为身份区隔的标准。在正月十五入城劫狱时,斋教会众把这种仇恨发泄在那些不吃斋的村落上,不仅胁迫村民参加暴动,还烧毁他们的房屋。③ 而一些不吃斋的村落也奋起反抗,在官军到达前已经开始与老官斋会众厮杀打斗。④ 吃斋与不吃斋之间群体界限判然两途,所谓的老官斋会起事,其肇因很可能是吃斋村落与不吃斋村落之间的暴力斗争,后来在各种因素叠加下被叙述成一场吃斋人群劫狱的故事。

通过吃斋聚会凝聚成有暴力潜能的团体,从而获得更多的社会资源或降低生存威胁,这在太平天国运动后的移民中体现得非常明显。太平天国运动以后,不少地方政府为了恢复生产,垦复荒地,一度采取招徕移民政策,于是闽浙赣边山区又出现了一波移民入山垦种的浪潮,斋教成为凝聚移民群体的一种方式。浙江龙游县就有类似情况:

> 自咸丰兵燹后,本县人存者十不逮一,外来客民,温、处人占其十之二三,余皆江西广丰人。虽亦有循谨安分之民,而人数既众,所为遂多不法,抗租霸种,习以为常。其间更有传教吃斋、结盟拜会者,当时谓之斋匪。⑤

---

① 梁肇庭:《中国历史上的移民与族群性:客家人、棚民及其邻居》,第 108 页。
② 徐晓望:《明清东南山区社会经济转型——以闽浙赣边为中心》,第 252 页。
③ 《新柱折》(乾隆十三年三月十四日),《清代档案史料选编》(第二册),第 537 页。
④ 《大清高宗纯(乾隆)皇帝实录》卷之三百九,乾隆十三年二月下,第 4475 页。
⑤ (民国)余绍宋纂修《龙游县志》卷 1《通纪》,第 21、22 页,《中国地方志集成·浙江府县志辑》第 57 册,上海书店,1993,第 32 页。

客民一旦人多势众，就能与当地居民争夺经济资源。但是人数增加并不会自然形成群体，而这里的吃斋拜会恰恰是其形成群体的机制所在。大量移民形成一个有着高度认同感的群体后，拥有不一般的暴力潜能，因此他们在"人数既众"之后，往往"所为遂多不法。"这也是官方打压此类异端信仰的原因所在。虽然地方官员名义上代表国家的意识形态，但是在实际行政中大多不会无差别地打击那些"异端"信仰。只有那些能够形成凝聚人群，并且对统治秩序造成威胁的"异端"才会遭到他们的主动查禁。正如汤肇熙主政浙江开化县时，严禁各类结会，固然不能说没有厌恶异端的成分，但更多在于顾虑那些信众一旦结成群体，往往遇事便"滋闹、挟制、扛帮"，成为地方秩序的挑战者。①

结　语

明末以来，伴随移民浪潮，各类吃斋教派往往也在闽浙赣毗邻山区获得传播。斋教团体采用类似传销的模式吸收信众，不同的修炼层级标定不同的收费价格，成员按照层级分享吸收新成员的收益，同时，信徒彼此之间提供相应的互助服务。这套利益分享机制既促成了此类教派在山区的迅速蔓延，也把信众整合成一个经济互助共同体。与此同时，教派内部的仪式活动不断给予信众共同的身份标识，让他们认识到自己是一个不同于常人的"吃斋人"。在经济利益与仪式的双重驱动下，山区移民中容易凝聚成一种文化群体。这种以教派信仰结成群体组织的方式，一度在闽浙赣山区的移民社会中相当普遍，成为移民获取社会资源和应对生存困境的重要架构。

当然，移民也采用其他方式来应对生存困境，其中我们最熟悉的就是以父系血缘（可以是实际的也可以是虚构的）凝聚成宗族组织的方式。不过，两者的命运似乎截然不同。在清朝中后期，宗族组织得到国家的默认，成为闽浙赣地区一种普遍的社会组织形式，而以教派信仰凝聚人群的模式却日益消失在公开的表达之中。这种差异背后的原因很多，但是至少与清王朝的治理模式相关。加入教派原本是移民应对生存

---

① 汤肇熙：《禁结党饮香灰酒示》，《出山草谱》卷3，第41页。

困境、获取经济资源的一种方式，只有在特定条件的叠加刺激下，被教派仪式和经济利益整合起来的人群才可能对统治秩序形成严重威胁。明代中后期，不少波及闽浙赣地区的反叛运动都与所谓的"左道惑众"有关，其中不乏类似罗教"末劫时期"救劫、济世观念的影响。① 清代也不乏教派成员挑战王朝统治之举。这也是雍正、乾隆时期如此提防各种教派的原因所在。

谋求经济互助的教派团体为何会变成政治权力的挑战者？嘉庆朝天理教首领林清被捕后的一段口供，有助于我们理解其中的逻辑。当刑部官员问他为何纠集党徒，持刀突入紫禁城时，他回答："我起初倡会原是意图敛钱，后来哄诱的愚民多了，就希图富贵，干出这样事来。"② 恐怕教首和其他主动参与者都是因为"希图富贵"而铤而走险。一定程度上，"造反"是谋求财富和地位的逻辑延续。在传统王朝中，政府垄断各种资源（至少在教派信徒的心目中如此），大富大贵只有依靠政治权力获得。对于多数清朝子民来说，只有科举是通向这个目标的唯一合法道路，但是这条道路实在太过狭窄。从已有的样本来看，参加教派之人多是没有机会接受教育或者被科场抛弃之人，③ 他们希望通过其他方式收获超额的富（财富）与贵（地位），暴力（包括潜在的暴力威胁和实际的暴力运用）就是其中的一种方式。除了林清天理教案例外，清代晚期的斋教起事中也有大量向成员许诺成事后封官晋爵的例子，这无疑反映了把起事反叛看作一种风险投资的心态。正是传统王朝的权力和资源配置方式塑造了教派的"异端"性格，使教派成为政权的潜在敌人。

不过，移民人群借助教派信仰结成群体的现象并未因王朝的禁令而消失。宗族组织虽然也是移民组织化的一种选择，但是对于多数移民来说这是一种奢望。因此只要有大量移民群体存在，采用教派模式构建合

---

① 陈进国：《救劫：当代济度宗教的田野研究》，第158页。
② 《林案供词档》，第206期，第1页，18/9/21，林清供词，转引自韩书瑞《千年末世之乱——1813年八卦教起义》，第197页。
③ 《江南审拟南陵潘玉衡传习糍粑教案》（雍正十三年五月十二日），刘子扬、张莉：《清廷查办秘密社会案》七，第380页。韩书瑞对19世纪前10年北京地区的600名教派成员进行统计分析，发现只有1个监生和3个武举生员。韩书瑞：《千年末世之乱——1813年八卦教起义》，第42页。

作组织就依然有相当的市场。这也是闽浙赣山区的各类斋教团体即使到清末依然绵延不绝的原因,只不过它们的存在形式发生了变化。李志鸿在闽西一带调查发现,罗祖教在政府高压下逐渐依附于宗族组织,依靠宗族的力量维系经堂、延续罗祖香火。① 也就是说,曾经在山区中活跃的教派为了寻求生存,也会逐步将自己"镶嵌"到那些政府认可(至少默许)的世俗制度中,甚至在自己身上添加世俗认可的文化符号或组织概念。正如陈进国所说,罗教之类的教派为了躲避政治力量的打压,获取生存空间,往往"攀附或盘根于地域崇拜体系的场域之中",而这种方式也让它们"濡染了模拟血亲的泛家族主义传统和综摄主义的信仰气质"。② 由此,我们可以看到凝聚方式的权力筛选逻辑。在王朝内地的边缘区域,③ 社会本身有多种凝聚方式,血缘关系和信仰仪式都曾是社区公共关系构建的重要媒介,只不过随着王朝国家的控制加强,后者乔装打扮,逐渐淡出了人们的视野。但这并不意味着它的作用完全消失,一旦治理模式发生变化,它也可能会再次从世俗结构中脱离出来,再度形成独立的组织。

---

① 李志鸿:《罗祖教:禅宗民间宗教化的典型案例》,《云南师范大学学报》(哲学社会科学版)2016 年第 1 期。
② 陈进国:《救劫:当代济度宗教的田野研究》,第 131 页。
③ 该概念参见鲁西奇《内地的边缘:传统中国内部的"化外之区"》,《学术月刊》2010 年第 5 期。

越南"四恩孝义"派
对汉传佛教经典之运用与转化

钟云莺[*]

一 前言

  法国统治越南之前,越南深受汉文化影响,主要使用汉文字。喃字(Chữ Nôm)曾出现至少700年(1945年与汉字同时告终),但并不如汉字普遍。作为主要的书写载体,汉字在越南的历史中已被神圣化了。这样的现象,可由19世纪创立的越南民间教派观察到,许多教派内部的经典创作,维持以汉字著作与抄写的传统。再者,民间庙宇的汉字楹联,特别是三教经典,亦保留以汉字传抄的文化传统。是以,20世纪迄今,陆续出现了在三教经典汉字旁辅以越南注音的典籍,但汉字仍是主体。许多教派甚至要求传教者或礼仪主事者皆习汉字,如陈仁宗(陈昑,Trần Khâm,1258~1308)所建立的竹林禅派,以及明师道、"四恩孝义"等。

  越南的民间教派"四恩孝义"(Tứ Ân Hiếu Nghĩa,Tu An Hieu Nghia),由吴利(Ngô Lợi,1831~1890)于1870年创立,作为"宝山奇香"(Bửu Sơn Kì Hương,Buu Son Ki Huong)系谱之"奇"字辈的传派。"宝山奇香"教派乃由段明暄(Đoàn Minh Huyên,1807~1856)所创,[①]据传段氏根据一首扶鸾之藏头诗而确立教派名称:"宝玉君明天越元,山中师命地南前;奇年状再新复国,香出程生造业安。"根据笔者的田野调查与越南学者邓文俊的口头访问,"宝"字指佛王陈廉,然

---

[*] 钟云莺,台湾元智大学中国语文学系教授。
[①] 有关由段明暄于1849年创立之"宝山奇香",及其系谱传衍支派,详见钟云莺《越南宝山奇香教派及其传衍——以"四恩孝义"为探讨核心》,《民俗曲艺》第190期,2015年12月,第67~127页。

至今宝山奇香及其支派对陈廉的认识甚少，仅知陈廉曾到柬埔寨的卜哥山修炼，不主张创教立名，他将教义与修炼法传授给宝山奇香的大弟子陈文程，相传陈氏是南部"大屋老爷教"的创教者。① 至今无人知晓佛王陈廉的具体事迹，不过今日"四恩孝义"之祭祀，内有祭拜佛王陈廉的记录，是以应该确有其人。"山"则是指段明暄，又称陈源，号为西安佛师、觉灵或西安善道大师。"奇"即是"四恩孝义"的吴利。"香"指准佛（Đức Phật Trùm），准佛乃高棉（柬埔寨）人 Ta Ponl（或 Ta Pol, Ta Put，塔婆尼罗），出生于越南的塔仑山（今安江省知尊县良飞村洒仑区），越南名分别是武文治、陈有礼、阮森，相传以蜡灯为民众治病，故又被尊称为"灯道爷"。据传"四恩孝义"经典主要创作者阮会真（Nguyễn Hội Chân，生卒年不详），② 曾到柬埔寨修炼，因之，极有可能见过准佛。

---

① 根据信徒解说，大屋老爷教乃是黎文治所创立，然 2016 年 8 月笔者至越南田野调查时，拜访研究越南南部宗教的著名学者陈红莲，她说大屋老爷教又称陈翁教，因之她怀疑黎文治是陈文程躲避法国缉捕时更换的名字。

② 在"四恩孝义"的神谱中，阮会真如灶君一般，宛若严父，检视信徒的言行。这样的推测，最主要在于农历六月十一、十二日乃三教火炉节，主要祭拜阮会真，且在祭典中需诵读《佛灶经》（即《司命灶君真经》），故阮会真在"四恩孝义"神谱中，类似灶君的角色。据内部 24 位主管之一的范文荣口述，"四恩孝义"的经典多数成于阮会真之手，可见阮会真在"四恩孝义"的重要地位。传言当年吴利派信徒至西贡（今胡志明市）拜访阮会真，请他前来安江帮忙，阮氏告诉来访信徒，要他们先行回返，他整理家务后，随即前往。待信徒回返安江省，阮氏已在厅堂与吴利商讨要事了。信徒又传言，阮会真具有神通之力，只要吴利或信徒需要他，他都可以及时赶到，并且从火炉中出现，故又被称为炉佛，信徒家中神明厅之"三教火楼"即是阮会真。又传言阮会真并非本名，而是华人，其家中卖火炉，被信徒尊称"炉佛"即源自家族本业；他与天地会有极大的关系，协助吴利抵抗法国人，现在胡志明市郊区的隆山寺与三宝寺皆是当时抗法秘密集会之所。笔者于 2016 年 8 月访谈时，拜访越南民间教派研究专家陈红莲，她说阮会真是华人之说极为可信，因为 19 世纪时，只有华人家会从事火炉制造与买卖。但她没有研究过阮会真，故无法证实，因而这个说法只是猜测。2018 年 8 月，证明了陈红莲教授的说法果然只是猜测，且被推翻。我们在胡志明市平政县（Huyện Bình Chánh）郊区的偏僻处，找到了坐落于坟墓区旁的"三宝寺"，十分凋零，现在只有阮会真的孙子阮文安（Nguyễn Văn An, 1963 ~ ）负责祭祀，他证实了阮会真是本名且是越南人，曾到柬埔寨修习佛法，后回到越南协助吴利。"三宝寺"与在胡志明市十一郡的"红清寺"之祭拜牌位摆设相同，内有"三十六人"神牌位，楹联是"战士立功为祖国，英雄正直保江山"，证明了阮会真曾经参与抗法活动。而"四恩孝义"若设有"三十六人"牌位之庙宇者，都是为纪念阮会真，只是不多，且多位于偏僻之处，庙宇内供奉阮氏画像。若非巧遇阮文安，恐怕极多数人都不知道这类寺庙乃主祀阮会真。

越南安江省（Tỉnh An Giang）是"四恩孝义"主要的传播区域，境内的安定村、安和村、安成村、安立村，九成人口是"四恩孝义"的信仰者，建有37座庙宇。除了安江省，"四恩孝义"也传播至坚江省（Tỉnh Kiên Giang）、永隆省（Tỉnh Vĩnh Long）、槟椥省（Tỉnh Bến Tre）、朔庄省（Tỉnh Sóc Trăn）、铜塔省（Tỉnh Đồng Tháp）、后江省（Tỉnh Hậu Giang）、前江省（Tỉnh Tiền Giang）、同奈省（Tỉnh Đồng Nai）、平定省（Tỉnh Bình Định）等地，计有35座庙宇，信仰人数超过10万人。2010年6月16日，越南政府核准承认"四恩孝义"成为合法宗教，目前的组织以"道会"为主，"道会"乃属全国级的组织，类似于宗教总会。①

"四恩孝义"保存汉字作为典籍创作与传抄的传统，内部流传的典籍皆以汉字书写。就笔者的搜集，目前该教派内部所保留传抄的典籍可分为三大类。一为创教时期由吴利与阮会真（Nguyễn Hội Chân）创作之经典，这部分又细分为二类：一类是内部24位主管才有资格拥有的经典，如记录各式仪典疏文之《功文》（一说《恭文》），与记载教义、修行手印、各寺庙之建筑雏形与方位的《玉历图书集注》二书，属于内部秘传的书籍；另一类则提供给一般信徒诵读抄写，如《孝义经》《灵山会上经》《佛说天地经》《五岳真经》《五公般若经》等。二为由中国传入的佛教经典，如《普门经》《高王经》《弥陀经》《大悲咒》《金刚经》《盂兰盆经》《八阳经》等。三为中国传入的善书经典，如《桃园经》《超升经》《玉皇经》《五公天图经》《地母经》《太上感应篇经》等，这些善书会因应越南的历史发展与"四恩孝义"教义而变更内容。由内部经典的内容，我们可以了解到，"四恩孝义"的信仰内容融合了儒、佛、道、中国的神明信仰与越南本土的地方信仰。笔者在搜集的汉字典籍与初步分类中发现佛教文化是"四恩孝义"的教义基础，而这样的现象普遍存在于越南社会之中。当然，笔者此处所说的佛教，

---

① "四恩孝义"内部的组织，区分为主管、居士、通讯等职。主管掌理所有的祭典、教义以及众多内部经典的整理，担任主管者皆需识汉字；居士是地方级的主事，在各地区协助各地方之家族或信徒处理宗教事宜；通讯则负责与信徒联络，特别是协助信徒处理祭祖超度与丧葬礼所需进行的一切祭祀仪式。参见钟云莺《越南宝山奇香教派及其传衍——以"四恩孝义"为探讨核心》，《民俗曲艺》第190期，2015年12月，第87~88页。

乃指汉传佛教。

笔者阅读"四恩孝义"内部典籍之内容，以及这几年在越南的田野调查，感受到越南文化的底蕴应是佛教（尤其是观音信仰）。① 长期以来，我们对于越南文化的认识，较重视越南各朝之精英学者与知识分子的著作，加以越南深受中华文化的影响，特别是制度与国家教育，皆仿效中国，故较注重儒家学者的研究。但就民间社会的生活面观察，佛教文化则已融入越南人的生活。我们可以这样说，在帝制时期的越南，其政治与制度层面，确实以儒为主，然就百姓生活与文化的蕴涵，则是以佛为要。越南的佛教文化，来自连续性的文化传统，从历史的角度观察，越南在李朝时期（1010~1224），以佛教为国教，继而陈朝（1225~1399）持续弘扬佛教精神，陈仁宗还出家且创立竹林禅派。由于国家的支持与政教合一的政策，长期以来，佛教成为越南人的基础信仰，已成为其思想核心与生活方式的一部分，佛教文化成为越南民众在"累积的传统"与"个人的信仰"之间所产生的连续性思想资源。② 我们走访越南的民间寺院、庙宇，调查教派所流传的典籍内容，发现融合多方宗教但却"以佛为宗"的信仰与生活现象，俯拾皆是。当然，越南民间社会对佛教的认识与实践，与华人社会一般，已世俗化并充满着功能性，不是寺院僧侣与知识分子类型的精英佛教，而是民间化、世俗化、法会、礼仪、祈福在家化的民间佛教。

19~20世纪，因抗法因素，越南南部新兴教派林立，然而许多教派皆已衰微凋零，而"四恩孝义"却维持其汉字抄写的传统，并流传至今。笔者认为其流传至今的主要因素在于创教者具有典籍创作与传播的能力。本文旨在通过越南南部教派"四恩孝义"内部创作的典籍，探讨越南民间教派所蕴含的佛教文化，分析"四恩孝义"对佛教经典的运用、改造与再创造成为内部专属的典籍——因为这些典籍，"四恩

---

① 根据越南学者阮苏兰（Nguyễn To Lan）的研究，越南的观音信仰，北部属《香山宝卷》之妙善公主衍之观音信仰，南部则是属于普陀山的观音信仰。参见阮苏兰《"香山宝卷"与越南早期妙善公主喃字演传》，"近世越南佛教文化研究"工作坊论文，"中研院"中国文哲研究所，2018年3月20日。另参见陈玉女《观音与海洋：明代东南沿海的观音信仰》，高雄佛光文化事业有限公司，2017。

② 〔加〕史密斯：《宗教的意义与终结》，董江阳译，中国人民大学出版社，2005，第372页。

孝义"成为独立于佛教、宝山奇香之教派，信徒通过传抄与诵读的这些典籍，使其信仰不因政治因素变化而持续至今。面对这样的现象，笔者拟透过社会学家桑高仁（P. Steven Sangren）所谈之社会再生产与行动实践，探讨"四恩孝义"之所以流传至今，宗教实践、内部汉字典籍与仿佛经的创作所发挥的作用。

二 "四恩孝义"的典籍创作者与其"以佛为宗"之著作形式

吴利属段明暄所创之"宝山奇香"之"奇"字辈传人。

"宝山奇香"虽融合三教、五公经之符箓、灾异传说与越南民间信仰，[①] 然在教法上却是"以佛为宗"，乃属典型的多元化混合型（Syncretism）教派。吴利在段氏的基础上，开发安江省七山区域，[②] 辟地、建村、安民、立庙，促使"四恩孝义"发展迅速，也因开发七山区域所遭遇的困难与传说，至今手印指诀之使用与降魔符箓，仍是内部修炼法的重要项目。吴利强调其乃段明暄之传人，加以李、陈二朝深入越南民间的佛教文化，"四恩孝义"乃能在传统信仰基础上开创教派新义。

越南19世纪所创立的教派，多数皆参与抵抗法国殖民的护国行动，因之，这些教派都会崇拜关公，主要在于宣扬关公的忠义与爱国形象。因之，关公也是"四恩孝义"的主神，[③] "四恩孝义"之庙宇与信徒家

[①] 宇野公一郎「宝山奇香試探——ベトナム宗教運動研究（1）」『民族學研究』第43卷4号（1979年3月），第333~354頁。
[②] 七山区域位于安江省的西方，意谓莲花山（Liên Hoa Sơn，俗称象山：Núi Tượng）、凤凰山（Phụng Hoàng Sơn，俗称姑苏山：Núi Cô Tô）、天锦山（Thiên Cẩm Sơn，俗称禁山：Núi Cấm）、水台山（Thuỷ Đài Sơn，俗称水山：Núi Nước）、鹦鹉山（Anh Vũ Sơn）、卧龙山（Ngoạ Long Sơn，俗称长山：Núi Giài）、五湖山（Ngũ Hồ Sơn，俗称五井山：Núi Giài Năm Giếng）七座名山，被喻为越南南部的"灵穴"。"宝山奇香"创教主段明暄宣称天锦山乃世界的中心点，许多仙佛皆于天锦山中修行，未来之"龙华会"将于天锦山举行，使得天锦山成为宝山奇香系谱之信徒的朝圣之山。
[③] 越南民间参与抗法的教派与组织，皆会供奉关公，主要与关公在民间信仰中有正气、忠孝的意蕴有关。再者，"四恩孝义"庙宇与信徒家所供奉的图像是关公居中，关平、周仓在其左右，据此我们可以肯定，"四恩孝义"之关公崇拜乃依据中国善书传统而来。吴利曾带领"四恩孝义"干部与信徒组织民兵对抗法国，追求越南脱离法国殖民，成为独立的国家，然此非本文的重点，故不详论之。

中的神明厅中，关公位居主神之位。由外在形象而言，容易误解"四恩孝义"属关公信仰，故而我们需由内部传抄与诵经的典籍观察，才足以深入了解其教义内容；外在形象只是教派之自我标志的符号。

根据笔者的访谈，"四恩孝义"的内部典籍乃由创教教主吴利与三教火楼阮会真所作。① 目前可以确定吴利的作品，其一是他在1851年创教前教导信徒的《灵山会上经》，此书乃就越南民间原有的汉字典籍加以组合、选编、改写，再加入内部信仰的神明名号。这本书被信徒视为最重要的内部经典，信徒需每天诵读，其内容糅合了大家熟悉的民间教派作品——如《太阳经》《太阴经》《婆罗尼经》《准提咒》，以及以观音信仰为主的《洗毛经》《观音救苦经》《金刚山经》《金刚神咒》《观音经赞》等，并以颂读为要，这时候的传教重心在"聚良人善心念佛"。② 其二是描述吴利创教历程、神秘体验与基本教义的《孝义经》（原名《佛说阴骘孝义经》）。其三为记录各式礼仪疏文与神明系谱的《恭文合一本》（又称《恭文》《功文》）。其四则是描述吴利生平、传教过程、祭祀礼仪、庙宇建造蓝图、内部摆设与手印指诀的《玉历图书集注》。其五则是解释108颗佛珠礼敬诸佛之意义的《佛说分珠经》。③ 其六是描述神明降妖除魔与转祸为福的《转直经》。这六本典籍确定由吴利所作，其中《恭文合一本》与《玉历图书集注》乃礼仪主事者才能拥有，一般信徒无法取得。

---

① 吴利生于1831年农历五月初五。父亲吴闲（Ngô Nhàn）是位木匠，原籍在定祥平安社（Định Tường, Bình An），母亲怀孕不久，他的父亲就过世了，后迁居梅祺郡（建和，Quận Mỏ Cày, Kiến Hòa）。吴利传教的过程中，曾有两次的神秘体验，而这些天启式的经验，象征着传教生涯的不同阶段与变化。《孝义经》中记载，他在36岁之年（1867），曾经七日昏迷不醒，在他苏醒之后，开始劝善救人的历程（这则神秘传说成为"四恩孝义"内部对其神圣化，将其俗身转化为圣身的开始）；三年后（1870），因天女的启示而悟道，并传授三宝，正式立教。关于吴利的出生资料，参见陈文桂（Trần Văn Quế）、何新民（Hà Tân Dân）《佛教宝山奇香：四恩孝义派系》（PHẬT GIÁO BẢO SƠN KỲ HƯƠNG: Hệphái: TỨ ÂN HIẾU NGHĨA，王明翠译，未标注出版信息；Đặng Văn Tuấn, Đạo Tứ Ân Hiếu Nghĩa và ảnh hưởng của nó đối với tín đồ Tứ Ân Hiếu Nghĩa ở Nam Bộ hiện nay（Luận văn Thạc sĩ ngành Chủ nghĩa Xã hội học, Trường Đại học Khoa học Xã hội và Nhân văn TPHCM, tháng 8 năm 2011），tr. 150（邓文俊：《四恩孝义教派及其对今日越南南部四恩孝义信徒的影响》，越南人文社会科学大学社会主义学硕士论文，2011年8月，第150页）。
② 吴利：《玉历图书集注》（范文荣手抄本），第7页。
③ "佛"字在越南典籍中，多数书写成"伕"，本文均用"佛"字，以便统一。

除了吴利的著作、佛教经典与中国民间善书，其余皆是阮会真所作，根据《玉历图书集注》《五岳真经》《五湖经》《五公般若经》的描绘，阮会真是"四恩孝义"内部自创典籍的主要著作者。

"四恩孝义"的教义思想，① 主要在于传承佛教所强调的敬重三宝：佛、法、僧；回报四重恩：祖先、父母/国土、国家/人类、同胞/三宝。《玉历图书集注》记载，吴利于壬申年（1872）造盘古板，② 盘古板乃以盘古化生天地为主，内刻有"南无阿弥陀佛"十二时辰、十二生肖以及往生咒；吴利所作之《佛说分珠经》即言：

> 菩提法手，法手分珠经十八颗，颗颗念敬南无本师释迦牟尼佛；四颗念敬四恩，五颗念敬五常；八颗念敬八八助难。尔时阿弥陀佛、观世音菩萨、大势至菩萨、清净大海众菩萨、圆觉菩萨，请善上人同会一处……③

佛教文化展现在越南民间教派中的信仰思想，于此可见。

"四恩孝义"内部所有抄写的典籍，第一页会书写"上祝当今国王圣寿无疆 下资文武官僚高增位品"（或"皇图巩固帝道遐昌佛日增辉法轮常转"）、"南无本师释迦牟尼佛三遍"，或直书后者，将释迦牟尼佛号作为每本书的起首，可见佛教文化是其信仰底蕴。再者，每一本书后都有"补缺心经一次"与"补缺真言三次"之文字，即是每诵读一本典籍后，都需再补诵《般若波罗蜜多心经》一次，以及民间流传的真言咒语——"菴背字啰。迈字过。语不真。漏字多。意不专。心即差。谬诵经。添减他。香花净水。诚心意。补缺圆满。罪消磨。诸佛龙天。求忏悔，南无求忏悔，菩萨摩诃萨。"此乃佛教仪式中之忏悔礼仪传统。④

---

① 1867年，吴利初以"拜祖先教"称其教派，此时可说是吴利发展其教派的筹备期。越南南部几乎家家户户都会祭拜九玄七祖，"四恩孝义"则必须同时祭拜男、女主人家的祖先，包含七月的超拔祖先仪式也是如此。由初期的教名可知，吴利亦深受越南南部祭祖传统之影响，由此可见越南信仰的多元内容。参见钟云莺、陈巍仁《台越民间教派生死观之比较——以一贯道与四恩孝义为例》，收入周大兴主编《东亚哲学的生死观》，"中研院"中国文哲研究所，2016，第99~139页。
② 吴利：《玉历图书集注》（范文荣手抄本），第5页。
③ 吴利：《佛说分珠经》（越南安江省，陈字抄写影印本），第3页。
④ 根据笔者的了解，越南民众读诵《般若波罗蜜多心经》后，都会再诵读"补缺真言"，即便佛教寺庙僧尼也是如此。

吴、阮著作共同的特色即是充斥着佛教的佛号、咒语，即使抄写非佛教类的中国善书也是如此。如陈字所抄写之《太上感应经》于书末即有"南无阿弥陀佛 三拜 南无观世音菩萨 三拜 南无玉皇上帝三十三天菩萨 三拜"，[1] 武朱抄写的《司命灶君真经》有"南无阿弥陀佛 三遍""南无本师释迦牟尼佛三遍"。[2] 这样的文字，普遍见于内部的抄写本。

"四恩孝义"内部所供奉的神明十分庞杂，除了三教圣人仙佛与神明信仰，遍及宇宙星宿、河川海洋、动植万物、地狱鬼神，属泛神系统。只要进入其礼敬、祭拜之列者，皆加上"南无"二字。如《超升蟠桃经》即有"南无百千亿化身释迦牟尼佛、南无圆满报身毗卢舍那佛、南无上八峒照普邦三清四帝、南无玉皇大天尊玄穹高上帝、南无宏开三教道孔子历天尊、南无寻声付感太乙救苦天尊、南无九天应元雷声普化天尊"；[3]《普度真经》有"南无玉虚师相玄天上帝金阙化身天尊、南无九天开化文昌帝君敬生永命天尊、南无敕封三界伏魔大帝神威远振天尊"。[4] 内部传抄的《佛说五公经》《五公天图经》，则将中国明王传说的五公菩萨，[5] 改称为"南无五公王佛"，即"南无志公王佛菩萨、南无宝公王佛菩萨、南无化公王佛菩萨、南无朗公王佛菩萨、南无唐公王佛菩萨"。《合论经》内更是充斥着中、越民间的神明名号：

南无九天王菩萨、南无女娲王菩萨、南无东罗煞菩萨、南无西瑶池菩萨、南无媚仙姑菩萨、南无何仙姑菩萨、南无主处娘菩萨、

---

[1] 《太上感应经》（越南安江省，陈字抄写影印本，戊申年[1968]十月二十二日）。
[2] 《司命灶君真经》（越南安江省安定村，武朱抄写摄影本，癸酉年[1993]十月十五日）。
[3] 《超升蟠桃经弟》第二卷（越南安江省，陈字抄写影印本，戊申年[1968]夏节季月下浣吉日）。
[4] 《普度真经》，第一卷。
[5] 参见武内房司「宝山奇香考——中国的メシアニズムとベトナム南部民衆宗教世界」，收入武内房司编著『越境する近代東アジアの民衆宗教：中国・台湾・香港・ベトナム、そして日本』，明石書店，2011，第23~45頁。柯毓贤：《五公菩萨源流与观音信仰——以〈转天图经〉为中心之考察》，《东方宗教研究》第2期（1988年9月），第117~137页。《五公经》乃中国清代民间流传的灾劫之说，这本书仍在"四恩孝义"派内部流通，信徒也深信其内容。笔者于2012年7月前往越南进行"四恩孝义"教派调查时，发现其内部即有《五公天图经》的手抄本，可见"四恩孝义"派亦保留了"宝山奇香"的劫难之说，并借以传教，劝化信众。

南无主洞娘菩萨、南无主仙娘菩萨、南无主玉娘菩萨……①

以"南无"作为所礼敬祭祀神祇名称之敬语,显见佛教文化已与越南安江省百姓之信仰密不可分。

吴利在世之时,视阮会真的著作如同佛经,而阮会真亦仿效佛经的形式,故有《炉香赞》(有时称《香烟赞》)、《净口业真言》《安土地真言》《净三业真言》《普供养真言》《奉请＊＊菩萨》《发愿文》《开经偈》等内容。这些内容中,笔者拟以《开经偈》做一说明,借以了解"四恩孝义"对佛经形式的模仿与内容的创新。

我们所熟悉的《开经偈》中有言"无上甚深微妙法,百千万劫难遭遇;我今见闻得受持,愿解如来真实义",在此基础上,"四恩孝义"也将之运用于其内部创作的经典。② 笔者将在越南所搜集之汉字典籍《开经偈》内容列表整理如下:

表1 《开经偈》内容

典籍名称	《开经偈》内容	抄写者与抄写日期
《灵山会上经》《三元积善经》《孝义经》《圣主铎明经》	无上甚深微妙法,百千万劫难遭遇。我今见闻得受持,愿解如来真实义。	无
《超升经》	无量甚深微妙法,百千万劫得超升。我今见闻悔无穷,蒙恩如来从回善。香烟渺渺透穷苍,诸佛慈悲复十方。地狱重重都照彻,九幽十王亮堂堂。	无
《普度经》	广念四恩三教道,嘉愿九玄七祖超。天印浮山藏金卷,富国秀顶积玉昆。	无

---

① 《合论经》第三卷。此部经卷又称《三教合论经》。
② 根据"四恩孝义"最高主管阮有仪(Nguyễn Hữu Nghi, 1950~2015)所说,内部的核心经典有36本,常用的则有47本。笔者所搜集之范文荣版《功文合一本》,内容乃为各项祭典之疏文,内有撰写各项祭典需诵读的经典,但并没有标示36本核心典籍。笔者另亦搜集安和村阮阳经《玉历图书功文家礼立成一本》,内有"奉编师教经二十四号在静度府"有《灵山经》等共24经(实际是25本),"中国印送经"有《普门经》共14本。由于传抄过程有舛误,需再厘清。另可参见邓文俊《四恩孝义教派及其对今日越南南部四恩孝义信徒的影响》,第150页。

续表

典籍名称	《开经偈》内容	抄写者与抄写日期
《普度经》	无上甚深微妙法，百千万劫幸相逢。 我今见闻得受持，愿解诸尊真实义。	
《超升蟠桃经》	广念四恩三教道，嘉愿九玄七祖超。 隆兴密念藏金卷，龙山敬惜字纸书。 无上甚深微妙法，百千万劫幸遭逢。 我今见闻得受持，愿解诸尊真实义。	陈字，戊申（1968）夏节季月下浣吉日
《观音般若波罗蜜经》	无上甚深微妙法，百千万劫难遭遇。 我今见闻得受持，愿解如来真实义。 杨柳净瓶洒对天，威神普降镇中原。 妙法锁开真圣母，剑飞杀鬼是请仙。 包罗神女不安然，会火楼山乐无边。 骑马施才助弟子，修身积善禄万年。	无
《五湖真经》	无上甚深微妙法，百千万劫难遭遇。 我今见闻得受持，愿解如来真实义。 广念四恩三教道，嘉愿九玄七祖超。	陈字，戊申（1968）秋节孟月上浣吉日
《五岳般若真经》	丰禄浮山藏金卷，平阳秀顶积玉昆。 南圻鸟食虫化凤，国迈人拨石成仙。 前报君恩潘美部，后皈佛法阮会真。	陈字，戊申（1968）夏节季月下浣吉日
《合论经》 （又称《三教合论经》）	祥光圣驾逐云来，拜谢三尊降下阶。 大德慈悲除国厄，洪恩列圣救民灾。 邪魔妖怪皆清散，仙佛圣神大晏开。 忠孝虔诚除暴虐，蟠桃会果列龙牌。	无

注：潘美部的生平不详。据"四恩孝义"内部24位主管之一的范文荣（Phạm Văn Vinh）口述，潘美部与阮会真乃同一人，潘美部只是阮会真别号；但另一位主管阮文泊（Nguyễn Văn Bạc）则说，相传吴利身边有两位助手，阮会真负责内部教义典籍，潘美部则负责抗法、复国、护民。因之，内部典籍所出现之"前报君恩潘美部，后皈佛法阮会真"，乃要信徒遵循潘、阮的教导。

笔者翻阅这些内部传抄典籍，发现由吴利所著者，只有《灵山会上经》与《孝义经》有开经偈，且维持原有内容；佛经与中国善书的抄写，虽有祝词与"南无本师释迦牟尼佛"等文字，但没有开经偈，直接抄写。但由阮会真所著的内部典籍，都会有诵读佛经的仪式，故都有开经偈，而且这些开经偈的内容已有变化。

《超升经》与《普度经》乃为亡者诵读，《普度经》《超升蟠桃经》则在举行超度祖先礼仪时需诵读，也会随着抄写者的所在地不同而变化。《观音般若波罗蜜经》则是呈现了当时四恩孝义开山垦地所遭遇的困难，故以诵经观音名号借以消灾解难。《五湖真经》与《五岳般若真经》内，则描述阮会真乃天神派遣世间帮助越南百姓之人。《合论经》则是以三教圣人为名礼拜，消除妖魔、护佑百姓。这些典籍的共同特色是，内有许多咒语，以及难以计数的圣神佛仙名号。

　　"四恩孝义"的著作之所以维持诵读佛教经典开经偈的外在形式，一则吴利有意提升阮会真著作的地位，强化其著书之神圣性，令人不可轻忽——"四恩孝义"称阮氏是"炉佛"，故以"经""真经""般若经"尊称其著作，故开经偈具有圣化阮氏作品的象征意味。再者，这些著作的内容，多有圣贤神佛仙称号与咒语，笔者怀疑其为扶乩作品。① 主事者与信徒们认为其中提及诸神即是佛，故其作品是佛的经典，因此需以正式开经偈诵读这些作品。其三，信徒们认为诵读这些作品有功德，且可躲避灾难，因之，以"开经偈"表达内心的敬意与消灾除魔的渴望。

　　我们从"四恩孝义"之教名、吴利著作内容、阮会真作品维持开经偈形式，每一本内部传抄的典籍都以"南无本师释迦牟尼佛"起始，内部祭祀圣贤仙佛神明之名号都加入"南无"二字，可知"四恩孝义"之信仰虽融合三教、中国与越南的神明信仰，然其"以佛为宗"的本色显而易见。

---

① 越南学者陈进成认为，吴援、吴利父子曾在明师道（原先天道）担任大老师，先天道本就有扶乩传统，且扶乩在越南南部也极为盛行，故而"四恩孝义"内部的典籍，亦存在类似扶乩的文字。Tiến - thành Trần, "Vài nét về Phật Đường Nam tông（Minh Sư đạo），" *Nghiên cứu Tôn Giáo*, T. 67, S. 2（2009）, tr. 27 - 30.（陈进成：《南宗佛堂明师道》，《宗教研究》，第 67 卷第 2 期，2009，第 27~30 页）这个简要的研究报告让人深感有趣的是，陈氏认为，越南的高台教、"宝山奇香""四恩孝义"的创立，皆与先天道有关。高台教乃先天道的支脉关系，已有学者证明。陈氏在文中陈述"四恩孝义"创教者吴利在创教前已是先天道南宗佛堂的大老师，但并没有看到确切的证据。另参见 Victor L. Oliver, *Caodaism: A Vietnamese Example of Sectarian Development*（Michigan University Microfilms International, 1981）；Sergei Blagov, *Caodaism: Vietnamese Traditionalism and Its Leapinto Modernity*（Huntington, New York: Nova Science Publishers, 2001）.

三 "四恩孝义"典籍著作所展现之观音信仰

观世音菩萨之"闻声救苦"形象，一直是汉字文化圈之重要信仰内涵，也是百姓群生的心灵寄托，从汉字文化圈的国家相继出现观音灵验、观音感验等作品，① 可知救苦救难的观世音菩萨，已成为汉字文化圈共同信仰的神祇。

观世音菩萨闻声救苦之慈悲大愿，主要来自《妙法莲华经观世音菩萨普门品》《大悲心陀罗尼经》《大悲咒》《白衣神咒》《观音经》《高王经》等。这些成为汉字文化圈观音信仰流传最广泛的经文，也产生了许多因诵读这些佛书或口诵观世音菩萨佛号而产生灵验的故事。这些流传于民间的观世音菩萨感应经典，我们需留意其乃符合民众信仰的心理，故在此并不论述经典之真伪问题。"四恩孝义"内部称《普门品》为《普门经》，亦是必抄写的佛经之一。体现"四恩孝义"浓厚的观音信仰最明显的作品即教主吴利传教之初所搜集编录的《灵山会上经》，内容融合了民间信仰与观音信仰。笔者比对全书发现，《灵山会上经》乃编录了上述民间流传的观音信仰书籍、《佛说炽盛光大威德消灾吉祥陀罗尼经》之《消灾咒》《大悲咒》《准提咒》《观音经》等，以及流传于越南的佛教咒语。全书内容，除了民间善书外，一半以上皆与观世音菩萨救济苦难四生六道有关。②

---

① 释大参：《天台宗对观音灵验记的诠释——以智者大师的〈观音义疏〉为根据》，《成大宗教与文化学报》第7期，2006年12月，第113～142页；李世伟：《末劫解救——从观音救劫善书探讨观音信仰之民间》，《新世纪宗教研究》第16卷第2期，2017年12月，第197～230页。

② 最明显的例子是《灵山会上经》之《洗毛经》，所描述即是观世音菩萨救渡动物的文字："洗毛洗角，观世音菩萨，救脱众生，满劫皆成遍为人，将唵超度，菩萨摩诃萨。（三遍）唵啮临，唵部临，唵诸佛现身，遮罗神护罗神。念佛一千万遍，鬼离身，身离床，病离身，一切灾殃化为尘。也有讨神陀罗尼，也有鬼神陀罗尼，诸恶鬼神傍不得，奉请十地诸神威。南无动地金刚，南无出山走水金刚，南无父母金刚，南无天光地光，尽夜神光。成佛自在，邪魔消亡。若有善男子善女人，每日志心念一卷，如转金刚经三十万卷。又得神明加护众神智，知智惠天地人。南无还金刚菩萨摩诃萨。南无大海圣主菩萨摩诃萨。往净土神咒，决定真言。南无阿弥哆婆夜，哆他伽夜，哆侄夜，阿弥刹都婆毗，阿弥刹哆，悉耽婆毗，阿弥刹哆，毗迦兰帝，阿弥刹哆，毗迦兰多，伽弥□，伽伽那，抧哆迦隶，娑婆诃。南无阿弥陀佛。"另可参见钟云莺《越南宝山奇香教派及其传衍——以"四恩孝义"为探讨核心》，第101～112页。

阮会真所著之典籍，类似"南无观世音菩萨""南无大慈大悲灵感观世音菩萨""南无救苦救难观世音菩萨""南无观世音佛菩萨"等文字，屡见不鲜，不胜枚举。

观阅阮会真的著作内容，经常将《妙法莲华经观世音菩萨普门品》《大悲心陀罗尼经》《大悲咒》《白衣神咒》《观音经》《高王经》的文句摘录其中，变成其作品的一部分，并且以"南无观世音菩萨"为名创作新的经文。为了清楚呈现阮会真吸收观音信仰的著作，本文拟就阮氏承袭、改造、创作观音信仰之作品表列如下，借以观察其中的演变。

由此可见，"四恩孝义"对观音信仰的发扬，乃在传统中加入其多神信仰。阮会真在吴利所编辑、改写之《灵山会上经·婆罗尼经》基础上，从事内部典籍的改造与创作。

表2 阮氏承袭、改造、创作观音信仰的情况

"四恩孝义"典籍名称	"四恩孝义"典籍之观音信仰内容	民间流传之观音信仰书籍名称
《五岳般若真经》，又称《五岳般若波罗蜜经》（陈字抄写本）	《观音消灾脱难咒》 南无大慈大悲广方灵感应观世音菩萨 南无佛　南无法　南无僧 呾唎哆，唵，伽啰伐哆，伽啰伐哆，伽诃伐哆，啰伽伐哆，啰伽伐哆，娑婆诃！天罗神，地罗神，人离难，难离身，一切灾殃化为尘	《白衣神咒》
《五湖真经》	《南无观世音菩萨》 南无大慈大悲，度尽众生佛，定祈灵上颠沛。如来佛口中常念心陀罗尼。左手执净瓶甘露洒，右手执枝杨柳清。朝念观世音，暮念观世音，念念从心起，念佛不离心。男人念得观音儿，血盆化作五枝莲。女人念得观音咒，血盆化作白莲池。南无千手千眼观世音菩萨，紫竹林中观世音，清净观世音愿降临灵。上界天曹皆拥护，下道圣神鹤归阴。佛在人间救苦难，佛在人间救生产，佽降狱中救罪人，佛在江边云里兴，佛在江边救泷船。火里菩萨火不烧，水里菩萨水上浮。天罗神，地罗神，人离难，难离身，一切灾殃化为尘	《十句观音经》《普门品》吴利：《灵山会上经·婆罗尼经》

续表

"四恩孝义"典籍名称	"四恩孝义"典籍之观音信仰内容	民间流传之观音信仰书籍名称
《五湖真经》	《南无大慈大悲观世音救苦真经》 南无救苦救难观世音菩萨，百千万亿佛，恒河沙数佛，无量功德佛，佛告阿难言，此经大圣，能救狱因，能救重病，能救三灾百难苦。若人诵得一千遍，一身离苦难；诵得一万遍，合家离苦难。南无佛力威，南无佛力护，使人无恶心，令人身得度。回光菩萨、回善菩萨、阿耨大天王、正殿菩萨，摩丘摩丘，清净毗丘，官事得散，诵事得休。诸大菩萨，五百罗汉，救护善某一身离苦难，自言观世音璎珞不须解，勤读千万遍。灾难自然得解脱，信受奉行。即说真言曰："金婆金婆，求诃求诃弟，陀罗尼帝，尼诃罗帝，毗卢弥帝，摩诃伽帝，真陵乾帝，娑婆诃。"	《观世音菩萨救苦真经》
	《保生经》 南无观世音菩萨，南无佛南无法南无僧，与佛有因，与佛有缘。佛法相因，常乐我净（按：静）。朝念观世音，暮念观世音，念念从心起，念佛不离心。天罗神，地罗神，人离难，难离身，一切灾殃化为尘。南无摩诃般若波罗蜜。（《普度蟠桃经》亦有此文，然称之《南无观世音菩萨》）	《观音经》
	《观世音菩萨脱难咒》 南无佛南无法南无僧，咀呗伐哆，唵啰伐哆，伽啰伐哆，伽诃伐哆，啰伽伐哆，啰伽伐哆，啰伽娑婆诃。天罗神，地罗神，人离难，难离身，一切灾殃化为尘	《白衣神咒》
《金刚破邪经》	《佛说观音运转经》 尔时元始天尊，十方诸佛大菩萨，八大金刚，四大菩萨，五大天王，护持国界，作大证明，荣卫我身得神通力，无畏妖魔。弟子（姓名）受持南无东方婆哩俱胝大悲观世音菩萨，威灵神降婆露羯帝。南无南方婆罗尼大悲观世音菩萨，出将现形，威灵神将，救苦救难，婆露羯帝。南无西	《大悲心陀罗尼经》

续表

"四恩孝义"典籍名称	"四恩孝义"典籍之观音信仰内容	民间流传之观音信仰书籍名称
《金刚破邪经》	方手遮罗大悲观世音菩萨，出将现形，救饥救渴，婆露羯帝。南无北方海湘罗大悲观世音菩萨，出将现形，救苦救贫，婆露羯帝。南无上方补陀落山琉璃境界大神通，诸佛诸圣众，救度人间除灾厄，抗破诸业障，大菩萨罗尼婆露羯帝。运转诸天上第，运转［……］（诸天圣神仙佛名）运转地仙冤家，师将斩煞群魔，三界圣贤集会同来感应，摩诃欢喜信受奉行。即说咒曰：菴烛哩哆啰哆哩烛哆啰唎莎下。南无大悲观世音，愿我早除诸众障（得十方、离家断、一切仙、诸疾病、诸苦厄、一切法、智惠眼、一切众）［……］南无大悲观世音，愿我早除百病愁。我若向刀山，刀山自摧折；我若向火汤，火汤自消灭；我若向地狱，地狱自枯竭［……］	
	《佛说观世音现佛神通经》尔时观世音菩萨在补陀山上，现将陀罗羯帝，会同万万千千金银，三千九重天君，是天至尊玉皇上帝，大梵天王天主释南曾北斗日月兴君，恒河沙数，诸佛天地，地府三界万灵，现形千手千眼观世音菩萨，白衣白齿、金相金身变化度人人神仙等，主圣帝上生佛现神通，第一变现三世如来都玄教主。现佛神通，陀罗泥咒陀罗经。［……］现佛神通。总持王菩萨、宝王菩萨、药王菩萨、上王菩萨、大势至菩萨、药庄严菩萨、宝藏王菩萨、乃藏普菩萨、金刚藏菩萨、弥勒菩萨、普贤菩萨、会上菩萨、央数菩萨、首摩诃迦叶尊者，及一切圣贤僧，补陀山上赞助一切世间穷苦，一切诸众生。出将现形五百名号劫，称圣母玄都教主，正法明王。大慈大悲千手千眼观世音菩萨，大众会前合掌住于众生，起大悲心，开颜含笑，即如是广大圆满无碍。大悲无为，大慈出金印，现佛神通妙章句，大陀罗尼补陀山上，金齿龙王，出将陀罗尼羯帝，一百八等穿造数珠，会同三界十方诸国一切诸大菩萨、诸圣大贤、诸祖禅师、一百罗汉、大天龙八海龙王、五岳圣帝、诸山俯（府）君、今年太岁、至德尊神、	《大悲心陀罗尼经》

续表

四恩孝义典籍名称	四恩孝义典籍之观音信仰内容	民间流传之观音信仰书籍名称
	十二神将天干地支、天门地户、风伯武师、雷公雷母、八部金刚、四大天王、六洞真先圣、众十殿冥王、阎罗太子、五方使者、功曹判官、护法善神、城隍（湟）当境、土地正神、三随三宝共赐证明，现佛神通婆露羯帝，皆大欢喜，信受奉行。南无观世音菩萨。念三遍	
《观音般若波罗蜜经》	奉敬绩字纸，得神像真经阴骘一部书。善果是闻得佛在普陀山，往于舍术国及诸大弟子五百阿罗汉，丁丑乐娑婆。正月初一降会，施宝法开月池，化出此孤贫得果。观音说善哉！置号火楼山人谓阴骘园，真孔门弟子，封汝阴骘师，三教使闻法，有功垂戒世。九天玄会瑶池，圣母降览论其世事，妖怪绕普邦，诸圣女辩白。待蟠桃会晏（宴），诸名号诸法灭除狂贼。山化为大海，海化为大山，妖怪皆消散，永世天下安良。谋（膜）拜南海观音说：善哉！我不论古今，择有功于世，孝父事君王身瘵王战地，度入此经中，戒人忘吾道真降现传教［……］观世音菩萨，三会三教道，此处阴骘经，教传即有佛，会圣母诸仙，消除灾难［……］南无喝啰怛那，哆啰夜耶，此是观世音本身大愿慈悲，心用读诵勿得高声。南无阿唎耶，阿唎婆娑诃，此是如意轮菩萨本身到此愿，存心诚意见观世音也。南无婆卢羯帝，烁钵啰耶，此观世音本身持钵甘露洒我，度善人财禄也。南无萨婆阿他，豆娑婆诃，此是甘露洒菩萨，观世音本身降世开化，戒人忘吾道。［……］（书中另有抄写《普门品》、六字大明真言）	《普门品》《大悲咒》

　　就表2所列述的内容，我们可见观音信仰之"咒语"与"四恩孝义"创教之时垦山、建村、立庙的背景有极大关系。吴利当年带着信徒开发安江省七山区，面临开山时所遭遇的天灾、野兽攻击、流行疾病与意外等，造成百姓的死亡，当时百姓多属农民，祈福护安的观念本就浓厚，故在原本观音信仰与南方民间社会的多神信仰中，另行创作请神斩妖除魔的仪式与内容，祈求众人平安。

"四恩孝义"对于民间流传观音信仰内涵的传承,就表2所述,诵读各类观音咒语乃为基本。吴利承继段明暄"宝山奇香"重视符箓、手印、咒语,以佛为宗的传统,医病、济民、渡众修行的教法。长期以来,观音信仰是越南的信仰文化,而因诵念观音信仰咒语所产生的神迹故事充斥于民间传说,故持诵各种观音咒语以保平安,展现了"四恩孝义"继承越南传统信仰的连续性,因之,持念、抄写、诵读观音咒语,祈求观世音菩萨救苦护佑,遍布于其典籍创作之中。

"四恩孝义"虽然保留了佛教观音信仰的连续性,但并不是纯然的佛教,而是融合中、越神明祭祀的民间信仰,是以依其民俗,借由祭祀神明祝祷发挥安定民心的功效。因此,阮会真乃依当时垦荒建村时的实际需要祭拜众神。就其记录除妖斩魔、破除邪神与消解灾难神迹的经文,可以看出当时他们所面对垦荒人员的伤亡,许多民俗禁忌之传言讹语也纷纷产生。为了安抚当时流离百姓的民心,阮会真的著作融越南的观音信仰于地方信仰之中,是故有《观音消灾脱难咒》《保生经》《佛说观音运转经》《佛说观世音现佛神通经》这些护安避邪的内容。后二者最可显现"四恩孝义"信仰内容的复杂性,其以"观世音菩萨"名号为外在形式,然内容主要彰显观世音菩萨"运转""神通"法力,护庇众生离难得福。

我们就表2所选录"四恩孝义"典籍引用、改写或创作观音信仰相关的文句,可见越南民间社会以佛为宗的信仰底蕴,而观音信仰更是深植民心,因之,抄写与观音信仰相关之经典,在"四恩孝义"教派已成为一种传统。教主吴利与阮会真的著作,不仅沿袭此一传统,并且运用于他们的著作中,使得"四恩孝义"的内部著作兼具佛教形式与观音信仰内容,融合在地民间信仰,成为新的教派,启动了民众信仰的生命力,也使观音信仰有了新的内容。

四 "四恩孝义"之佛经运用与其仿佛经之社会再生产意义

教派从创立至发展是否成熟,可由内部"典籍"的产生来判断,因为内部典籍的流传,代表着该教派的信徒是否具有认同感,以及是否具有持续传教的能力。透过内部典籍的传播，不仅可以与传统信仰区隔，亦可改造传统信仰所缺乏的某些观念与行为，强化传统信仰所忽略的社会功能性，亦有别于已组织化、制度化的僵化教派，透过典籍传播其新信念，增添传统信仰的活动力与生命力。再者，"经典"也是宗教身份判别与信徒对于所信仰对象之企慕、认同的表现，通过内部作品，可以形塑教主之创教神话与传说，描绘教派之发展历史，树立教派的神圣性与独特性。

综观汉字文化圈的民间教派，皆在三教融合的文化传统中另有创新。也就是说，一个新兴教派的创立，既无法离开传统文化，也必需有所创新以别于传统信仰。特别是内部典籍的创作，可加速传播新的宗教理念。被赋予神秘性与神圣性的典籍，在传播的过程中，又会被增添许多灵验感应的事迹，神化其非凡与特殊意义。

"四恩孝义"保留了抄写佛教经典、善书的传统，此乃其展现越南信仰文化连续性的共相；吴利、阮会真的著作，则是"四恩孝义"成为一个独立的教派，有别于佛教或越南地方信仰的关键。

上文已述，吴利、阮会真的著作虽会通三教与越南神明信仰，然其著作形式与内容却是以佛为宗。若我们认定佛经是佛教宣扬佛陀思想与信念的产品，那么吴、阮二人的著作，即是佛经的"再创作"，以社会学的概念而言，即是社会再生产。

桑高仁研究马克思思想的社会生产，并将"社会再生产"理论运用于解释汉人民众宗教的发展与演变，桑高仁说：

> 来自精英书写经典中所产生的富有秩序性的仪式，和农民仪式中所涵盖的各种经典，它们都是一个共同过程所产生各自特有的表现方式，这个过程也就是行政体系、阶层体系中的层级运作、社会关系，和价值等等的同时产生的再生产过程。①

因之，社会再生产包含了文化权力、认同归属与规范性论述等内容。②

---

① 转引自丁仁杰《当代汉人民众宗教研究：论述、认同与社会再生产》，台北，联经出版公司，2009，第73页。
② 丁仁杰：《当代汉人民众宗教研究：论述、认同与社会再生产》，第5～95页。

虽说桑高仁乃以汉人社会为研究对象，然我们将"社会再生产"理论运用于观察越南"四恩孝义"对佛教经典之改造与内部著作，则可以发现吴、阮二人对于"四恩孝义"的贡献，不只是宗教传播，他们对于越南汉字仿佛经的创作，亦有其重要的地位。

宗教组织或教派团体离不开"人"，因之桑高仁之"社会再生产"理论强调"实践导向"，他认为"实践导向"的社会分析，需要关注社会生产与再生产中的个人或"能动者"的角色。就吴利与阮会真而言，他们身兼佛教经典的抄写者、改造者与内部仿佛经之典籍创作者，是以吴、阮二人在"四恩孝义"内部的仿佛经著作，就是具体行动实践后的再生产。桑高仁认为，实践理论是"立基于认定文化是一个将人类转化世界的潜力予以具体化的过程，并且也认定了这个过程会反过来塑造其生产者"。[①] 可知，实践理论需要以某种方式来解释社会行动，而吴、阮二人乃透过著作的方式，在"四恩孝义"内部宣扬佛教经典与观音信仰。换言之，吴、阮二人成长于佛教文化盛行的越南国度，观音信仰本就存在于他们宗教思想中，当其教派日渐成长、成熟，且需要有内部所专属的典籍时，他们所习的佛教经典与原有宗教信念，就会被撷取、出现在他们的宗教著作之内，通过这些著作，彰显宗教派别。再者，吴、阮二人著作所再生产的仿佛经产品，促使佛教经典与观音信仰的作品以"专属""四恩孝义"的新样貌传达，再经过后人的抄写、印刷、传播，又产生了能动者与生产者。也就是说，"四恩孝义"的信徒们，依据他们成长背景所吸收的佛教经典内容，结合教派内部之宗教体验，展现了生产者与再生产者之双重身份，而此一双重身份之认定在于其宗教身份，这就是桑高仁所说的过程形塑生产者的证明。

社会再生产不只是宗教自我归属认同，还涉及了文化权力的面相，桑高仁又说：

> "社会再生产"，更广泛来说，是属于文化权力之展演的一部分。借由文化符码，确定了现有的社会关系与社会秩序的正当性，并让参与在这个关系模式里的人，由某种被动性而变成某种主动

---

① 〔美〕桑高仁：《汉人的社会逻辑——对于社会再生产过程中"异化"角色的人类学解释》，丁仁杰译，"中研院"民族学研究所，2012，第16页。

性，进而深刻地被纳入于社会已经定义出来的"非自己所能够任意选择"的角色互动模式里，整个过程，重新体现了衍生自"传统"的"文化权力"。①

从这个角度观察，"四恩孝义"之仿佛经典籍在越南教派的传播过程中，除了吴、阮二人主导内部的文化权力，就抄写者与传播者而言，因当今可以抄写、阅读汉字者属于少数，故而通过内部典籍的抄写、阅读与解释，将可促成教派内部文化权力的再生产。而此一文化权力，乃建构于越南的佛教传统与吴阮二人之汉字仿佛经著作，以及汉字符码在越南传统文化中所衍生的神圣性。因此，即使是代他人抄写借以维生，这个现象虽可视为汉字文化在越南民间社会所产生的经济功能面相，然就其根本，实乃文化权力的展现。

我们以"社会再生产"的观点探讨"四恩孝义"对佛教经典的运用，一者可以进一步明确越南民间以佛为本的文化现象，再者可以了解作为传达佛陀思想的佛经所产生的能动者与再生产者，也可以思考历来许多被视为伪佛经的作品何以不断被产生。无论补缺佛经的信念，或因应社会改变所需转换的说辞，或以更接近群众的内容表达佛陀的愿力，新的仿佛经出现，无非一群能动者与生产者共同"再生产"的产品，同时象征着文化权力的转移。也就是说，我们都可以在传统社会中衍生新的文化权力。吴利、阮会真所创作的仿佛经作品，通过"四恩孝义"在安江省等的众多庙宇与其祭祀仪式，衍生出一种文化权力，取代了部分越南民间佛教与观音信仰的发言权。后者若没有能力自创教派内部之典籍，则难以与之匹敌。

当然，有人会怀疑，若以"社会再生产"角度讨论，则所有新兴的越南民间教派都可以据此理论进行解释。我们需要说明，"社会再生产"十分强调"实践行动"，重视在传统中重塑产生的产品，以及其重新衍生的文化权力。笔者试就越南的高台教、"宝山奇香"、椰子教之发展现况加以简要说明。

高台教乃中国先天道（今称明师道）在越南的本土化发展而来，

---

① 转引自丁仁杰《当代汉人民众宗教研究：论述、认同与社会再生产》，第74页。

创立于1920年。① 其仪式部分保留了先天道礼仪，并且祭祀先天道的部分神衹，如奉祀"瑶池金母"神位，② 是典型的先天道信仰形态。不过，教主吴文钊（Ngo Van Chieu，1878~1932）将先天道点玄关仪式转换为天眼崇拜，融入越南的民间信仰与西方宗教，以天启之说创高台教，③ 并通过扶乩创造许多内部专属的典籍。此举乃对先天道的再创作与再生产，以"天眼"作为其新创教派的标志，由此成为越南本土宗教的代言人。若高台教仅延续先天道之扶乩仪式与"大道三期普度"之说，没有再创造与形塑自我主体，则吴文钊、黎文忠（Le Van Trung，1875~1934）、范公稷（Pham Cong Tac，1890~1959）等主要创教者过世之后，高台教只能守成，无法具有传教扩展的能力。然高台教在吴氏等人在世时，即以扶乩仪式创作内部典籍，如《圣言合选》（Thánh Ngôn Hợp Tuyển）、《圣德真传中道》（Thánh Đức Chân Truyền Trung Đạo）、《圣德真经》（Thánh Đức Chân Kinh）、《上乘真法》（Thượng Thừa Chân Pháp）、《大乘真教》（Đại Thừa Chân Giáo）等，皆以汉字成书。20世纪初，随着法国废除使用汉字，越南民间教派扶乩的文字都使用拉丁字，神明降笔都用拉丁文示训，但仍翻译成汉字，并在汉字旁加注越南拼音。1975年越南统一后，扶乩虽被国家禁止，但郊区或乡村仍然秘密使用扶乩仪式。再者，高台教信徒编辑内部扶乩文字成书的工作

---

① 参见 Victor L. Oliver, *Caodaism: A Vietnamese Example of Sectarian Development*; Sergei Blagov, *Caodaism: Vietnamese Traditionalism and Its Leap into Modernity*. 据胡志明市光南佛堂陈积盈（又名陈锡定、陈运如）大老师口述，以及Jeremy James研究高台教的观察，许多高台教的高阶干部，须至胡志明市请"明师道"高阶主管协助教导汉字以及扶乩事宜。Jeremy James and David A. Palmer, "Ethnic Identity and Transnational Religious Innovation in Modern Vietnam: Conjugating Chinese Redemptive Societies and French Occultism in the Cao Đài Religion," paper presented at the 2014 International Conference on Texts and Contexts (Hong Kong: The University of Hong Kong, November 8–9, 2014). 再者，2018年1月，笔者走访肯特市（Can Tho）的明师道南雅佛堂，据胡清风大老师口述，高台教创办人吴文钊与其父亲皆是明师道（先天道）的信徒，当年乃由先天道的陈道九传道给吴文钊，吴氏位至证恩。这部分的传说，因目前没有确切证据，需再多方探寻。

② 2011年，笔者走访安江省的高台圣殿，主殿旁另有瑶池金母庙，笔者就怀疑高台教乃是先天道的支裔，现已被学者证实。

③ 据传吴文钊在富国岛（Dao Phu Quoc）观音寺受到高台上帝之天启，而创高台教。另可参见钟云莺、阮清风《三期普渡与三教融合的他域视野——以越南高台教的教义思想为例》，《世界宗教学刊》第16期（2010年12月），第131~165页。

仍继续进行，他们在汉字旁标注越文，如2000年后成书的《天道及世道》《新律》。① 他们也开始撰述教史，笔者所搜集2008年出版的《慧启文集》，初期虽以拉丁文字呈现，但他们仍先翻译为汉字，2017年又以越文、英文出版。国际学者关于高台教的研究十分丰硕。我们由此可见，高台教对于先天道的传统，因具有创新与再生产的能力，衍生出新的文化权力，由此成为越南的宗教文化与民间教派的典范。高台教从20世纪初发展至今，多数信徒都认为，其乃越南自创宗教，与中国完全无关。由此可见，它对先天道之再生产开创了宗教新貌与文化权力，充分展现其主体性与宗教传教动力，特别在宗教形式标志上，已与先天道全然不同。

段明暄于1849年创立的"宝山奇香"，初期以真人形象通过符箓、咒语为百姓治病而崛起，但因信众太多，被法国政府幽禁于安江省（Tỉnh An Giang）朱笃市（Thị xã Châu Đốc）的西安寺（Chùa Tây An），1856年逝世。根据日本学者武内房司的研究，"宝山奇香"吸收了中国五公经的谶纬与符箓信仰，内容多是劝善惩恶，宣扬明王传说。② 作为"宝山奇香"创教者，段明暄同样以佛为宗，然该教派在安江省的传教区域、信徒人数与庙宇数量，皆不如吴利创办的"四恩孝义"。一则因段氏传教不久就被法国人注意，被限制传教；再者，吴利因辟垦荒地，建村立庙、安顿流民，促使跟随者骤增，传播区域因之扩张。然笔者认为，"宝山奇香"虽维持佛教强调万物皆空的修行观，③ 但因无人具有创作内部典籍的能力，无法扩张其神圣性，没能通过典籍传播彰显其独特性。是以，"宝山奇香"虽保留佛教的部分内容与精神，却因无法通过创新内容来取得部分传统文化的发言权，随着段明暄过世，虽有教徒力守其教法，却没有传教的能力，遂而逐渐萎缩。虽说越南政府已于2005年将其列入合法宗教，然安笃市的西安寺成为纪念段明暄抗法的观光胜地，并且已佛教化了，"宝山奇香"作

---

① 郭文和、裴光和：《天道及世道》，阮文路译，出版单位不详，2000；郭文和、裴光和：《新律》，阮文路译，出版单位不详，2000。
② 武内房司「宝山奇香考——中国のメシアニズムとベトナム南部民衆宗教世界」、第23~45頁。
③ "宝山奇香"以佛教自称，段明暄传教时强调断绝听、音、色、相，以"空"为主。参见陈文桂、何新民《佛教宝山奇香——四恩孝义教派》，第34页。

为教派的特色已经日渐缩减。

椰子教是越南20世纪典型的新兴教派，阮成南（Nguyen Thanh Nam，1909~1990）于1950年返回出生地建和省（今槟椥省）州城县福盛乡，由于力行辟谷功，以椰子为食，故被称为椰子教。1963年他倾尽家产，买下凤岛，建设成信仰中心，命名南国佛寺，反对战争，自号"天人教主释和平"，招收信徒，抵抗南越政府主导的战争，故被政府幽禁，信徒曾有3000~10000人之多。现在凤岛只剩下阮氏当年的建筑物，成为观光地。我们造访槟椥市乡间被勒令重建的椰子教道场，[①]发现那里十分冷清，入门口左方有圣母玛利亚的塑像，中堂供奉的图像，中间最高处是高台教的天眼，右释迦牟尼佛，左耶稣，二者中间是地球，特别凸显越南的图像，中间下方是阮氏相片。很明显，这是越南典型的多元融合式新兴教派，其教义是宣导反战与世界和平。椰子教在越南的民间教派史上，宛若电光火石，虽说政治是主要因素，但阮氏在世被幽禁时，就已丧失传教能力了，更遑论其他。近代的越南教派几乎都融合多种宗教形态，椰子教也是如此，但因没有再创造与再生产的能力，昙花一现。我们从中堂的祭祀图像，可知其吸收了高台教的天眼图像与教义。阮氏留学法国，故又融合了天主教，加以佛教的文化底蕴，故具备了新兴宗教的元素与内容。然阮氏除了反战与宣扬和平信念，并没有超越他所吸收与融合的宗教内涵，未能在原有的元素与基础上再生产新的"产品"，凭借的只是个人魅力，属于克里斯玛（Charisma）型的领导者。这种类型的宗教领导人，若没有能力创作内部典籍，产生新的文化权力，成为文化代言人或代理人时，随着其消逝，所创教派也就容易随之退出宗教舞台。再者，阮成南仅以椰子为食之独异行为，并非人人可行，只能成为他个人的标志，无法成为教团的共同符号。

综上所述，我们可以发现，越南的民间教派几乎都以佛教文化作为基础，融合道、儒与西方宗教，然而有无能力再创造、再生产新的"产

---

① 由于阮成南被认定为邪教教主，越南统一后，政府勒令其信徒解散，将阮氏家人另迁于乡间，另建祖庙与祭坛，方便监视与防止再聚众。阮成南过世后，只剩阮家人与少数信徒居处。现任领导人是阮成南的妹妹阮氏八（生于1923年），她于2000年被政府指定接任领导人之位。

品"，实是关键。就本文而言，即是通过行动实践，创作内部典籍，并借由这些著作，衍生新的文化权力。因此，仅有创教主或领导人的个人魅力是不够的，因为"宝山奇香"段明暄、"四恩孝义"吴利、高台教吴文钊、椰子教阮成南，都是深具个人魅力的创教者，然"宝山奇香"与椰子教皆因没有内部典籍而消退。

"四恩孝义"凭借内部典籍的再生产，成为既传承越南佛教信仰，又兼具自我主体标志的教派，至今百余年，除了以安江省为主要传播地区，已传播至坚江省、永隆省、槟椥省、朔庄省、铜塔省、后江省、前江省、同奈省、平定省等地。"四恩孝义"对佛教经典的运用，既体现了对传统的绍承，又从传统中再生产、再创作出内部专属的典籍，由此掌握了重新诠释越南民众原有佛教信仰与观音信仰的文化权力。通过这些典籍，"四恩孝义"可以薪传不绝，并受到汉字文化圈研究者的关注。

结　语

本文以越南"四恩孝义"教派对佛教经典的运用为题，初步整理其内部流传、抄写的汉字典籍，借以探讨越南民间社会之佛教信仰的文化底蕴，尤其是观音信仰，已成为越南民间社会之积累传统与个人信仰的连续性之代表。

"四恩教义"内部的汉字典籍，乃由创教教主吴利与三教火楼阮会真所作，他们的著作皆"以佛为宗"，融合中、越神明信仰，属于多神混合型的宗教形态。吴利以"四恩孝义"为教名，所有的圣贤仙佛神明名号前皆加"南无"二字，保留佛教诵经时的仪式，吴、阮二人著作典籍保留佛经开经偈的形式，阮会真在此基础上，融合"四恩孝义"的信仰与教义，再创作成为内部专有的开经偈内容。

《妙法莲华经观世音菩萨普门品》《大悲心陀罗尼经》《大悲咒》《白衣神咒》《观音经》《高王经》，是汉字文化圈之观音信仰广为流传的书籍。"四恩孝义"在越南长期流传之观音信仰的基础上，运用这些佛教经典，加入消灾祈祷、驱邪除魔的内容，再生产出新的汉字典籍，进而衍生了有别于传统观音信仰的新作品，掌握了文化权力。保留、传播、抄写这些汉字典籍，彰显了"四恩孝义"在佛教传统中的主体性与教派标志。

从"社会再生产"视角探讨"四恩孝义"，足见有无内部典籍之著作，可作为民间教派之传教能力及可否扩大发展的重要指标之一。越南之"宝山奇香"、高台教、椰子教的例子，则进一步证明了教派之内部典籍再创作能力，确实攸关其兴衰存亡。

"马贼"与清俄战争

——石光真清《旷野之花》中的"弃民"与"侠民"

齐金英[*]

一 引言

石光真清（1868~1942）的《旷野之花》（『曠野の花』），是他的手记四部曲《城下之人》（『城下の人』）、《旷野之花》《望乡之歌》（『望郷の人』）、《为了谁》（『誰のために』）中的一部作品。这部作品最初于1942年以《谍报记 石光真清手记》（『諜報記 石光真清手記』育英书院）之名问世，是在石光真清告别人世之际，由他的长子石光真人整理并编辑而成的。[①] 石光真清的人生是与日本的明治时代一同开始的。他写下的四部"手记"也就与明治时代发生的重大历史事件息息相关。《城下之人》中有目击西南战争及参加甲午中日战争的描述，《望乡之歌》描述了参加日俄战争并在其后与中国东北的"海贼"交往的经历，《为了谁》描述的是在俄国革命期间被派往西伯利亚从事间谍活动的过程。而《旷野之花》则详细地记录了1899年8月25日至1904年2月3日期间，石光真清以留学的名义，潜入清俄边境地带，进行谍报活动的整个过程。石光真人在《父亲——真清》中回忆

---

[*] 齐金英，日本东京大学博士，东京大学、明治大学兼职讲师。

[①] 在单行本『曠野の花 石光真清の手記』（龙星阁，1958）的前言中，石光真人表示："《旷野之花》的大部分内容都是依照昭和17年（1942）刊行的《谍报记》（『諜報記 石光真清手記』育英书院）编辑整理而成的。"1978年中央公论社刊行了文库本『曠野の花——石光真清の手記（二）義和団事件』。本文的原文引用所参考的是另外收有《父亲——真清》（『父——真清』）等《附录》的《旷野之花——新编·石光真清手记（二）义和团事件》（『曠野の花——新編·石光真清の手記（二）義和団事件』、中央公论社、2017）。所引用原文的日文中译皆为拙译。

说，这部书的大部分内容是在明治末期至大正元年（1912）期间写就的。①

《旷野之花》这部手记，是一部根据作者的种种亲身体验而书写的自传体小说，所以它也可以说是一段历史的载体。这里当然记录了石光真清本人在漫长的清俄边境地区的游历及展开的一幕幕谍报活动，并且也鲜明地记录了义和团事件发生时石光真清所目睹的沙俄侵略中国东北的战争，以及其后直到日俄战争爆发之前生息于这片土地上的中国人、俄国人、日本人还有韩国人的种种活生生的样态。描写日俄战争之后的"满洲"及生活在那里的人们的作品并不少见，但是，对日俄战争前的"满洲"及"满洲人"（不分民族与国籍生活在那里的人们）的表象，以笔者管窥之见不曾有过。从这种意义来讲，兼具故事性和历史性的这部手记可谓意义重大。可以说，它给历史研究和文学研究打开了一个新的视角，启发人们去关注这个时段的"满洲"及"满洲人"。

可惜的是，这部手记的价值在学术研究界好像还并没有得到相应的重视。无论是从历史学的角度还是从文学的角度，它并没有受到多大关注。在日本，只有少数历史学研究者提及而已，还没有出现深入细致的研究。② 而文学研究基本上无视它的存在。当然，这部手记在中国更是鲜为人知，学界还没有关注过的痕迹。

笔者认为，《旷野之花》首先是一部故事性、可读性很强的文学作品。所以，本文将其作为一个虚构的文学作品来解读，在此基础上来解析只有这个作品才能勾勒出来的一些历史意象。作为这个作品的历史舞台的"满洲"地区，主要指与俄罗斯接壤的中国东北部。拥有数千年历史的这片区域，在帝国主义的时代发生了什么变化？中国人，俄国人，日本人，韩国人，还有欧美诸国之人交错互动的清俄边境，又在述说着什么？人们又怀着一些什么企图？这些疑问，通过石光真清的视角

---

① 『曠野の花――新編・石光真清の手記（二）義和団事件』、中央公論社、2017、第 395～397 頁。
② 日本的历史学研究中提及《旷野之花》的主要有：和田春樹『日露戦争　起源と開戦』（上・下、岩波書店、2009、2010）、塚瀬進『満洲の日本人』（吉川弘文館、2004）、佐藤公彦『清末のキリスト教と国際関係：太平天国から義和団・露清戦争、国民革命へ』（汲古書院、2010），等等。

和叙述可以得到一些解答的线索。尤其重要的是，通过石光的视角，可窥见在帝国主义时代国与国之间弱肉强食的原理之下，在看得见的国境线附近生活的人们，一旦遭遇战争，即被肉眼看不到的界线隔离开来，成为被屠杀者或是屠杀者的现实。而在沙俄铁蹄践踏的这片地域，站起来抵抗的就是当地的"马贼"。《旷野之花》的主要魅力，就在于"满洲马贼"身上。石光真清与当地"马贼"接触、交往，甚至成为"马贼"的副头领，传达着他们活生生的声音，描摹出他们作为"侠民"的生生死死。如此细致勾勒战场上有血有肉的"马贼"的作品，包括中日两种语言在内，除了《旷野之花》之外，以笔者管窥之见，绝无仅有。本文主旨即在于通过石光留下的线索，去追踪20世纪初沙俄侵华战争时期"满洲马贼"的影踪。

二　石光真清与《旷野之花》

石光真清1868年出生于熊本藩一个下层武士家庭，从小就受尚武精神的耳濡目染。加之明治日本在向近代国民国家迈进的过程中，为统合"国民精神"推行"忠君爱国"的国民教育，使国家主义、民族主义意识在日本深入人心，石光真清也成为一个深受国家主义、民族主义影响的所谓"志士"。他从陆军士官学校毕业后，即加入陆军，并参加了甲午战争和其后镇压台湾少数民族的战役。正如他对"马贼"所坦言，他也是在战场上杀过人的。而被他所杀之人当然就是中国人。他认为在国与国之间弱肉强食的竞争中，为自己的国家民族而战、而杀人，也是情理之中的事情。对他而言，自己所属的国家民族的存亡是高于一切的。为此，不要说去杀害异国之人，就是牺牲个人也在所不惜。

甲午战争后，从清政府获取巨额赔款和台湾、澎湖、辽东半岛的割让权的日本，遭到德、法、俄"三国干涉"，被迫放弃了辽东半岛的割让权。很多日本人对此愤恨不已，誓要"卧薪尝胆"争回所谓"权益"。对国家主义、民族主义高昂的年轻军官石光来说，这更是巨大的冲击。他在《城下之人》中感慨说，"不久的将来，大俄罗斯帝国的侵略的威胁将至，到那时还要拼上国家的命运殊死一搏"，"研究俄罗斯势在必行"。① 就这样，石光作为日本陆军的步兵大尉，在休职期间申请自费留学俄罗斯，得到许可后便倾其所有，抛下新婚不久的妻子来到了俄罗斯。

《旷野之花》的故事，是从他第一次踏上俄罗斯在远东夺取的土地开始的，地点是意为"征服东方"的符拉迪沃斯托克（又名海参崴）。而与他同乘日本邮船相模丸来到符拉迪沃斯托克的，还有参谋本部次长田村怡与造大佐、町田经宇大尉等身着便服的在籍军人。与田村大佐及町田大尉商量后，1899 年 10 月，石光以菊地正三的假名，来到了俄罗斯盘踞在西伯利亚的军事重地布拉戈维申斯克（意为"报喜城"，又名海兰泡）。当时已经有 20 多个下层日本人在那里生活，包括卖身女子。石光名为留学，但整日在黑龙江埠头眺望着输送军需品的船只，时时托人给符拉迪沃斯托克的武藤大尉传递情报。他的"游手好闲"遭来日本人对他的怀疑和揣测，于是石光索性寄居到俄国军官的家中。来到布拉戈维申斯克的第二年，即 1900 年，他结识了原为卖身女子、现已成为"马贼"的日本女子"花"，并且遭遇了沙俄侵略中国东北的战争，目击了边境地区的中国人遭受的种种蹂躏与屠杀。正值义和团事件爆发之时，日军参加八国联军，为镇压义和团屡立"战功"，俄国人对日本人便另眼相待。而石光却更深切地感受到对远东虎视眈眈的俄罗斯给日本造成的威胁，即使没有军部赋予他的特殊任务，他也决心冒风险去各处搜罗情报。随即，石光接到了日本军部令其恢复军籍、潜入哈尔滨的指令。

由于战时的混乱局势，很多铁路线被切断，加上俄罗斯部署的层层关卡，去哈尔滨的路途历时数月，几经周折。在途中，石光认识了"马贼"增世策和他的部下赵某。增某是一个统领两三千名部下的声名赫赫的"马贼"头目。其部下赵某曾经在日本生活过，说一口娴熟的日语。而引见石光与增某相识的，是自称为"马贼"的日本女子"君"。君原来也是卖身女子，遇到增世策后，深为其侠义坦荡的人格所吸引，请求增将她收做了"马贼"。增世策正苦于如何组织有勇无谋的"马贼"去反抗俄罗斯，得到君的引荐之后，马上让石光做了自己"马贼"团的副

---

① 『城下の人——新編・石光真清の手記（一）西南戦争・日清戦争』中央公論社、2017、第 307 頁。

头目,请其献计献策。而石光也认为拥有武装实力的"马贼"可以为己所用,便欣然应允。在与"马贼"朝夕相处、出生入死的过程中,石光对拼死对抗强大俄罗斯的"马贼"的侠义举动深表钦佩。具有侠肝义胆的"马贼"的生生死死,也让石光内心抑制不住地震颤。

另一名自称为"马贼"的日本女子花,则陪伴石光度过了在哈尔滨许多惊心动魄的日子。花的主人宋纪,也是一个统领数百名部下的"马贼"头目。宋纪在沙俄侵华战争之际与清军联手作战,在黑河战斗中牺牲。巾帼不让须眉的花,当时也与宋纪一同作战。宋纪借机让她离开黑河,使她得以死里逃生。花与当地逃难的中国人一起屡遭俄兵袭击屠杀,九死一生后投奔了石光。得到这样一个得力助手,石光的侦探工作由此如虎添翼。花返回日本后,石光继续在东北各地冒险侦探俄罗斯的军情,在日本军部财力的支持下,由经营洗衣房的老板摇身一变成了时髦的照相馆主,引来很多驻扎在哈尔滨的俄国官兵光顾。石光更是以照相采风为名,搜集军事情报,并将其秘密传回日本。这个日本军部秘设的照相馆,一直运营到日俄战争剑拔弩张即将开战之时,为日本军部提供了重要的军事情报。石光受命撤离哈尔滨回国后不久,就接到了军部的征召通知,他又作为一名副官来到了日俄战争的战场——"满洲"。

三 时空流转中的"满洲"和"满洲人"

清朝时的"满洲"是指与俄罗斯接壤的中国东北地区。历史上不同时期,这片区域的边界与版图随着东北地区各个民族与中原王朝之间的多方势力的角逐而屈张伸缩。时光流转,到了17世纪前期,昔日平声敛气的女真族,待时机成熟便一举灭掉了明朝,征服了长城内外,在此过程中民族名称也由"诸申"(女真)改换为"满洲"。自此,"满洲"一词具有两重含义:一是族称;一是地理概念,包括了黑龙江以北、以东在内的广大区域。清朝初期,东北地区(即满洲)作为满人的发祥地,成为"封禁之地",禁止汉族移民的流入。①

---

① 此处关于"满洲"历史的叙述,主要参考了小峰和夫「"満洲"という地をめぐる歴史」、『満洲とは何だったのか』新装版、藤原書店、2006、第27~38頁。

从 17 世纪开始，俄罗斯从万里之遥来到西伯利亚和远东，到 19 世纪侵吞了清朝发祥之地 100 多万平方千米的领土，并且进一步向东北腹地紧逼。而另一个新兴的君主立宪制近代国民国家日本，为了实现帝国主义领土扩张的野心，也渡过日本海逼近中国东北，于是与俄罗斯之间形成了殖民主义竞争的抗衡之势。当然，还有英、法、德、美等列强，也虎视眈眈为攫取在东北的殖民主义权益而蓄势待发。"满洲"已不再是自古生息于此地的北方民族争霸之地，而成为帝国主义时代推行对外殖民扩张的列强分割蚕食的盘中之物。而此地之主——清政府只能任人宰割、望洋兴叹。

19 世纪中叶以后，随着欧美及日本等列强向近代国民国家转变，竞相展开殖民主义对外扩张，弱肉强食成为国与国之间关系的常态。俄罗斯虽然在政治体制上是保守的君主专制，但凭着强大的军事力量和外交手腕跻身列强之列，不断展开对外扩张。"满洲"是俄罗斯帝国垂涎已久的对象，通过俄罗斯的一系列巧取豪夺，清朝故土"满洲"的面积日益缩小。同时，尽管有清朝的"封禁"政策，仍然无法阻挡越来越多的汉人流入东北。实际上，19 世纪中叶以后，清政府也开始放松封禁。这些移民有些是逃荒的农民，有些是寻求商机的商人，总之东北对他们来说是一块求生的新天地。1900 年前后，东北的人口已经接近 1700 万人。① 而且，还有一点需要强调的是，这些移民的生存空间并不局限于清朝版图之内的东北地区，而是扩散到更为广义的"满洲"范围内，清俄边境地区的俄罗斯境内新开辟的各个城市和地区，也是其中很多人的谋生之处。《瑷珲条约》和《北京条约》都认可两国商人和劳工在国境周边自由往来。不仅如此，广义的"满洲"境内还有很多韩国人、日本人谋生。当然还有欧美及日本诸国的谍报人员，也活跃在"满洲"各地。例如，日本《太阳》杂志 1904 年的临时增刊号《满韩大观》中介绍了大连的人口、国籍以及性别等。其中，"俄国臣民"为

---

① 日本的《太阳》杂志（博文馆）1904 年 6 月 15 日刊行临时增刊《满韩大观》，对其时的"满洲"地区从历史、政治、人文、地理各方面做了详细解说，并言及当时"满洲"人口大约 1700 万，其大部分是从华北地区涌入的汉人（『满韩大观』、第 177 頁）。另外小林英夫也有同样的记述（小林英夫『「満州」の歴史』、講談社、2008、第 17 頁）。

男1894人，女672人，儿童547人，共计3113人；"日本及韩国臣民"为男257人，女37人，儿童13人，共计307人；"清国臣民"为男24010人，女1860人，儿童569人，共计26439人；"其他诸外国臣民"为男68人，女9人，儿童3人，共计80人。① 大连是主权归属中国的租借地，所以汉人比较多。不过大连作为俄清力量交错之地，也是边境地区俄国境内各个新兴城市的缩影。这里有多种国籍的人们抱着各自目的聚集在一起：作为移民涌入的中国人，在新开辟的领土寻求新天地的俄国人，来谋生的底层日本人、韩国人，还有来侦探边境情况的诸国谍报人员，等等，不一而足。他们也可以统称为"满洲人"。

《旷野之花》的作者石光真清初来"满洲"时，看到的就是这样一幅多种国籍的人们在清俄边境穿梭的图景。如上所述，石光以自费留学的名义第一次登上俄国领土——符拉迪沃斯托克。映入他眼帘的是一个"冷冷清清的港口城市"，"街上有很多欧洲服饰的女子挺胸阔步"，而"商人大多是清国人，劳动者大多是韩国人"（15页）。当然也有日本人，他们是"妓院的老板和洗衣房主、漆匠、理发师等等"（16页）。除此之外，还有日本陆军早在1897年就从"参谋本部派遣过来的花田仲之助少佐"，"以清水松月的僧名"，"作为西本愿寺驻符拉迪沃斯托克支部"的"住持，执行秘密调查的任务"（16页）。另外，还有正式在籍的驻外日本武官和报社记者。符拉迪沃斯托克作为俄国的重要军事港口，是一个日本人的活动尤其活跃的地方。这里不仅有民间人士来谋生，而且有日本军部派遣的武官和谍报人员，说明日本对"满洲"的觊觎和对俄罗斯的警惕。而"挺胸阔步"的俄罗斯女子，则显示着征服者的骄矜。另一方面，这个新兴的俄罗斯移民城市，也成为近邻地区受压迫的中国人和韩国人的求生空间。骄奢的统治者俄罗斯人，窥伺俄罗斯动静的日本军人和所谓"志士"，中日韩三国的底层劳动者或商人，不同国籍、不同肤色、不同阶级和身份的人们用多种语言交流，符拉迪沃斯托克呈现了清俄边境城市的特色。

石光随后选中为自己"研究语言"（26页）的根据地的布拉戈维申斯克，其国际化色彩虽不如符拉迪沃斯托克，但它是"当时俄罗斯军队

---

① 『滿韓大觀』（『太陽』1904年6月15日临时增刊）、博文館、第150頁。

在西伯利亚的最大根据地"（25页）。除了俄国人之外，也有中、韩、日三国人在那里居住和生活。正如石光所观察到的那样，"虽说都是些底层的人，有很多日本人散居在西伯利亚的各处"（25页）。这个说法更适用于距离和关系更近的中国人和韩国人。虽然《瑷珲条约》和《北京条约》划定了一部分清俄边界，但无论从地理还是从法律的角度来看，漫长的国境线多处都是暧昧、模糊的。况且，众所周知，这两个条约也都允许双方的商贾往来于国境线内外。新开垦的土地上，也需要各行各业的劳动力来为统治者服务。石光在这里看到的日本人，有十几个劳动者和二十几个"卖身女郎"（27页）。迫于贫穷被迫卖身，或是被拐骗至此，不得不以卖身为生的日本女子，当时散布于西伯利亚和"满洲"各地，人数也相当可观。根据上述《太阳》杂志，1903年5月，大连的女性日本人共计136人，其中40人都是"卖身女郎"。[①] 布拉戈维申斯克的日本人中，2/3是卖身女子。正是通过卖身女子，石光才与东北"马贼"相识的（详后）。当然，布拉戈维申斯克也有很多中国人和韩国人在此居住。中国人"大多都是苦力和小商小贩"（39页），或者是俄罗斯人家里的佣工。这些俄、日、中、韩各国人的生活，是在互相渗透和互相依赖的基础上成立的。中国商人的顾客是俄国人，俄国人家雇佣的少年则是中国人，日本卖身女子的主顾则是俄国人或中国人。石光为了躲避日本人对自己身份的怀疑，竟然寄居在俄国军官的家中，并请军官夫人教他俄语。他还时时将在黑龙江边收集到的军事情报，"用很幼稚的办法托人带给符拉迪沃斯托克的武藤信义大尉"（27页），每次都"安全"到达，从未受到过俄国人的怀疑。

石光还随着俄国军官一起，来到与布拉戈维申斯克隔江相望的瑷珲。当时"人口3万左右的小城市"瑷珲，驻有清政府的官署和兵营，"市民的大部分都是旗人"，"比起外表的贫瘠，其实比较殷实"（31~32页）。而最让他震惊的是，这里居然有"马贼"的首领，另外，客店的老板娘竟然是个名为"花"的日本女子。花对"马贼"深表同情和肯定。带他来的俄国军官则说，"这是个肮脏的地方"，"清国落后了一个世纪，指导他们是文明人的义务，等东清铁路开通，俄罗斯的文明渗

[①] 『滿韓大觀』（『太陽』1904年6月15日临时增刊）、博文館、第150頁。

透进去，就一定会面目一新的"（34页）。

19世纪末20世纪初的"满洲"，早已不再是清朝入关以来人口稀疏的封禁之地，而成为帝国主义侵略扩张的前线。俄罗斯在新的地盘上建造的城市里，国籍、语言各异的俄、中、日、韩，及欧美诸国人交错地生活在一起，在国境线周围自由穿梭，看似一派和平的景象。但实际上，"满洲"还是处处埋伏着杀机。因为正如上述俄国军官所说的那样，俄国自认为作为"文明人"，有"指导""落后"的"清国"的"义务"。俄国的扩张欲望似乎并不满足于在黑龙江北岸驻足，而日本则警惕着俄罗斯的触手会伸向日本列岛，并且同样对"满洲"地区心怀觊觎，已采取各种办法着手同俄罗斯一决雌雄。另一方面，"马贼"是清政府追剿的对象，同时又是"满洲"的一大地下势力，是权势的对抗者。义和团事件、沙俄侵华战争的爆发，使"满洲"短暂的表面上的和平崩溃，沦为帝国主义势力与"马贼"交战的战场。

四 战争与生死边界线

既然俄罗斯抱着向"满洲"纵深处扩张的野心，那么对中国的侵略战争可以说势所难免。1900年源于华北地区的义和团事件，只是战争的导火索而已。石光这样描述战争的开端："7月13日，俄罗斯轮船米海尔号带领三艘货船，满载军需物资向哈尔滨进发。但是来到瑷珲江岸附近时，十余名清兵分乘舢板靠近过来，一齐对准枪口要求停船。"（39页）此后，阿穆尔州军事长官派遣哥萨克骑兵大队来到阿穆尔村，两军陷入剑拔弩张的阵势。7月15日下午2时，阿穆尔军事长官下令禁止渡江，使很多中国人无法渡江避难。15日下午6时许，从对岸的清国方面开始了向布拉戈维申斯克的炮击。而俄方也马上开始反击。清军的炮击大概持续一个小时左右便停止了，可是却引来了俄方令人发指的报复——对中国人的屠杀。石光分析说，当时恰逢布拉戈维申斯克的驻军出发去了夏营地，所以俄方认为清军的炮击是乘虚而入，非要拿出俄国的武力让清军尝尝厉害不可。还有一个传言说布拉戈维申斯克城内有清方的内应。就这样，留守的俄兵一面备战，一面开始抓捕布拉戈维申斯克的中国人：

> 对布拉戈维申斯克在留清国人的抓捕是一齐开始的。不管是店主还是苦力，也不管是不是受雇于俄国人，都被毫不留情地从各家各户拖拽出来，推搡进了支那街。那实在是彻底得很。无论是哭叫的少年店员，还是俄国人家里的佣工，都被毫不留情地拉走，不允许携带随身物品。就这样被推推搡搡塞进支那街，被哥萨克兵及警吏还有义勇团员包围起来的在留清国人，约有三千人。（43~44页）

这数千"清国人"就在当晚被枪和刀斧威逼着赶下了湍急的黑龙江。除了极其少数被好心的日本人或是韩国人保护起来的少年之外，大部分葬身江中。

平时，在国境线周围的城市里貌似平静地生活着俄、日、中、韩各国人。但是，一旦国与国的对立发生，那么毫无抵抗能力的弱国的平民便成为首当其冲的牺牲者。平日看不到的国籍的界限变得残酷而真切，它划分了杀与被杀、生与死的界限。石光感慨地说："这是有史以来最大的一次屠杀，是最大的悲剧。参加这次大屠杀的一个熟人颤抖着嘴唇所讲的一切，我在此记录下来，聊以慰藉无辜死去的三千个冤魂。"（46页）根据这个参加屠杀的俄国"义勇团员"讲述，只要是"清国人"，无论多小的孩子都被拉出来，逃跑的当场遭到枪杀，其余全部在半夜被枪击、被刀斧砍砸着赶进了黑龙江。这个俄国人说，"有良心的人，为何能做出这等事来？难道都成了没有良心的野兽了吗？""不杀他们的话被杀的就是我们，所以我们并没有罪上加罪，想来谁都在这样安慰自己。"（50页）普通的俄国市民在感到自国的危机时，就可以变成"野兽"去屠杀他国无辜的百姓。为自己开脱罪责的说辞是，"不杀他们的话被杀的就是我们"。

据石光叙述，布拉戈维申斯克的中国人遭受的屠杀，只是俄国对"满洲"中国人的屠杀的序曲。之后，俄军就渡过黑龙江登陆到了对岸的清国领土，清兵也一直抵抗到8月2日。随后布拉戈维申斯克集结了俄国的大部队，向清方展开了猛烈攻势。俄军所到之处，像黑河、瑷珲等地，清兵溃逃，未及逃难的中国市民遭到俄军的残酷屠杀，无一幸免。不仅如此，沿着齐齐哈尔公路向南方逃难的数万中国百姓，也遭到俄军的追击。在无任何军队保护，被沦为"弃民"的状态下，手无寸铁的他们也遭到俄军毫无人性的枪击,"其惨状如同布拉戈维申斯克和黑河的屠杀一般"(55页)。当然可以想见,这些也是石光从俄国人那里探听来的消息。但是,数月之后日人女子花给他讲述的亲身经历,证明了俄军的这些暴行都是真实的。花作为一个女"马贼",在黑河参加了对抗俄国的战斗。其后,在赶去瑷珲途中,瑷珲失陷,她就与中国难民一起逃难,结果在齐齐哈尔公路上遭到了俄军的扫射,九死一生,几经周折,才来投靠在哈尔滨的石光,并述说了自己的经历。

石光对俄方的这种惨无人道的屠杀进行了如下分析:

> 就这样,布拉戈维申斯克对岸的清国都市、村落全部被烧毁,那里的居民也统统被杀掉了。俄方的目的不外乎是为了警告清国,而不想为了维护安全在黑龙江岸边的清国领土上建造城市;还有,抗拒俄国者今后也会有如此惨祸上身。(56页)

石光的分析得到了证实,俄军果然开始向整个"满洲"展开了攻击,东北各地上演了一幕幕屠杀无辜百姓的惨剧。石光在边境内外的"满洲"各地游历时,遭遇了无数疲于奔命的中国难民。

帝国主义仿佛像恶魔一般,唆使列强在全球范围内展开领土扩张和殖民主义竞争,手段就是国与国之间的战争。在这个时代,很少有人对这种残酷的、失去人性的"游戏规则"产生怀疑和抵抗,更多的人则为了母国、自己民族的生存而接受并顺应这种非人道的规则并采取行动。比如那个参加屠杀的俄国人,就是一个顺应者,而包括石光真清在内的很多活跃于"满洲"的日本人亦然。

五 "志士"与谍报人员

目击了布拉戈维申斯克大屠杀的石光受到了很大冲击。

> 在留布拉戈维申斯克的三千名清国人连同小孩子都遭到杀害,葬身于黑龙江的浊流中。之后的7月16日,我知道该来的来了。直到前天还那么平静的俄清国境,竟然会突如其来地发生前所未有的大屠杀,谁又预料到了呢?一个民族想在自己的土地上安身立

命，难道如此困难，如此暗藏着危机吗？孤岛日本的命运，又怎能凭着今天的和平去相信明天呢？这次的大屠杀将成为一个契机，一定会引起满洲无法收拾的大骚乱。俄罗斯一定会乘机锐锋南下，来实现横跨欧亚大陆的帝国建设的梦想。不久的将来，俄罗斯的铁蹄将会踏上朝鲜半岛。我虽说没有特别任务，从这一天起决意搜集情报。自觉必须拿出身家性命，把第一情报传回祖国。（51～52页）

石光一开始并不是由日本军部正式派遣到"满洲"执行谍报任务的，他是感受到了俄罗斯对日本可能构成的威胁，自愿并自费来"留学"的。他将搜集到的情报传送给日本军部，其实也是一种无偿为母国奉献的行为。"三国干涉还辽"已经让他感到了俄国对日本的威胁，而战争中俄国人对中国人的残酷屠杀和对"满洲"的步步紧逼，让他预感到俄国向朝鲜的迫近，加深了他对母国日本的未来的危机感。他认为日本与俄罗斯"要拼上国家的命运殊死一搏"的时候终将到来。像石光这样为国担忧的所谓"志士"其实又何止他一个，当时，潜伏于清俄边境地带的所谓日本"志士"大有人在。

如前所述，在清俄边境城市，当时已有日本军部派遣过来的很多军人或是假扮僧侣的谍报人员在搜集情报。比如与石光同船过来的参谋本部次长田村怡与造大佐、町田经宇大尉等正式军人，还有日本陆军早在1897年就派遣过来的花田仲之助少佐（16页）。此地还有正式的驻外日本武官武藤信义。另外，在哈巴罗夫斯克还有一个以僧人自居的安倍道睸，也是军部的谍报人员。这两个"僧人"在其后的日俄战争中，会与石光在"满洲"战场上邂逅。

暂且不提这些军人，《旷野之花》还提及了一些没有军籍和官位，却抱着"为国奉公"（68页）的理想来监探俄罗斯虚实的所谓日本"志士"。例如，在去往尼科里斯克的火车上，石光邂逅了一位名叫笹森仪助的老人。老人说自己是愤慨于"三国干涉"而去朝鲜的，而这次义和团事件之时俄国的军事行动让他深感危机。他认为"有必要来侦探俄罗斯的虚实"（69页），于是来到了清俄边境。"一旦满洲被俄国兼并，朝鲜马上就会向俄罗斯低头。这样一来，你想想日本会怎样？有没有打击俄罗斯的力量？有没有求得自保的信心？"（69页）对老人的这番话，石光也深有同感。在弱肉强食的帝国主义时代，如何开拓日本的未来，这是他们共同的关注，也是他们的行动指南。另外，在辽阳的日本人经营的杂货店，也经常有一群所谓日本"志士豪杰"聚集畅谈。其中有一位鹤冈永太郎，他接受了日本"驻北京公使馆委托的特别任务"，（354页）日俄战争时曾参与"满洲义军"的策划并担任幕僚，使"马贼"与日军联手对俄作战成为现实。

沙俄侵华战争加剧了东北地区的紧张局势，不仅引来了很多怀有唇亡齿寒之危机感的所谓日本"志士"，也引起了觊觎殖民权益的列强的关注。各国纷纷派遣谍报人员出入边界地带。石光在从布拉戈维申斯克逃脱之时，与他潜入同一条船逃脱的还有一个德国人。石光很肯定，这个据说三年前就已经来到布拉戈维申斯克的德国人，一定是对俄国"东进"政策非常关注的德国派遣过来的诸多谍报人员之一。其后，在"满洲"的侦探旅行中，石光又碰到过另一个德国人。这个德国人则对石光说："俄罗斯正计划占领整个满洲。最有危机感的应该是贵国吧？"（325页）的确，德国的谍报工作很彻底，就连俄国的"测量队里也潜入了密探"，去"监视俄军的行动"（316页）。

另一方面，俄国也采取了一系列防范侦探的措施。首先，"俄国严格限制了旅行"（316页），同时，利用特务来监视各国人员的移动。所以，石光在"满洲"边界周围的谍报活动要冒很大风险。而且，被俄国利用的特务有很多韩国人。因为韩国当时与各国可以说不存在利害关系，而且是主权的真空地带，俄国利用起韩国人来比较方便。石光就结识了一个名叫"崔"的韩国人，他们是在俄国往哈尔滨输送劳工的船上认识的。崔自称是日、中语翻译，而石光则认为他就是"俄国人的走狗"（145页）。同乘这条船跟石光同行的还有"马贼"赵。年轻有为的赵是大"马贼"增世策的属下，后来被俄军抓获并被斩首。崔还请石光观看"马贼"被处死的情形，并说赵也在里面。崔同时告诉石光"自己在侦探马贼"（189页），不知他这是在有意考验石光还是令人意外的天真。俄国不仅利用韩国间谍监视列强诸国人士，而且也用来打击"马贼"。因为对俄国来说，"马贼"是在侵华战争之际唯一持续抵抗俄国、让俄军头疼的武装势力。而增世策的死，也跟韩国间谍的告密有关。

六 "马贼"与清俄战争

（一）《东京朝日新闻》与清俄战争前后的"满洲马贼"

关于东北地区以抢劫为生的"匪贼"，早在清朝道光年间就有县志等方面的资料记载，而"马贼"这个名称最早见于官方文书，则是在1865年。① 到了19世纪末，"马贼"一词逐渐在民间流传开来。在《旷野之花》中，增世策等人都自称"马贼"，石光及其周围的人们也都在使用"马贼"这个称谓，看来沙俄侵华战争时在东北地区已是很普遍的叫法了。日本的《东京朝日新闻》于1900年4月5日登载有《关外的马贼》的文章，看来日本在此次战争爆发之前也已经采用了"马贼"这种称呼。中日之间"马贼"概念的固定化，与此时来到此地的所谓日本"志士"不无关系。他们将描写"马贼"的文章传回日本，在《东京朝日新闻》等报刊上登载，中国国内的《俄事警闻》等报章杂志再转载这些文章，使"马贼"之名在中国内地变得众人皆知。总之，尽管中国早就已有"马贼"这个称谓，它的广泛流传则与日本人以及日本媒体的报道有很大关联。

上述1900年4月5日《关外的马贼》一文，可以说是《东京朝日新闻》对"马贼"的最早报道。如果关注一下1900年沙俄侵华战争前后到1904年日俄战争爆发前后《东京朝日新闻》的报道，就会发现，其中涉及"马贼"的文章日益增多，内容也逐渐发生变化。继1900年4月5日之后，6月2日，11月29日，接下来在1901年3月23日、6月19日、7月4日，其后在1903年2月6日、6月23日、9月18日，1904年2月4日、2月5日、2月6日、2月25日、5月3日、5月20日，都有对"马贼"的报道或消息。这表明日本对"满洲""马贼"的关注程度极高。

---

① 田志和、高乐才的《关东马贼》中提到，据《梨树县志》记载，有外来流民拦路抢劫者，因以"红胡假面"掩面，被称为"红胡子"，即为"马贼"。而"马贼"一词在1865年奏定《筹剿马贼章程》中最早被使用（田志和、高乐才：《关东马贼》，吉林文史出版社，1992，第2、3页）。

1900年4月5日《关外的马贼》报道说,"盛京省锦州附近的马贼现今仍然占据各处山寨,极为猖獗。其中有些装备有西式枪弹,其多数袭击当地富豪,绑架主人,勒索巨额赎金",还提及知府和英国人也遭到绑架,而官府却对"马贼"束手无策。1900年6月2日的《俄人遭马贼袭击》,报道了俄国商人一行遭一队"马贼"袭击而死伤的事件。1900年11月29日《马贼与俄兵》则报道说,"近来满洲俄兵与马贼处于不间断的零散战争状态",并分析说其原因主要是俄清战争时抛下田产逃亡回来后变得一贫如洗、冻馁难熬的民众纷纷投靠"马贼"之故。值得留意的是,对"马贼"的报道内容在俄清战争前(1900年4月5日)和战后(11月29日)发生了变化。俄清战争之前,"马贼"的主要袭击对象是富豪、清政府官员或欧美人。而义和团事件、俄清战争爆发之后,"马贼"开始袭击俄国人及俄兵。接下来,1901年3月23日《马贼魁首被斩首》,报道日本警吏在天津斩杀6名"马贼"首领。1901年6月19日《哈尔滨通信》中也言及"马贼",认为仍在"满洲"各处出没的"马贼"是俄国以保护铁路为借口而拒绝撤兵的一个口实。到了1901年7月4日的《马贼集合》则报道说,"清国马贼(任贼乎?)集结于九连城、凤凰城、安东县一带,据说俄国已从奉天及旅顺派遣讨伐队赶往该地"。1903年2月6日《满洲马贼之动静》报道了"马贼"在东清铁路抢劫中国乘客财物,而哥萨克的对策也不见成效。

1903年6月23日《俄国与马贼》则对"马贼"做出定义说:"马贼是满洲的一种有势力的山贼,以山寨为根据地,其徒党杂居在市镇、村落之间,随机应变,袭击都邑,掠夺民财,杀害官兵,凌辱妇女。""日清战役(即甲午战争——引者按)之后,满洲恢复和平,满洲三将军施政得当,没有特别的马贼的骚动。但是东清铁路开始敷设之后,俄人陆续进入满洲,清政府的统治也渐次松懈。而马贼则出于一种对俄人的敌忾心,还有出于他们自卫自保的必要,滋长了他们的动乱心。终于在北清事件之际与义和团联手,一时大肆猖狂。""满洲已为俄兵所占领"之现今,俄兵非但未能剿灭"马贼",反而收买之并组织"大俄马队"来"劫掠民宅",造成"满洲动乱",以之为"延后从满洲撤兵的口实"。"大俄马队"并非真正的"马贼",因为他们"不与俄国为敌，也不破坏俄国的铁路"，所以是"在俄国庇护下凌辱清国良民的反贼"。文章最后还担忧说，俄国将会以"马贼"为借口侵入朝鲜，并长驱直入日本，认为设法迫使俄国从中国东北撤兵对日本来说是迫在眉睫之问题。其后的1903年9月18日，《马贼头目背叛俄国》中报道说，"马贼"头目林七带领260名部下，抢夺白银300两后逃向了凤凰城。

从1903年6月23日和9月18日这两篇有关"马贼"的文章来看，可以明确几个问题。首先，"马贼"是不服国法、以劫掠为生的。其次，"马贼"有着对侵略者的敌忾心理。再者出于自保，在沙俄侵略中国东北的战争之际，"马贼""与俄国为敌"，"破坏俄国的铁路"。另外，俄国收买马贼造成"动乱"，为了找到不撤兵的借口而在利用"马贼"。但"马贼"并不为俄国的收买所动，像林七这样的头目就背弃俄国而去。

到了日俄战争箭在弦上之时，1904年2月4日、2月5日、2月6日，署名"满洲太郎"的《满洲马贼谈》分三次在《东京朝日新闻》连载，对"马贼"做了详尽的分析和介绍。"满洲太郎"声称与"马贼"有交往，并且对各个"马贼"头目的经历如数家珍，就连马贼的隐语、暗号也了如指掌。据"满洲太郎"说，首先"马贼"这个称呼不应与鸡鸣狗盗之流混同。他们原指清俄边境骑马奸杀劫掠的可怕可恶的俄人盗贼，后来被用以称呼清国骑马劫掠的匪贼。关于"马贼"头目，"满洲太郎"说，"马贼终究是马贼，难脱其贼名，但被称为头目之人大多是出类拔萃的堂堂男子。至少我所交往的十几个头目，都是些对现在的清国社会制度抱着不平、不满的敌忾心之人，其言行举止仿佛三国志中的人物"，其"仗义疏财"，"扶弱抑强"，"抱打不平"之"任侠然诺"之处，也像日本江户时代的"平民游侠"，"是如今士气沮丧的支那帝国中少见的豪杰，堪称满洲之花，是可以同白山黑水相媲美的满洲一绝"。"满洲太郎"还说，掠夺只是"马贼"为了糊口不得已而为之，更多的时候，向豪族征收的保护费或镖业收入才是他们的财源。①"满洲太郎"还介绍了1903年4月开始结识的在南满地区划定势

---

① 根据1904年2月4日的《东京朝日新闻》。

力范围、处于群雄割据状态的"马贼"首领,例如,林七、张占元、冯麟阁、杜立山、李金、田义本、韩登举、杨二虎、刘单子等人。① 这些人大多声名赫赫,其中像杜立山、刘单子、李金、冯麟阁等,都在沙俄侵华战争之际抵抗过俄国。即便被俄国收买,一旦看到俄国占领东北之后拒绝撤兵的现实,他们都纷纷离弃了俄国。同时俄国也开始了追剿,在日俄战争之前已跟杜、冯、田等人的队伍发生了数次交战,双方都有死伤。1904年2月25日《马贼打击俄军》(《东京朝日新闻》)的报道说,日俄开战之初,"马贼"还在单独与俄军交战。

从以上"满洲太郎"的《满洲马贼谈》来看,"马贼"并非单纯奸杀掳掠、令人畏惧的存在。其中大多数头目都是人格出色的堂堂男子汉,他们的很多举动堪称任侠行为。他们本来就有反抗社会不平的侠义精神,对清朝的腐败统治不满并起来反抗,而战争之后俄国对中国东北的横暴的占领,更成为他们反抗的理由。即使俄国用钱财利诱他们,也告徒劳。通过亲身交往,"满洲太郎"看到了"马贼"侠义的一面,这与之前《东京朝日新闻》对"马贼"的报道已大不相同。或许,作为日本人的"满洲太郎"对马贼也怀有利用的野心,所以将"马贼"抬高到"满洲之花"的高度,但还是有很多事实说明这些并非都夸大其词。

当时对"满洲太郎"的《满洲马贼谈》深有同感的,应该就是石光真清了。更加意味深长的是,这个"满洲太郎"其实也在《旷野之花》中登场。他就是鹤冈永太郎。② 鹤冈也是一个所谓日本"志士",1897年就来到"满洲"进行所谓"调查",对那里的情况相当了解。1903年,鹤冈正在辽阳一带活动。据《满洲马贼谈》,他在这年春天已经结识了此地很多马贼头领。石光提到鹤冈在日本人开的杂货店里与其他所谓"志士"高谈阔论,是在1903年6月。此时,石光也来到当时为俄国南满军事基地的辽阳,在这个杂货店得到鹤冈的知遇之恩。此时他们之间谈及"马贼",自不必说。《满洲马贼谈》登载在《东京朝日新闻》已是在1904年2月。无独有偶,鹤冈在《满洲马贼谈》中所介

---

① 根据1904年2月5日的《东京朝日新闻》。
② 山名正二在《满洲义军》中提及的鹤冈就是"满洲太郎"(山名正二『満洲義軍』、月刊満洲社東京出版部、1942、第39頁)。

绍的"马贼"和对"马贼"的评价,与石光对"马贼"的描述多有相似之处。石光比"满洲太郎"更早与"马贼"有了密切接触,甚至自己也成为"马贼"的一员,受到信赖和真心相待。这应该或多或少地对鹤冈,也就是"满洲太郎"的"马贼观"产生了很大的影响,也对鹤冈其后向日本军部献策、组织东北"马贼"抗俄,间接地发挥了作用。不仅如此,石光自己也"目睹"了沙俄侵华战争中与俄军殊死搏斗的"马贼"的生生死死,并将其记录下来传与后人,成为这段珍贵"历史"的见证人。

(二)宋纪与清俄战争

石光来"满洲"后第一次接触到"马贼"的消息,是在1900年2月。那时他随俄国军官泡泡夫大尉来到瑷珲,在瑷珲兵营前看到6个装在木笼里的人头,据说是前一天刚刚被斩首的"马贼"。这说明当时清政府还在剿杀"马贼"。但是,据聚英客栈的老板娘,即日本女人"花"说,这几个坦然接受死亡的"马贼"只是跑腿的小兵,头领没抓到。花还向石光讲述了很多关于"马贼"的事。她说,"满洲"表面上看似总督、将军在维持治安,其实只在城郭周围有限的范围内,更广大的土地可以说是"马贼"的天下。就连将军和督抚都要跟管辖之地的"马贼"进行秘密交涉并受其保护。在满洲境内修筑铁路的俄国,也尽量不与"马贼"为敌。花还说"马贼"歃血为盟,固守信义,一旦被抓获,无论怎么严刑拷打,也不会供出同伙。而且团伙之间互相划定势力范围,互相联络,避免手下和富豪逃脱管制。听了花的一席话,石光认为:"既然连旅行都需要马贼保护,那么在此地做大生意的花,同情和认可马贼,也没什么不可思议的了。恐怕大多数清国人都认可马贼的存在,并受其庇护吧。"(33页)

石光于1900年6月第二次来到瑷珲,是受花的邀请而来的。这次瑷珲之行,石光见到了花的"先生"宋纪。那时,石光常常在岸边眺望黑龙江,有一个年轻的中国人前来跟他搭话。这个每天在岸边出没的年轻人告诉他,俄国禁止清国船只在黑龙江上航行,并说自己是聚英栈的伙计。"宋纪是一个三十五六岁的瘦高白皙的男子,但锐利的眼神和从容的态度,自有一种迫人的威力。"(36页)"听说您在哥萨克大尉家寄居，那么先生也是军界人士吧？"（37页）这样的开场白，说明宋纪已经猜测到了石光的身份。两人谈到俄国兴建中的东清铁路时，宋纪说："满洲已然如同俄罗斯的囊中之物，一旦铁路完成，俄罗斯的势力更会长驱直入。可是，这也是天命。天让俄罗斯来统治满洲，我们得顺从天命，忤逆者必定灭亡。没法子。"（37页）此时石光对宋纪的态度很不以为然，他对宋纪说："如果俄罗斯的势力遍及满洲，延伸至朝鲜的话，日本人绝不会说没法子的。"（37页）

就在石光回到布拉戈维申斯克不久，情况发生了变化。7月初，石光得到消息说，北京的端郡王率领义和团蜂起，杀害外国使臣，赶走外国在留人员。各国马上派兵前去"镇压"，以日军为主力的联军击破了义和团。接着西太后和光绪帝出逃，留下庆亲王与列国交涉。可是，布拉戈维申斯克的俄国人、中国人、日本人都镇定自若，认为这个事件离自己很遥远。这时他又在河岸边遇到了聚英栈的那个伙计。他向石光打探俄国军界对义和团事件的反应，然后说："端郡王勇猛果敢，不同于其他亲王，是个忧国之士，不会因一时的失败而放弃，骚动一定会变大的。"（38页）次日，这个伙计的身影便从布拉戈维申斯克消失不见了。其后没有几日，就发生了俄军与清军之间的小冲突，接着清军方面炮击布拉戈维申斯克，引来俄军的大肆反击。不仅如此，俄军对手无寸铁、毫无抵抗力的中国百姓展开了无情的屠杀。

石光得知宋纪的真实身份和他在俄清战争之际的行动，是在与另一名"马贼"首领增世策相识之后。增世策告诉他："义和团事件发生不久，北京就有说客来说服瑷珲起义。宋纪先生也同瑷珲驻军一个叫刘谦德的人联手挑战俄罗斯，结果作战失败战死了。还听说，宋纪在炮击的前两天秘密潜入布拉戈维申斯克，打算在炮击的同时开始扰乱作战。却由于俄方举措迅速，就遭遇了那次大屠杀，不幸遇难了。"（119、120页）通过增的话，石光才了解到宋纪原来也是一个"马贼"，而且了解到宋纪应端郡王方面的说客的说服，参加了俄清战争，并不是听天由命、认定"没法子"而束手无策的软弱样子。

而在哈尔滨重逢的花向石光讲述的一切，更证实了宋纪参战的事实。根据花的讲述，"宋纪是以黑龙江北部为根据地的头目，部下有五六百人"（219页），他们被称作强盗，其实主要是做镖局生意，保护旅程安全。俄清战争之际，宋纪果然在黑河率领部下与俄军交战，并且命令花去瑷珲传达黑河失利的消息，自己仍然留守战场，最终战死。宋纪也许是在端郡王说客的说服下才下决心挑战俄国的，但早在义和团事件爆发之前，他就已经派聚英栈的伙计频频来布拉戈维申斯克侦察。这说明宋纪很早就有了对俄国的敌忾心，并且伺机行动，并不像他对石光说的那样，只是"没法子"的消极状态。

关于宋纪参战的具体情况，石光的叙述还可做一对照。石光说1900年7月21日，约150名哥萨克兵从布拉戈维申斯克渡江登陆，没有遇到清军抵抗，"可是却在郊区遭遇有力部队的抵抗，双方互有死伤"（53页），两军相隔300米，一直对峙到8月2日。8月2日夜，俄国大军火烧黑河市镇，对残留的中国人进行了大屠杀。此后，没有人得知宋纪的去向，宋纪也没有出现在与花约好的山中小屋里。以此推测，宋纪和他的部下应该从清军第一次炮击布拉戈维申斯克开始，就一直在黑河与清军一起作战，战败而死应该是在8月2日晚。想来宋纪也是一个侠义之士，明知抵御强大的俄国会自取灭亡，但却殊死一搏。与此同时，宋纪还有另外一面。当他与人密谈时，花故意闯入，宋纪开枪打伤了花。可是看到花毫无惧色、坦坦荡荡的样子，宋纪"一边哭着道歉，一边像个女人一样细心地照料花"（219页）。从石光和花的描述可以看出，宋纪是一个有着侠骨柔肠的"马贼"。

关于宋纪，在《旷野之花》的下一部手记《望乡之歌》中也有提及。石光从一个"海贼"那里听到了宋纪的消息，后者说，宋纪在日清战争后"移至瑷珲扩张势力，经营长须镖局，属下有八百人之多"，"可惜在义和团事件时，炮击俄方引发了大事件，最终死在了那次战争中。真是一个很可惜的人……"①

（三）"清纯"的"马贼"增世策

《旷野之花》中与石光关系密切、令石光感佩的另一个"马贼"，就是前文中提及的增世策。

---

① 石光真清『望鄉の歌——新編・石光真清の手記（三）日露戦争』中央公論社、2017、第136、137頁。

石光是从几名逃难的日本风尘女子那里初次听到增的名字的。这几名日人女子逃难途中，在山中遭遇了"马贼"，被他们带到根据地，在那里见到了头目增世策。增和蔼地告诫她们，老人和女子贸然在山中走动，那样太危险，并给她们旅费，还派人将她们送到了哈巴罗夫斯克的客店。此举令这些风尘女子对增的人格大为倾慕。这时，受命负责护送的李告诉她们，增是率领2000名部下的"马贼"首领。而石光则觉察到，客店店主石清泉与增之间似有瓜葛。石光主动靠近石清泉，透露了自己想去哈尔滨的愿望，以及自己对"马贼"的看法："马贼"歃血为盟，不为利欲所动，有勇气又能忍受艰难困苦，但要对抗俄国，还缺少统帅和战略。石光的这一席话，等于向"马贼"表白了自己对其勇猛侠义和他们抵抗俄国之举的肯定和同情，同时为"马贼"指出了问题所在。这说明，由于日本人对增的倾慕，石光也对"马贼"产生了很大兴趣。

石光的策略随即奏效。一个日本女子阿君主动接近石光，并且告知自己的身世和底细。君说，自己是被拐骗到"满洲"来的，1898年在伊万卖身时，增作为客人来到她的店里。那时的增白皙清瘦，毫无粗暴的言行，还对她说："今夜我买你，明天再买一天，你就好好休息吧。"（110页）增带她在岸边散步时，只是望着江上来往的轮船说："这一带以前都是清国的领土，如今变成了俄满国境。今后还不知国境会南下到哪里。打着黄龙旗的船只不是一只都没有吗？太可恨了。"（110页）这时君猜测到增就是"马贼"，她为增坦荡的言行深深倾倒，不由发出"马贼竟然如此清纯"（111页）的感慨，下决心跟随增做了"马贼"。增让君负责哈巴罗夫斯克的杂货店，而原来就在那里的赵掌柜，则是增的智囊。

石光第一次见到增，就是君在哈巴罗夫斯克经营的这家名叫增发兴的杂货店里。"1900年8月30日上午10时，一个衣着不凡，脸色白皙，年纪四十四五岁的消瘦的男人，领着三个脏兮兮的男人，笑眯眯地走进店来。"（116页）当君介绍说这个人就是增世策时，石光不由得说："跟自己想象的完全不同。"（116页）而增则坦言，自己就是"利用满洲的交通不便，盘踞山中，违犯法纪，掠财害命，受人厌恶"的"马贼"（117页）。石光出于利用马贼执行自己的任务的心机，表示愿意与增合作。增大喜说："比得到百万的钱财更可贵。"（118页）因为当时正值俄清战争，"马贼"成为抵抗俄国的最大武装势力，但却苦于有勇无谋，所谓日本"志士"的智谋对"马贼"是非常重要的帮助。

　　本来，君找到石光，也是由于以上的理由。因为俄清战争的爆发，对增来说是一个千载难逢的时机。两年前就对俄国向满洲的步步进逼义愤填膺的增，在俄清战争爆发之际，"为机会到来感到兴奋不已，东奔西跑地去联络长白山的头目自不必说，还去联络松花江流域的头目，并协同官兵"，"热心地活动"（113页）。君坦言："如果您认为他人物可靠、计划可行的话，请务必给予我们协助。"（113页）石光一面对君和增的决断表示钦佩，一面期待他们的成功。他认为："在血雨腥风中的如今的满洲，耍一耍小聪明毫无用处。如果［马贼］这种无知的胆力有实践能力的话，或许可以为我执行任务所用。"（113页）所以，石光欣然应允增和君请求联手对抗俄国的要求。增马上请石光做自己的智囊。可以说，作为马贼的增世策，和作为日本军部间谍的石光（石光已于1900年8月16日正式恢复军籍，并接受了潜入哈尔滨搜集情报的命令），虽然各怀心事，却在对抗俄国这一点上达成了共识。日本军方的间谍，成为中国"马贼"的同伙。

　　不能忽视的是，即使石光的行动出于为日本利益的考虑，但是能让他也成为"马贼"的一个不可或缺的要素，还是增世策的人格魅力。因为增虽然觉得石光的价值对他来说胜过"百万钱财"，但还是事先坦陈"马贼"这个行当如何凶险。他对石光直言："对增来说如虎添翼，但对先生来说也许是一生的不幸。"（117页）就像倾慕增的人格魅力而成为女"马贼"的君一样，在石光的心目中，增世策也树立了一个"清纯"的"马贼"的形象。这也证实了宾州的"马贼"头目高大人对增的评价，即"增世策有勇、有智、有仁，且深谋远虑"（171页）。这与前文所述"满洲太郎"对"马贼"头目的评价很接近。与石光有过接触和交往的"满洲太郎"的"马贼"叙述，多处渗透着石光对"马贼"的看法。而受到增的信赖和厚遇的石光，随着对增的理解的加深，似乎超越了国家和民族的界限，对"马贼"有了更深的信赖和同情。

　　增世策说，自己是25岁时从山东龙口来到符拉迪沃斯托克的，无依无靠的他沦落为打扫粪尿的苦力。种种非人的待遇引发了他对蔑视和虐待自己的社会的反抗心理，终于迫使他抛弃冷酷腐败的社会，置身于"绿林"。而俄国对中国东北的全面侵略，让他觉得"本打算做给那些中饱私囊的伪君子们看看，却没承想花了整整十年辛苦构筑的地盘，眼看就得无条件地让给俄罗斯，简直无法容忍"（122、123页）。增首先基于"马贼"的立场，无法容忍俄国对东北的侵略。所以，他要联络包括原来追剿马贼的官兵在内的其他势力，共同反抗俄国。当然，与俄国争夺"满洲"殖民权益的所谓日本"志士"，也是他联手的对象。而增世策高洁的人格，对于跟他接近的人是相当有号召力的。包括以赵为首的两千名左右的部下，还有高大人这样的"马贼"、纪凤台这样的豪绅，以及君这样的日本风尘女子、石光这样的所谓日本"志士"，他们都倾慕、欣赏和敬佩增世策。

当沙俄侵华战争爆发，清军节节败退之后，增世策认为这是"马贼"尽显本色的机会。然而问题是，单靠"武器落后、缺乏训练的乌合之众"（122页）的"马贼"，如何反抗强大的敌人俄罗斯？这是增的焦虑之处，也是想与石光这样的所谓日本"志士"合作的理由：

> 如您所知，俄罗斯正试图将满洲的沃土并入版图。可是清国官兵没有防御能力，官员都逃掉了。因此，正如您所了解的那样，骚乱一发而不可收拾。我们认为不能错过这个千载难逢之时机，但仔细想来，不能轻举妄动，给俄罗斯以侵略的理由。如果放任不管，则其他小头目们突然引发事件就会招致破灭。以后到底应该采取什么方针，这是像我们这种无才无学之人很难判断的。请为增提供一个良策。（118页）

从他所处的境遇来看，可以说这是增出自内心的话。增不想"重蹈宋纪的覆辙"（121页），可是增的许多热血沸腾的部下已经在各处与俄军发生小冲突，而且"宁古塔的驻军也派使者来"（123页）寻求协助。更重要的是，增自己也无法容忍俄国势力在东北肆虐。他在哈巴罗夫斯克酒店听到俄国人张狂地说，因为俄清战争，"满洲一定将被并入俄罗斯帝国的版图，世界地图也将会被涂改"，此时的增"脸色铁青，握紧了放在桌边的双手，碰都没碰端上来的菜肴"（125页）。对弱者侠骨柔肠的增世策，对外来侵略者则怀着无法容忍的敌忾心理。以此来看，即使是"深谋远虑"的增世策，也很难在俄国侵略者面前保持冷静。是什么使他如此热血沸腾呢？是清朝官兵的国家主义的说服吗？是担心失去"马贼"的地盘吗？这两种因素当然都有。但除此之外，更重要的无疑是置身法制之外，烧杀劫掠的同时反抗权势的"马贼"所具备的一种扶弱抑强的侠肝义胆。这种中国自古以来的侠客所具备的扶弱抑强的精神准则，直接与帝国主义弱肉强食的原理形成对抗。像增世策这样具有"纯净高洁"人格的"马贼"头领，是注定要去反抗俄国的。这也是上文提到的"满洲太郎"将很多出类拔萃的"马贼"头目称为"满洲之花"的缘故。

总之，增世策在冷静认识现实的同时，更有对俄国侵略者的无法抑制的敌忾心理，所以他既不像高大人那样选择进山躲避，也没有像纪凤台那样贿赂俄国求得自保，更没有丢下部下独自逃脱，也没能听从石光的劝告，不露声色等待日俄开战时机的到来，而是选择了跟部下一起抵抗强大的敌人——俄国。只不过，他抵抗的方式比宋纪更加深谋远虑一些。据给俄军当侦探的韩国人"崔"说，俄军投入大军讨伐增，增和他的部下数次脱险逃脱。增在宁古塔的根据地遭到俄军烧毁，而袭击俄军驻地一面坡的，据说就是增的部下。但最终，增还是被俄国铺开的侦探网嗅到踪迹，坦然就擒，与部下一道微笑着面对俄军的斩杀。这是1901年2月的事情。石光是从一对中国老夫妇那里听到这个消息的。他们说，增临死之前"沉稳地扫视了一眼自己的部下，露出微笑"，"镇定自若得很"（252页）。这对富商夫妇因为受到增的部下的袭击，一家离散，从而对增恨之入骨，但也不禁对增死前的从容态度表示惊叹。听到增死去的消息时，石光"难以抑制内心的动摇而潸然泪下"（253页）。驻符拉迪沃斯托克的武藤信义大尉警告石光说："不要过于接近马贼，他们不可靠。太接近了会被俄罗斯当成眼中钉的。"（263页）但是，"无法忘记马贼的信义和情谊的"石光不禁自问："难道这也只是一缕感伤而已吗？"（264页）在普遍的人性精神空间里，石光与"马贼""真心"相待，为他们的人格魅力而心动，他自己其实也已经成为半个"马贼"了。

七 从"志士""女郎"到"马贼"

(一)"志士"乎?"马贼"乎?

经历了布拉戈维申斯克的大屠杀,听闻宋纪在俄清战争中战死、增世策被俄军斩杀的消息,几经周折、九死一生后回到符拉迪沃斯托克的石光,"感觉到莫名的惆怅"(263 页)。其时在符拉迪沃斯托克的日本人,除了有军部的町田经宇少佐、武藤信义大尉以外,还有邮船公司分店长寺见机一、东亚同文书院创立者根津一,商务官事务所的二桥领事,以及率领所谓"志士团队"而来的内田良平等。石光说:"当时民间人士也有很强的国家意识。甲午战争之后的三国干涉让很多有志之士感到愤慨,认识到软弱的政府不可靠,怀着悲愤的心情陆续来到大陆,以各自的方式抒发爱国热忱。"(264 页)石光正是一个典型的所谓"志士",因为担心俄罗斯对日本在中国的扩张构成威胁,而作为休职军人自费来"满洲""留学"。正如石光所说,这些所谓"志士"有着强烈的国家主义的情怀,他们当然以日本的国家利益为重。

石光是在 1899 年 6 月向军部提出休职申请和去俄国留学的。1900 年沙俄侵略中国东北的战争之后,在 1900 年 8 月到 1901 年 6 月间,他恢复了军籍。其后,由于考虑到石光作为正式军人从事谍报活动,一旦败露会牵累日本军部,出于军部的要求和石光本人的意愿,他在 1901 年 6 月再度退出军籍。所以说,在"满洲"的大多数时间里,石光是"舍弃军人的荣达而为国奉献一生"(335~336 页)的所谓"志士",其实就是民间身份的间谍。石光最初应允增世策担任副头目时,主要是希望有利于自己的谍报活动。"马贼"的身份确实为石光提供了很多方便。石光在为搜集情报而奔波的路上,只要说自己是增世策的部下,其他"马贼"都会对他恭敬有加。比如,他在窑门被一伙"马贼"擒获关押,对方怀疑他是为俄国卖命的韩国间谍。石光一说自己是增世策的部下,对方头目便惶恐有加地说:"不知是增头目的客将,残酷地折磨了大人一月有余,如果传入增头目耳中将难免一死,请大人慈悲,饶我一命。"(244 页)

随着与"马贼"的交往越来越密切，石光也具有"志士"与"马贼"的双重身份和复杂情感。他与增世策、高大人等"马贼"商讨如何抵御俄国的大计，闻听"马贼"发自内心的声音，受到他们的真心相待，"目睹"了他们的生生死死。除了增世策之外，让他切身感受到"马贼"之"真心"的就是增的智囊赵。赵可以说是与石光接触最多、最近的一个"马贼"。虽然赵的同行让石光有种被"马贼"纠缠的压力，可是在石光重病之时，正是赵的精心护理，才使他得以起死回生。所以，在得知年轻有为的赵被俄军处刑之后，石光黯然神伤。增世策也好，赵也好，君也好，石光虽然也怀着期待他们助自己一臂之力的动机，但他们的信义和真心每每让石光感动。

不仅如此，石光自觉"连身体也完全成为马贼了"（274页）。在日本国内时，他是一个饮食穿衣都比较挑剔的人，"可是如今黑乎乎的落满苍蝇的面包，和冻得硬邦邦的三文鱼，吃起来也毫不费力"，"在与满洲底层人群还有马贼同起同卧之间，不知何时已经领会了他们对命运的顺从，还有依从命运活下去的不屈的生命力"（274页）。1901年6月以后，石光在哈尔滨以照相馆老板的身份活动。1902年10月回东京购买照相器材时，竟然有人传言他是满洲"马贼"头目伪装成的日本人。对此，他也不置可否。

像石光这样接近或成为"马贼"的所谓日本"志士"，《旷野之花》中提及的还有鹤冈永太郎、和田八次郎。如前文所述，鹤冈在日俄战争之前与辽阳一带的马贼过从甚密，且在《东京朝日新闻》上以"满洲太郎"之名登载《满洲马贼谈》，详细介绍满洲"马贼"。其后，他自己也作为花田仲之助（花大人）组织的"满洲义军"的幕僚，以"马贼"的身份参加了日俄战争。而和田八次郎则作为智囊效力于"马贼"头目高大人，也可以算是一个"马贼"。

（二）从"女郎"/"白米"到"马贼"

比起这些所谓"志士"，君和花这样的风尘女子，也就是日语所说的"女郎（めろう）"，才算是更加彻底的日本人"马贼"。石光初到清俄边境时，就了解到西伯利亚各地都有日本人，而其中必定会有以卖身为生的女子，即"女郎"。"据说明治十六年起，符拉迪沃斯托克就有这样的女子出现。"（225页）由于她们性情柔顺，在各地都很受欢迎，"到了明治30年前后，贝加尔湖以东地区已经无处不见她们的身影了"（225页）。东清铁路开始修建之后，劳工增加，俄国政府更加欢迎她们到来。而她们却都是因为出身贫穷，从日本内地被卖掉或是被拐骗至此的。她们被称为"白米（リース）"，"不被当成人，像个商品似的"（225页）被"白米"商人买来卖去。在非人的生活中，"有一些头脑的，像哈巴罗夫斯克的阿君或是瑷珲的阿花那样，也会置身于男人的世界大干一番事业"（225页）。

"花"所干的大事业就是当一个"马贼"。据花的叙述，她出生于长崎，从小没有得到家人疼爱，初谙世事之时就被拐骗到"满洲"，成了一个"女郎"，后被黑龙江省北部的"马贼"头领宋纪纳为妾，学会了骑马持枪。不久她就发觉宋纪像是一个"马贼"，由于不甘心只作个花瓶，就大胆地向宋纪坦白愿意加入"马贼"。宋纪最初因为警戒之心而开枪打伤了花，后来钦佩她的果敢，便应允了，还把在瑷珲的客店聚英栈交给她管理。花除了管理客栈的生意之外，还率领部下袭击富豪，抢劫沙金，同时也承接保护行旅中人的镖局生意。花可以说是一个纯粹的"马贼"。

关于花作为"马贼"是如何叱咤风云的，从增世策和花的证言中可窥见一斑。增世策对石光谈到宋纪时，也谈到了花。他说："有一次，夫人亲自武装起来，骑上马，指挥粗暴的男人们，袭击了走私沙金的窝点。"（120页）而花自己也承认，在"前年"（1899），曾经率领三十几个同伙，闯入墨尔根的富豪李宗泉家，抢走了一万多两的沙金和马蹄银。那时，花"身着男装，跨马持枪，腰里别着青龙刀指挥一方"（218页）。在宋纪"马贼"团伙中，花是一个巾帼不让须眉的小头目。当然，她也在沙俄侵略中国东北时上协助宋纪进行抵抗，成为参战的独一无二的日本女"马贼"。

花是从社会最底层的"女郎"、任人宰割的"白米"变身成为一个"马贼"的。"马贼"使她获得了作为有主体性的人的尊严，就像沦落为淘粪工的增世策通过成为"马贼"而获得了做人的尊严一样。反过来说，如果社会给了他们有人格尊严的人生，他们也未必就会成为马贼。花向石光介绍了"马贼"必须严守的清规戒律和信义，以及"马贼"是"满洲"隐然的主宰者等信息。这些对"马贼"的赞美之词和自豪之感，说明在她看来，独霸一方、叱咤风云、守信重义的"马贼"是非常有魅力的。同时，她也觉得"马贼"难脱"贼"名，面对自己曾经袭击过的李宗泉一家对自己的信赖和敬爱，还是难掩心头的惭愧。她放弃了为宋纪东山再起的念头，来到哈尔滨投靠了石光。石光也因此获得了展开谍报活动的左膀右臂。花化名为一郎，伪装成男人，帮助石光多次渡过难关，最终于1901年10月25日离开"满洲"，回到了日本。

另一个日本女"马贼"，就是让石光成为"马贼"副头目的君。根据君的叙述，她也是从日本内地被卖到西伯利亚来的。她第一次见到增世策，是在1898年的春天，在一个叫伊万的码头。增并不像一般的嫖客，只出钱，却并不碰她的身体。君第一次接触到这么仁慈的人，同增度过的日子，让她如在梦境之中一般幸福。她猜测到增也许是一个"马贼"，更加倾倒于作为"马贼"的增的清纯、高洁，决心誓死都要跟增在一起。君最初遭到增的种种警戒，但她的真心最终赢得了增和部下们的信赖。作为同伙落脚之处的位于韩人街的杂货店增发兴，便由君和增的智囊赵一同负责。

如果说花作为"马贼"武勇果敢的话，那么君作为"马贼"则是智勇超群。在增对她晓以与"马贼"为伍的风险利害之前，君已经倾慕于增的人格之高洁，下定决心"即便是短暂人生也要活个痛快"（111页）。她不仅骑过马，体验过"马贼"的"实况"（112页），也时而同赵策划指挥"马贼"的一些行动。辅佐增世策去成就他的梦想，似乎是君的最大愿望。引见石光与增相识，也是出于君的一片苦心。在沙俄侵略中国东北的战争爆发之际，增正在东奔西走，联络各方势力联合抗俄，对局势颇有见地的所谓日本"志士"石光当然也在联合之列。君强调增部"马贼"的团结，以及和其他团体之间的密切协调，恳请石光助增一臂之力。

石光对君的"大胆且毫无顾忌感到震惊"（113页）。当石光犹豫该不该跟着君去增发兴时，君"语气中渗透出来的近于反击的气魄"，让他觉得这个曾经的"女郎""非同寻常女子"（107页），"敢于将不知底细的自己领进秘密窝点，且说服加入马贼，有着马贼压寨夫人的威严"（113页）。更让石光叹服的是，增世策被俄方间谍探测到行踪，在哈巴罗夫斯克突然被捕后，君一个人巧施计策，说服警吏放走了增。

比起花作为马贼的肆意勇武，君似乎更趋向于阴柔、刚毅。君成为一个"马贼"，还要归功于增的个人魅力，是增"清纯"的人格使君为之倾倒。成为"马贼"之前，她作为一个女人，已经对增世策产生了倾慕和敬重之情。所以，君铤而走险也要营救被捕的增，为实现增抵抗俄国的夙愿去联络石光，在增不知是死是活的情况下在山寨里一等就是两年，并且下决心一生不再离开山寨。

石光最后一次见到君，就是在那个增和亲信约好会合的山寨里，时值1903年的春天。石光在"调查"旅行的途中遇到了增的部下唐，后者告诉他："增头目的部下或者被杀，或者逃跑，已经失去了团结，而最近中国人和韩国人的间谍横行，所以无法出手。最初，俄方对不反抗的'马贼'加以利用，可是近来开始采取彻底歼灭的方针。"（369页）如此一来，各方马贼，比如延吉的孙、哈尔滨的王尔宝、五常的唐，都只能按兵不动。石光与唐分手后，却在横道河子遇到了君手下的马夫李。李带石光来到了君和其部下藏身的山寨。君打扮成束着辫子的中国男人模样，一边在此地经营枕木生意，一边等待着增世策活着回来。君预感到增已经被杀，但仍决心在山中度过一生。她说："马贼的老婆怎能甘心一副落魄的样子回到故乡呢？"（372页）君的身份认同始终就是"马贼"头目增世策的伴侣。因此，哈巴罗夫斯克的日本人对她也颇有微词，认为君"作了支那人的小妾，住在韩人村里"，是一个"鲁莽行事，对人世一知半解的下流女子"（139页）。花忏悔自己指挥"马贼"抢劫善良的民家，而君却没有那样的忏悔，甚至从她的言语中能感觉到作为"马贼"的自豪。这可能是因为君看到的增世策，就是一个为抵抗横暴的俄罗斯侵略者而不惜付出生命的"清纯"的"马贼"。而"女郎"出身的她，也能领会到曾经沦落为淘粪工的增对社会的反抗心理。增骨子里的扶弱抑强的侠骨柔情，更是让她倾慕不已。

八　开放在旷野中的"满洲之花"

《旷野之花》中的"花"到底是指什么而言呢？石光初到布拉戈维

申斯克不久,清俄边境至少表面上还是一片祥和景象。在从黑河乘马车去瑷珲见花的途中,他看到了一片绚丽的花海,野玫瑰和芍药开放在初夏的"满洲"原野上。可是就在数日之后,战争在这里爆发,清朝军队溃败,众多无辜的中国人沦为"弃民",被无情地残杀。他们大都是同"满洲"旷野里的野花一般,一粒种子漂泊而来,就在黑土地上生根发芽,在冰雪封冻的旷野中坚忍地等待,在大地回暖的时节艳丽地开放生命之花。可是,在侵略者的铁蹄下,他们被无情地摧残了。"旷野之花"何尝不是这些"弃民"呢?

另一方面,"马贼"宋纪在同俄军的作战中战死,另一个"马贼"增世策开始联络各个"马贼"团体,并与官兵呼应,联合各方势力,意欲抵抗强大的俄国。增明知是以卵击石,也坚持抵抗到底,最终坦然面对俄国的斩杀。作为增的虔诚的倾慕者,来自日本的女"马贼"君甘愿为增的理想铤而走险,四处奔走,寻求助增一臂之力的人。君作为"马贼的老婆",宁愿一辈子守在异国他乡的山寨里。还有像赵这样血气方刚的"马贼",他们是在抗击沙俄侵华战争的战场上陨落的年轻的生命。正如"满洲太郎"称"马贼"为"满洲之花"一样,这些"马贼"也应该是开放在"满洲"大地的绚丽的花。

其实,《旷野之花》只有一章的标题为"旷野之花"。在这一章里,描写的是被卖到"满洲"或是被拐骗到那里的日本卖身女子——"女郎"逃难的故事。在沙俄侵华战争期间的逃难途中,沦落为乞丐、最终将要饿死的三个年轻女子,被石光和赵发现后得到搭救。可是几经周折,她们与石光他们走散。其中两个人被一个李姓"马贼"拐走,此后下落不明。剩下的一个名叫"米"的女子,则被另一伙"马贼"团伙占为己有。其后,落难中的石光又偶遇米,并受到她的搭救。可是在回日本途中,和石光一起穿越冰天雪地的山中时,米却神秘失踪了。在战争的混乱中,散布于清俄边境各个城镇的这些日本风尘女子,她们如花一般的青春和生命也由于战火而消殒于"满洲"旷野之中。她们成为很多俄兵和"马贼"泄欲的对象,成为"白米"商人榨取金钱的"商品"。而像增世策或赵这样的当地"马贼",则对这些"女郎"热心相待,真心地怜惜她们。其实石光最初听到增世策的名字,就是从增和他的手下人搭救的七个逃难"女郎"那里。这些女子在山中被增的手下"捉到"山寨，又由增派人护送到哈巴罗夫斯克的同伙开的旅店。她们对增的感激和倾慕自不必说。像增世策这样的"满洲之花"，才懂得去爱护这些开放在"满洲"旷野之中的柔弱的"满洲之花"。

这样看来，石光心目中的"旷野之花"有着多重意涵。其指涉的也许是增世策、宋纪、赵这样的中国"侠民"，也许是君、米和不知名的日本"女郎"们，也许是当时生息于"满洲"的众多被屠杀的"弃民"，也许是不论国籍、不论男女、不论生死，至少他们（她们）的生命之花曾经开放在"满洲"大地的所有"满洲人"。石光看到了花开时节绚丽芬芳的花海，也看到了那些灿烂的生命如何在帝国主义扩张的铁蹄下被践踏、蹂躏，如何去以卵击石地抵抗。在《旷野之花》中，石光用细致的笔触，描摹了20世纪初沙俄侵略中国东北的战争之际的"弃民""侠民""女郎"等脆弱而又坚忍的"旷野之花"，为后人留下了一份关于彼时彼处那些边缘人群的珍贵记录。

转型秩序

"民党"的尝试和困境

——民国初年中国社会党研究

阎 泽*

一 "民党"问题的提出

民国初立，建党组会成为风尚。有一个叫作朱了公的人在《天铎报》上写道："今日之中国……实乃由党、会、社诸团体力集合而成之中国也。"① 据张玉法的统计，武昌起义爆发后至1913年底，全国一共出现了682个新兴的公开党会，其中312个为政治类的团体。② 事事有党，以至于有人在《时报》上的《滑稽余谈》专栏撰写《中华民国绿林党缘起》一文，③ 杜撰出"中华民国绿林党"，讥讽党会之多。

辛亥前后，有关政党的知识主要来自章士钊，他在1911年5月发表《何谓政党》一文，其中宣称："政治团体之组织有二：一立于国会之内者，一立于国会之外者。前者政党，后者普通政治结社也。政党者，有一定之党纲党员占席议席国会，日伺现政府之隙而攻之，且谋倒之，取而代之，以实行其党纲者也。普通政治结社，则无组织内阁之野心，不过对于一定之政治问题发表其见意（当为意见——引者按），且期其意见之发生效力者也。"④ 章士钊写作此文，用意是催促当时资政院中的政治团体尽快改组政党，以便为将来召开国会做准备。但是到了1920年代，随着议会信誉的破产，章士钊这一经典的政党学说却再难被信服。此时，国内第三大政党中国青年党的主要组织者之一李璜写

---

* 阎泽，浙江人民出版社编辑。
① 《敬告中国各党各会各社诸团体书》，《天铎报》1912年3月26日。
② 张玉法：《民国初年的政党》，岳麓书社，2004，第32页。
③ 《中华民国绿林党缘起》，《时报》1912年2月25日。
④ 秋桐：《何谓政党》（续），《帝国日报》1911年5月31日。

道:"在民十之前的中国各政党组织,都是政客式的,为争一时的政治权力,而临时结合起来,说得好一点,可称之为欧西式议会政治中政团分野,说得坏一点,可称之为分赃把持的派别……真正的具一定的主张,为政治的宣传,向群众发言,对同志加以组织……还是……中国共产党。"① 李璜所鄙夷地称为"分赃把持的派别"的"政客式的政党",其实也就是当初章士钊推崇的政党;而李璜所推崇的以中国共产党为代表的三大政党——共产党、国民党与中国青年党都在践行的"具一定的主张,为政治的宣传,向群众发言,对同志加以组织"的政党组织形式,则似乎更接近于当初章士钊不屑一顾的"普通政治结社"。仅仅十年之间,二者的地位就发生了颠倒。章士钊此时也完全放弃了议会政党政治,转而提倡采取职业代表制的"联业救国论",主张以自下而上的方式取代议会政治。② 1920 年代后半期,"群众运动式的政党"最终促使现代中国进入党治时代,党国体制的创立,使得政党成为现代中国最重要的关键词之一。然而正如杨天宏在考察民初著名的口号"革命军起,革命党消"时强调的,1912 年前后的"政客式的政党"与 1920 年代的"群众运动式的政党"尽管同为政党,但却分别源自西方近代政治学理论和俄国政党学说,乃是完全不同的两种事物。③

问题在于,民初借共和体制开放政治参与和允许结社自由而成立的数目庞大的"政党",到最后也只有极少数的几个有幸跻身议会,从而成为当时章士钊所认可的而在日后遭到鄙夷的政党。简单说来,一是 1912 年 5 月,以民社为中心,由民社、统一党、国民党④、国民协进会、民国公会合并成为共和党;二是 1912 年 8 月,以同盟会为中心,由同盟会、统一共和党、国民公党、国民共进会和共和实进会合并成为国民党;⑤ 三是 1913 年 4 月,共和党又与民主党,以及曾经脱离共和党

---

① 李璜:《学钝室回忆录(增订本)》,香港,明报月刊社,1979,第 186 页。
② 参见森川裕贯《政论家的矜持:章士钊、张东荪政治思想研究》,袁广泉译,社会科学文献出版社,2017,第 78~101 页。
③ 杨天宏:《政党建置与民初政制走向——从"革命军起,革命党消"口号的提出论起》,《近代史研究》2007 年第 2 期。
④ 此国民党于 1912 年 2 月由潘鸿鼎、朱寿朋等人发起,并非之后由同盟会改组而成的国民党。
⑤ 熊秋良认为当时参与并党的还有蒙藏联合会,1912 年 5 月全国联合进行会也曾加入同盟会。熊秋良:《民初国民党并党数目考》,《史林》2013 年第 4 期。

的统一党合并为进步党,最终形成国民党与进步党两大党并立的局面。① 大部分的所谓政党,其实被排除在议会之外。那么,从章士钊所鄙夷的"普通政治结社"之中,是否有可能找到被李璜所忽视的、民初即已存在的"群众运动式的政党"呢?张玉法意识到了这个问题,指出"研究民初的政党,首须将政治团体从一般社团中分离出来,再将政党从一般政治团体中分离出来",但他两次分离的成果,却只是统计了35个有着鲜明政纲的组织,并将其政纲绘制成表格,勉强将它们定义成了政党。②

显然,在民初的历史情境之中,简单使用"政党"这一概念,实际上既抹杀了是否居于国会的区别,也难以容纳无论是35个还是312个数目庞大的团体。其实,民初之人已经发现了议会外的政治团体与议会内的政党之间的区别。当时用来概括那些具有政党形式的民间政治结社的词,便是"民党"。这个起源于清末国人对外国政党政治的观察的概念,最初由郭嵩焘引入中文世界。郭嵩焘在法国发现,法国议会中的政党政治以"君党"和"民党"两大派相互对抗的形式进行。尽管郭嵩焘最初见到的"民党"其实只是议会政党政治中的一种力量,但无论是郭嵩焘还是他的副手李凤苞,都隐隐将"君党"与"民党"之争视作君主制与民主制两种制度的斗争。③ 1898年,民党的用法被唐才常所习用,他写道:"天下乌乎公?公于民。民乌乎公?公于党。"④ 戊戌变法失败以后,维新派人士流亡日本,接触到日本的一种自认为民党的组织:自由民权运动之中由下野的政治家组织的要求召开国会的民间政治结社。经过梁启超在《新民丛报》创立之后对于欧洲一系列民党组

---

① 参见谢彬编著《民国政党史》,中华书局,2007,第48~56页。
② 张玉法:《民国初年的政党》,第30~38页。
③ 郭嵩焘写道,法国国会中的第三党"惟贤之是从,君贤则从君党,人民所择之统领贤则从民党"。郭嵩焘:《伦敦与巴黎日记》,岳麓书社,1984,第698页。李凤苞在与郭嵩焘的谈话中说:"君主民主,截分两党,不相假借,平居周旋,往来相善也。"郭嵩焘:《伦敦与巴黎日记》,第343页。尽管如潘光哲所说,郭嵩焘的日记在当时并未被公开,因此难以对时论产生影响,但仍可代表士大夫对于西方政党的一般观察。潘光哲:《晚清中国"政党"的知识系谱:思想脉络的考察(1856~1895)》,《中国文化研究所学报》第48期,2008年1月。
④ 唐才常:《觉颠冥斋内言》,《唐才常集》,中华书局,2013,第47页。

织的提倡,①"民党"的说法流传开来,不管是立宪派还是革命党都以民党自居,乃至民间也有声音要组织强固的民党。"民党"的用法如此盛行,以至于预备立宪之后,有御史高树抱怨"世人偏引新名词,曰政党,曰民党"。② 随着各种民党力量日盛,立宪过程中清廷也不得不开始将民党视作一种问题去应对。民党被描述成一种代表人民与政府相对抗的组织,并可以为立宪制度奠定基础。

随着共和国家的建立、议会制度的确立,昔日的民党似乎有望转型成政党,名正言顺地参与到政治中去。然而,为响应共和制度而组织的大量政治团体,却被议会拒之门外。由此形成一种尴尬的处境,这些政治团体一方面以政党为目的,按照政党的形式来组织,另一方面却无法以政党的形式进行活动。为此,在对自己进行定位之时,不管是他们自己还是别人,就拿昔日那个常见的"民党"概念做标签,以示与政党的区别。最典型的例子来自孙中山。1912年4月,孙中山在上海自由党本部发表的讲话中说,"数月来各处政党、民党发生甚多,然皆未能十分组织完备",希望"共和时代,无论民党、政党,有互相监督,互相扶持之责",并勉励自由党"期成最有势力之民党"。③ 在这里,他将"政党"与"民党"明确区分开来。但是此时"民党"面对的却不再是一个始终拒绝开放政治参与的清廷,而是一个至少在名义上实行共和制度的全新的中华民国。所以,"民党"此时的任务已不再是如何与政府对抗以确立民主制度,而是如何以社会为平台去实践自己的政治主张,并加入共和政治中去。

在民初结社自由的大环境下,纠合数人结社轻而易举,④ 但如何将一个结社维持下去,却是最为实际与棘手的问题。在热热闹闹的数以百计的民党之中,存续时间相对较长、保持了活跃状态的只有五个:中国社会党、中华民国工党、自由党、大同民党与公民急进党。其中成立最早、规模最大、党员人数最多的就是中国社会党。中国社会党成立于

---

① 如《敬告留学生诸君》一文写道:"俄罗斯人之能组织民党也,曰由学生。"《新民丛报》第15号,1902年9月2日。
② 《御史高树奏谨释宪法二字源委折(续)》,《申报》1906年9月27日。
③ 《孙先生万岁》,《民权报》1912年4月18日。
④ 如《天铎报》上曾有人讥讽:"三五少年,假监督行政、改良社会之口头禅,彼立一党,此组一会。"见《会党虽多无用也》,《天铎报》1912年5月20日。

1911年11月5日刚刚光复的上海，党首为江西人江亢虎，其前身是当年7月成立的社会主义研究会。中国社会党自成立开始就不断吸收党员，建立支部，壮大组织，到其在1913年8月被解散之时，据江亢虎自称，有400余支部，50余万党员之众。①

但与其他数目众多的民党乃至与其他四大民党相比，中国社会党又具有鲜明的特殊性。首先，它明确以社会主义为基本纲领。中国社会党所说的社会主义，其实来自晚清盛行的无政府主义，所以带有极强的无政府主义色彩，这固然使其具有一整套完整的思想体系作为基础，但也迫使其必须面对如何将一种反体制、世界主义的思想嵌入到一个受到广泛欢迎的新兴共和国家框架之内的问题。其次，与那些由于无法进入议会成为政党而不得不成为民党的政治性结社不同，中国社会党从一开始就以"社会党"为标榜，而拒斥"政党"的身份，直到"民党"一词盛行之后，才开始以"民党"自称。② 这两个特点，使得中国社会党在五大民党中也显得尤为突出。它首次实践了这样一种模式：以社会而非国会作为主要活动平台，试图通过激进知识分子向群众传播"主义"的方式，来实现外来思想与本国大众的结合，从而推动社会的改良。

中国社会党是近代中国较早公开提倡社会主义的组织，所以历来为学界重视。不过，以往的研究或者着重于分析与比较其社会主义思想③，或者只是简单列举其活动。④ 本文则希望在民初的历史情境中考

---

① 江亢虎：《中国社会党特别联合大会去职宣言》（1913年8月），汪佩伟编《中国近代思想家文库·江亢虎卷》，中国人民大学出版社，2015，第197页。
② 如江亢虎将中国社会党称为"中华民国最初唯一之民党"，江亢虎：《中国社会党特别联合大会去职宣言》（1913年8月），汪佩伟编《中国近代思想家文库·江亢虎卷》。黎里支部的党员也写道，"社会党系纯粹的民党"，见《社会党月刊》第4期，1912年11月。
③ 如 Jack Gary, *Modern China's Search for a Political Form*, London, New York, Toronto: Oxford University Press, 1969；杨奎松、董士伟《海市蜃楼与大漠绿洲：中国近代社会主义思潮研究》，上海人民出版社，1991；汪佩伟《江亢虎研究》，武汉出版社，1998。
④ 如（日）小岛淑男《中国社会党和社会党——辛亥革命的一个侧面》，收入华中师范大学历史研究所、中南地区辛亥革命史研究会编《国外辛亥革命史研究动态》（第二辑），1983年11月；曾业英《民元前后的江亢虎与中国社会党》，《历史研究》1980年第6期；黄彦《中国社会党述评》，《近代中国》第14辑，2004。

察中国社会党作为一种全新组织的特殊性，试图从思想、实践及党员三个角度，考察其在实际运作过程之中遭遇的种种龃龉与困境。

二 主义与实践

清末有两大无政府主义流派，分别是东京的天义派与巴黎的新世纪派。在1924年的一次演讲中，江亢虎自称清末曾在日本长时间逗留，与幸德秋水、堺利彦等日本无政府主义者——他们跟天义派往来密切——有过来往，之后也在《新世纪》上发表过文章。在阐述自己对社会主义的最初认识时，他说："中国人方面只认识了张溥泉一个……在东京留学时代实是和我研究社会主义最初的朋友。"① 张溥泉即张继，恰恰是目前已知的唯一先后参与了天义派和新世纪派的无政府主义者。也就是说，天义派和新世纪派都有可能对江亢虎产生过影响。

所谓无政府主义，从字面意思可以看出，其核心在于反对政府，因而格外受到清末革命者的青睐，一时成为颇有影响的思潮。不过，虽然同为革命，但无政府主义革命与同盟会的种族革命毕竟不同。天义派的核心人物刘师培、何震与同盟会的决裂，乃是在《天义》杂志发行之前，所以可以尽情地以无政府革命来批判种族革命。② 新世纪派的主要成员同时也都是同盟会成员，所以只能在种族革命与无政府革命之间进行调和。在《新世纪》上刊登的对无政府主义的质疑，最常见的也是以种族革命来质疑无政府革命。对此，新世纪派以不同的方式进行回应，但总的来说，此时双方推翻清廷的目的一致，却回避了推翻清廷之后如何解决双方的分歧这个问题。③

1912年共和国家仓促建立，本就是同盟会元老的新世纪派可以顺理成章地回国分享革命成果，张继甚至官至国会参议院议长，不再提无政府革命的主张。不过，当初无政府主义的理想却在一个组织中保留下来，即进德会。进德会的发起人为李石曾、吴稚晖、张继与汪精卫，除

---

① 江亢虎：《近世三大主义与中国》，南方大学京校出版部，1924。
② 刘师培对种族革命的批判，在《论种族革命与无政府革命之得失》（《天义》第6、7期，1907年）一文里体现得最为集中。
③ 如真：《与友人论种族革命党及社会革命党》，《新世纪》第8号，1907年8月10日。

汪精卫外其他人都是"新世纪"的主要成员。进德会有三条基本会约："不狎邪，不赌博，不置妾。"此外，特别设立了甲、乙、丙三部，逐步追求更高的进德标准。在三条基本会约的基础上，最低级别的甲部多了一条"不作官吏"，再高级别的乙部又多了两条，即"不作议员、不吸烟"。不管是不做官吏还是不做议员，都带有无政府主义的意味。与此同时，通常被认为民初最激进的无政府主义者是广州的师复，然而师复组织的心社，最初也不过是在进德会的基础上做些扩充，提出了十二件"不为"之事作为规约。① 这十二条规约确实比进德会更加激进，也更具无政府主义色彩，其中包括"不称族姓""不婚姻"。② 但心社为了吸引别人加入，甚至专门规定入会者只需写明赞成哪几项即可入会，而不必完全遵守十二条。③ 直至国民党与袁世凯政府彻底决裂的二次革命开始之后的1913年8月20日，多年来与同盟会、国民党往来密切的师复，才编辑出版《晦鸣录》，公开提倡无政府主义，反对政府。

在共和政治之下，新世纪同人与师复的心社都采取了相同的个人修身方式公开践行无政府主义，以个人自由的名义选择回避政府，从而避免了对其组织合法性的质疑。然而这种方式对中国社会党并不适用，因为中国社会党是一个具有政治诉求的整体，需要以组织的形式去践行主义。在清末无政府主义者的笔下，"无政府主义"与"社会主义"基本处于混用的状态；而作为以政党形式建立的组织，在选择了较无政府主义平和的社会主义进而以此为基础形成组织之后，中国社会党必须以党纲的形式确立起组织的政治主张。

1911年11月8日，中国社会党刚刚成立三天，即在《民立报》上公布了自己的名称，并公开揭橥八条政纲。11月24日，又在《民立报》上发表了党纲的最终版本，其中规定该党宗旨如下："（1）赞成共和；（2）融化种界；（3）改良法律，尊重个人；（4）破除世袭遗产制度；（5）组织公共机关，普及平民教育；（6）振兴直接生利之事业，

---

① 莫纪彭：《回忆师复》，《莫纪彭先生访问记录》，台北，"中研院"近代史研究所，1997，第52页。师复，原名刘韶彬，先后更名刘思复、刘师复，1912年宣布废姓，此后遂以"师复"名世。
② 《心社趣意书》，《时事画报》第1期，1912年9月。
③ 莫纪彭：《回忆师复》，《莫纪彭先生访问记录》，第58页。

奖励劳动家；（7）专征地税，罢免一切税；（8）限制军备，并力军备以外之竞争。"① 与最初公布的版本相比，唯一的修改之处就是将"企望共和"改为"赞成共和"，原因完全是时局的变化。

江亢虎说这份党纲完全出于他自己之手，② 并称之为"折衷派之党规"。③ 八条宗旨，除第一条用于表明立场之外，其他七条以实践为目的，而且每一条在民元以前都有迹可寻。比如第八条"限制军备，并力军备以外之竞争"，实则李石曾在《新世纪》上发表的《续无政府说》之中提出的四大主张，第一条就是反对军备。④ 但这份党纲也按照国家的框架进行了改动，将原先主张的借消灭军备以断绝国与国之间的竞争，修正为只是限制军备，并允许国家之间以其他形式进行竞争。

1913年10月，身在美国的江亢虎将自己此前所写的文章编纂成《洪水集》，并在每篇文章之后添加了一些按语。在《中国社会党宣告》这篇文章后面，江亢虎为每条宗旨添上新的解释，特意突出了第四条"破除世袭遗产制度"与第五条"组织公共机关，普及平民教育"的重要性。⑤

这两条为何被当作该党宗旨的核心内容？答案要从1909年江亢虎匿名发表在《新世纪》上的《无家庭主义》一文中去寻找。江亢虎对此文相当看重，以至于在1912年3月出版的《社会党月刊》第一期中又托名"徐徐"，写作了《无家庭主义意见书》。在1909年的文章中，江亢虎对于提倡无家庭主义的原因语焉不详，只是说借助无家庭主义，"无政府主义、均财产主义亦必基此以推行"。1912年的文章则在一开头就明确写道，人生在世实际上受到三重压迫，即"政府之迫压、宗教之锢蔽、家庭之牵制"。与其余两种压迫相比，"家庭为害尤甚"。"破家庭较之废宗教、倾政府，论事则根本之图，而程功则咄嗟立办，更不难以平和手段得之。"至于破除家庭的手段，无非是设立一系列的公共机构，"以示模范而利推行"。他认为，"一切之枢机"在于平等，"自

---

① 《破天荒之社会党》，《民立报》1911年11月24日。
② 江亢虎：《中国社会党宣告（附录）》，《中国近代思想家文库·江亢虎卷》，第116页。
③ 江亢虎：《中国社会党重大问（题）之答案》，《社会党月刊》第2期，1912年4月。
④ 民：《续无政府说》，《新世纪》第60号，1908年8月15日。
⑤ 江亢虎：《中国社会党宣告（附录）》，《中国近代思想家文库·江亢虎卷》，第116页。

初生至成年，无论何人，教育平等，而能力平等"。在他看来，"贵贱贫富各阶级，皆由世袭遗产制度而生"，因此破除世袭遗产制度是"一切之张本"。破除世袭遗产制度，是破除阶级区分、打破阶级区隔的最主要手段，同时也有另一方面的作用，即充公的遗产可以成为建设公共机关的主要经费来源，"生时所蓄余资，死则收入公中，教养诸费资焉"。① 不管是破除家庭的想法，还是通过一系列公共机构来破除家庭之思路，在晚清和民国时期都不算新鲜。江亢虎发表此文之前，至少可以列举出康有为、蔡元培、刘师培的例子，他们都有过类似的设想，之后的例子更是不胜枚举。② 至于遗产造成了阶级分化，这种认识在江亢虎之前也有人在《新世纪》上提到过，③ 江亢虎的想法有可能受到了其启发。不过，江亢虎关于无家庭的论述，有一点在当时的中文世界确实独一无二，即以遗产充公的方式来打破社会阶级的区隔，并以充公的遗产作为公共机构的资金来源。江亢虎对此极为得意，宣称借助这部党纲，"本党之宗旨，不违反国家社会主义，而可达到无治共产主义。本党之性质，可以在野，可以在朝，可以为政党，可以不为政党"。④

既然已经借党纲明确了以何种方式实践无政府主义，那么具体的步骤自然也开始着手制定。中国社会党的章程规定，该组织的具体事务有五项："发行机关杂志、传单、小册"；"定期或临时开讲演会"；"组织公共之产科医院、蒙养院、小学、中学，破除家庭制度"；"建设社会银行，筹划遗产归公之方策"；"置备土地，办理农工商业团，为党员之实际试验场"。⑤ 这些规定，同样是紧紧围绕上述两条宗旨展开的。

然而，根据《民立报》上的《社会党消息》，我们对中国社会党各支部呈报给本部的各项活动加以整理之后可以发现，尽管章程中对于党员的事务做出了详细规定，但在缺乏本部系统组织的情况之下，各地支部最主要的事务只有一件，即开办平民小学，只有个别支部在办学以外

---

① 某君：《无家庭主义》，《新世纪》第93号，1909年4月17日；徐徐：《无家庭主义意见书》，《社会党月刊》第1期，1912年3月。
② 参见赵妍杰《家庭革命：清末民初读书人的憧憬》，社会科学文献出版社，2020，第42~43页。
③ 鞠普：《毁家谭》，《新世纪》第49号，1908年5月13日。
④ 江亢虎：《中国社会党宣告（附录）》，《中国近代思想家文库·江亢虎卷》，第116页。
⑤ 《破天荒之社会党》，《民立报》1911年11月24日。

开设了其他机构。至于经费来源，则以兴办实业所得为主，而非一开始构想的遗产归公。大部分的支部都选择兴办实业，有些支部甚至将实业作为自己事业的中心。① 由此，中国社会党给外人的印象，就更接近于社会教育机构或者慈善组织，而非旨在破除家庭制度、推动社会变革的政治组织。

既然实际运作过程中的经费主要来自兴办实业，那么原先党纲之中规定的党内经费的来源，也就是作为基本宗旨的遗产归公，又遇到了什么问题？1912年6月，有党员郭究竟试图在天津建立支部，向警署申请立案称："本党性质系改良社会，与政府各趋一途，不相统系，且纯粹为政府对待之团体。"② 为了此事，直隶都督张锡銮亲自将中国社会党党纲呈送内务部，询问是否允许立案。③ 内务部认为应不予立案，依据正是党纲中破除世袭遗产的条款："查该党宣告、规章，有破除世袭遗产制度等语，核与中华民国临时约法第六条第三款，人民有保有财产之自由之规定相抵触。盖临时约法既明定保护私有财产制度，而该会党乃欲破除私有财产制度，若竟听其见诸实行，不惟约法精神因而破坏，抑且安宁秩序大有所妨。现在国体方新，倘社会之基础稍虞动摇，即国家之治安难以维系。该会党所请立案之处，应不准行。"④ 江亢虎很快回信辩称，遗产归公目前只是"学理的断案，尚未着手于实行"，⑤ 即便实行的话，也有一定的程序，即党员生前自愿立下遗嘱，死后将遗产捐入公共机关。这种方式，属于党员对自己财产的自由处置，符合临时

---

① 关于各地经费紧张的情况，在《社会党消息》之中常有涉及。例如11月6日，扬州部报告"经济困难一切情形"。11月7日，宿迁部报告"经费支绌"。北京支部曹百善的回忆则称，"当时党中极穷，人称穷党"（张次溪：《陈翼龙先生事迹汇辑》，全国政协文史资料研究委员会编《文史资料选辑》第75辑，文史资料出版社，1981，第47页）。据1912年5月28日《民立报》中的《张克恭启事》，南京部因为经费实在紧张，曾经想将事务所办事处移做实业之用，被本部制止。
② 《张锡銮关于中国社会党天津支部请求立案咨》（1912年6月11日），中国第二历史档案馆编《中国无政府主义和中国社会党》，江苏人民出版社，1981，第170页。
③ 《张锡銮检送中国社会党章程党纲咨》（1912年7月5日），中国第二历史档案馆编《中国无政府主义和中国社会党》，第172页。
④ 《内务部关于中国社会党宣告规章与临时约法抵触应不准立案咨稿》（1912年7月18日），中国第二历史档案馆编《中国无政府主义和中国社会党》，第177页。
⑤ 《江亢虎呈》（1912年7月26日），中国第二历史档案馆编《中国无政府主义和中国社会党》，第178页。

约法中有关财产自由的规定。此后，社会党本部、南昌部、苏州部、盛泽部、新市部、苏州部、重庆部等也纷纷致信内务部辩诬，大致不出江亢虎的逻辑。①

以党员自由决定遗产是否归公为由替遗产归公辩护，似乎意味着中国社会党依然不得不走上其余无政府主义者借成员自由选择为名回避政府刁难的老路。无法一以贯之推及全党的党纲，自然难以称之为党纲。这种任凭党员自由选择的说法，也正给内务部口实。收到这些信以后，8月23日，内务部依然禁止各省中国社会党立案，并在公函中写道："该党之意是否如普通所称'社会主义'，一切打破现在制度，虽未明言，而倡议破坏遗产制度则载在党章，是意在以均贫富之说，打破现在制度……为维持国家秩序，应不予以立案。旋有自称社会员［党］支部或党员者，纷纷发来函电，声明系用遗嘱方法处分财产云云。但此尽可由个人自由意思行之，无须立党，亦即无须立案。若召集多数人民主张破除现制，即属事关公共秩序，本部即碍难准予立案。"②

三 在无政府主义与社会主义之间

社会党是欧美各国普遍存在的一种政党，各国社会党几乎无一例外都是国会之中的重要力量。中国社会党对此心知肚明，因为在其创办的杂志上经常有关于各国社会党在议会中活动的报道。然而，中国社会党却从一开始就拒斥"政党"的名义，而将自己定义为"社会党"。江亢虎明确写道："社会党者，社会党也，非政党。"③ 这种特殊心态，吴稚晖1912年在中国社会党本部发表的一次演讲中体现得最为明显："世界各国尚无真社会党，法、意等国虽多有研究之者，究竟尚未实现。英、德二国之社会党，特一种社会政策，仅可谓之假社会党而已。世界无难事，在为之者之毅力。各国尚无真社会党，中国亦不妨先各国而有。非

---

① 《上海中国社会党本部等解释破除世袭遗产制度不抵触临时约法有关文件》（1912年8月），中国第二历史档案馆编《中国无政府主义和中国社会党》，第179~181页。
② 《内务部关于中国社会党破坏现行制度通行各省不准立案文稿》（1912年8月23日），中国第二历史档案馆编《中国无政府主义和中国社会党》，第184页。
③ 江亢虎：《中国社会党重大问题》，《社会党月刊》第1期，1912年3月。

东方之人必步西方人之后尘的,即中国不能即望此种主义之实现,亦不妨先树真社会党之标志。"① 那么,什么是"真社会党"?"社会党"这一名词究竟有何渊源?对此有必要稍加梳理。

1903年,梁启超在日本横滨出版的《新民丛报》刊登一则新书广告,介绍赵必振译自日本学者福井准造的《近世社会主义》。文中提到,该书关系中国前途者有两点,其中第二点尤其值得注意:"中国之组织党派者,当此幼稚时代,宗旨混淆,目的纷杂,每每误入于歧途,而社会党与无政府党,尤在疑似之间,易淆耳目。如社会党本世界所欢迎,而无政府党乃世界所嫌恶,混而一之,贻祸匪浅。"② 论者之所以提到这种"混淆",并非毫无原因。《新民丛报》两个月前刊登的另一篇文章,即罗普的《政党论》,此文历来被认为是20世纪初中国讨论政党的最重要的文章之一,其中就将社会党与无政府党、虚无党混为一谈。文章明确断言:"夫各国社会党、无政府党、虚无党,此未尝与政治无间接关系者也,惟其专心肆力于最急激、最危险之运动,不可不以神秘为用,此其所以终不得与于政党之列也。"③

不管是新世纪派还是天义派,都曾与"社会党"发生过关联。1907年7月12日出版的《新世纪》第5号,刊载了一篇针对批评新世纪的来稿的反驳文章。这篇文章很有可能是自导自演,作者号称"非社会党",并以"贵社会党"来称呼新世纪派。由此可见,新世纪派虽然是一个无政府主义派别,但也曾经常以"社会党"自居。对于这一事实,《新世纪》的主编李石曾并不否认,甚至声称:"夫社会党亦众人所得而为之,非吾辈之私产。"④ 另一份无政府主义派的刊物《天义》,围绕社会党与政党的关系开展过更加频繁的讨论。刘师培、何震等人是该刊的主要作者,他们与日本社会党中的直接行动派,比如片山潜、幸德秋水等往来密切。幸德秋水等人批评日本社会党中的议会政策派,刘师培等人在中国找不到直接的讨论对象,便将批评的矛头指

---

① 《好东西:吴稚晖之社会主义谈》,《天声》第1期,1912年。
② 《新书出版广告》,《新民丛报》第29号,1903年4月。
③ 罗普:《政党论》,《新民丛报》第25号,1903年2月。
④ 真:《驳新世纪丛书革命(非社会党来稿)附答》,《新世纪》第5号,1907年7月20日。

向欧美的社会党，认为"各社会党人多持议会政策，此实社会党唯一之卑鄙政策也"。①

中国社会党尽管以"社会主义"为标榜，但其论述中又夹杂着无政府主义的许多元素。因为早在该组织成立以前，无政府主义即在中国颇有影响，相比之下，社会主义则还较少为人所知，并且往往被与无政府主义相提并论。1912年4月，江亢虎公开宣称，自己主张的其实就是无政府主义，并且将之与社会主义混为一谈："鄙人个人夙所主张，与其谓为国家社会主义，毋宁谓为无政府社会主义。"②但是江亢虎意识到，作为一个公开的组织去倡导无政府主义，这其实不合时宜，"惟有秘密结社则已"。③同时他也感到作为中国社会党的党首，也实在不宜发表与无政府主义有关的言论："鄙人因承乏本党主任，而言论行动，种种不自由。设一旦而得脱离此关系，必更有新颖之理想，奇辟之文字……盖此等新颖之理想，奇辟之文字，以今日所处之地位，实不暇为，且不敢为，深恐骇人听闻，惹人讥评，以牵动本党大局耳。"④

然而即便如此，中国社会党一开始仍然有成为政党的意愿。该党成立伊始，其党员就发起成立了一个叫作"共和建设会"的组织，并在发起通告中声称要成为"将来议院之先声"。⑤该组织背后的中国社会党背景显而易见。共和建设会的联络机关就是中国社会党本部，其每次会议江亢虎都参与，并在12月3日选举会长的投票中位居第二名。1912年3月，在被章士钊称为"有政党自是日始"的统一党成立之后，江亢虎又发表《中国社会党重大问题》一文，⑥要求将中国社会党改组成为政党，并提议在预备于当年11月召开的第二次联合大会上专门讨论此事。江亢虎仍然相信中国社会党作为"社会党"难以直接参加议会成为政党，必须经过改造，但他依然表露出希望中国社会党能在某种程度上成为政党的意愿。

---

① 申叔：《社会主义与国会政策》，《天义》第13、14期合刊，1907年12月30日。
② 江亢虎：《中国社会党重大问题》，《社会党月刊》第1期，1912年3月。
③ 江亢虎：《中国社会党宣言》，《民立报》1912年11月3日。
④ 江亢虎：《中国社会党重大问题》，《社会党月刊》第1期，1912年3月。
⑤ 《发起共和建设会通告》，《申报》1911年11月15日。
⑥ 江亢虎：《中国社会党重大问题》，《社会党月刊》第1期，1912年3月。

不管是共和建设会还是江亢虎的政党改造计划,最终都以失败收尾。江亢虎发起的"重大问题之讨论",甚至导致党内最激进的一批无政府主义者从中国社会党脱离出去,成立了另一个叫作"社会党"的组织,后者极力批判中国社会党对国家框架进行的妥协。① 当然,这个"社会党"很快被"国家"解散了。② 究其原因在于,随着组织的扩大,中国社会党所提倡的社会主义实际上逐渐趋于无政府主义。

江亢虎与党内无政府主义的代表人物沙淦对"狭义社会主义"这一名词的不同解释,即反映了这一变化。1911年12月,为反驳宋教仁所做的《社会主义商榷》,江亢虎发表了《〈社会主义商榷〉案》,其中第一次提到了"狭义社会主义"与"广义社会主义"。在江亢虎看来,"狭义社会主义"是一种理想状态,"无国家、种族、家庭、宗教等等界限,而以个人为单纯之分子,世界为直接之团体";而广义社会主义则指各种具体的社会主义门类,主要包括共产主义和社会民主主义在内,它们之于狭义社会主义或者世界社会主义,只是"一过渡之手续耳"。几个月之后,沙淦撰文予以回应,在江亢虎的分类基础上,沙淦将狭义社会主义与广义社会主义直接对立起来。在沙淦笔下,广义社会主义即等同于国家社会主义:"欲于现在社会组织之下,谋有以矫正个人主义之流弊者也",手段为"以国家之权能,干涉私人之产业,移富豪独占之财产,维持社会之调和,而期国家之安宁";而狭义社会主义,按照沙淦的理解就是"欲破坏现在之社会组织,以谋建设者也,是为社会革命主义",其手段在于"以个人之铁血,颠覆无益之政府,破坏现社会之制度,建设新社会之事业"。③ 沙淦所说的狭义社会主义,就是无政府主义。因此在沙淦这里,广义社会主义与狭义社会主义的对立,也就成了无政府主义与国家社会主义的对立。面对这一组对立的关系,沙淦对狭义社会主义大加赞扬,同时却横加鞭挞国家社会主义。在他看来,狭义社会主义是"真社会主义也,真平等也,真自由也,真亲爱也。以个人之牺牲而为多数谋幸福,非实行社会主义何";而广义社

---

① 社会党对中国社会党的批判文字,主要发表在《社会世界》第5期,1912年11月。
② 《大总统秘书厅等检送社会党缘起约章并通行各省区严行诫禁文件》(1912年11月),《中国无政府主义和中国社会党》,第185页。
③ 愤侠:《狭义社会主义与广义社会主义》,《社会世界》第1期,1912年4月。

会主义则是"伪社会主义也，不平等也，不自由也，不亲爱也，以专制之手段而抑人民之自由，非假词以愚人民何"。①

对于"狭义社会主义"这一概念，沙淦的定义与江亢虎完全相左，因此，中国社会党对于二者的接受情况，代表了党内的主流认知到底是偏向社会主义还是无政府主义。中国社会党本部与汉口支部的一番通信，提供了这方面的具体例子。汉口支部致信本部，表示自己信仰无政府主义，因此要求脱离中国社会党。1912 年 11 月，本部回信予以劝阻，并且解释说本党所采取的策略是："一面主张广义的折中的社会主义，保持原有社会党之大团体，谋鼓吹号召之便，成坐起言行之功；一面商榷狭义的极端的社会主义，发起三二学社之小团体，征集纯粹分子交换智识，讨论问题，以学问为前提，作事实之准备。"② 由此可见，沙淦的主张已被中国社会党接受，在其官方叙事中，狭义社会主义即等同于无政府主义。一个月以后，狭义社会主义与广义社会主义的关系再次被提起，本部则明确回答说："最狭义为无政府，广义为一国。"③

江亢虎本人的思想，也显示了从社会主义到无政府主义的转向。早在中国社会党成立之前，江亢虎就提出了"三无主义"，即无家庭、无宗教、无国家。1912 年 3 月，江亢虎再度提及"三无主义"，此时"无国家"被换成了"无政府"。④ 而在此后的一次演讲中，江亢虎更将三无主义与无政府主义明确等同起来。⑤

中国社会党为何会转向无政府主义？沙淦的例子或许可以作为参考。沙淦并非中国社会党的最初成员，他早年曾经前往日本游学，可能受到了"天义派"无政府主义者的影响。武昌起义爆发后，他回到国内，1912 年 1 月加入中国社会党。⑥ 另一位著名党员顾颉刚的故事有点类似，他在 1912 年 1 月中国社会党苏州支部成立一周之后加入，

---

① 愤侠：《狭义社会主义与广义社会主义》，《社会世界》第 1 期，1912 年 4 月。
② 《社会党消息》，《民立报》1912 年 11 月 28 日。
③ 《社会党消息》，《民立报》1912 年 12 月 5 日。
④ 江亢虎：《中国社会党重大问题》，《社会党月刊》第 1 期，1912 年 3 月。
⑤ 岑庐笔记《江浙潮声：江亢虎之大演讲》，《天声》第 1 期，1912 年。
⑥ 梁朱明：《沙淦烈士事略》，中国人民政治协商会议江苏省南通市委员会文史资料研究委员会编《南通文史资料》第 17 辑，第 279 页。

是因为1910年8月杨毓麟自杀之后，他曾经读到过报纸上刊载的介绍其社会主义主张的文字。① 然而，杨毓麟其实也是一名无政府主义者，所以顾颉刚在加入中国社会党之后，谈到主义时这样声称："社会党极端主义，必在于无政府，非然者，不足谓为真正之社会主义。"② 由此可见，中国社会党之所以转向无政府主义，很有可能是因为在扩大组织的过程中，大量无政府主义者被吸纳进来。由此，该组织的"主义"更多地体现了无政府主义的色彩，同时也逐渐远离了"政党"的面貌。

四 主义与党员

1912年11月24日，成立半个多月的中国社会党公开发表了关于党员资格的规定："一、满十六岁以上无精神病者；二、曾受普通教育者，能自营生计者。凡入党者须亲到各该部填写誓书。党员不分国界、种界、宗教界，无论男女，义务、权利平等。"③ 由此看来，加入该党几乎无任何门槛限制。叶圣陶的入党经历也表明，中国社会党的党员资格极易获得，仅需"各具誓约纸一书，购徽章各一"。④

中国社会党自成立之初，即以"主义"为号召来吸纳党员、扩大组织规模，希望走一条"主义"与普通民众相结合的发展道路。前述顾颉刚的入党经历即体现了这一点。基于对社会主义的信服，顾颉刚不仅鼓动同学一同加入中国社会党，入党之后也始终热心于党务，甚至瞒着家里前往天津，协助苏州支部创始人之一陈翼龙一同筹建天津支部。⑤ 多年以后，他自称是"一个最热心的党员"。⑥ "主义"的力量由此可见一斑。然而，顾颉刚现象似乎只是特例。苏州支部负责人陈翼龙曾私下向他抱怨，尽管半个月之内该支部已经有了三百多个党员，但包

---

① 《叶圣陶日记》，1911年11月22日，载《新文学史料》1983年第1期，第89页。
② 崇侠：《答党员顾诵坤书》，《社会世界》第4期，1912年7月15日。
③ 《破天荒之社会党》，《民立报》1912年11月24日。
④ 《叶圣陶日记》，1912年1月14日，《叶圣陶集》（十九），江苏教育出版社，2004，第84页。
⑤ 商金林撰著《叶圣陶年谱长编》第1卷，人民教育出版社，2004，第106页。
⑥ 顾颉刚：《古史辨自序》，中华书局，2006，第66页。

括顾颉刚与叶圣陶,明了社会主义的只有二三十人。① 从普通党员写给本部的信件来看,他们之所以加入中国社会党,绝大多数只是希望为自己带来直接的利益。

从组织架构来看,出于平等的观念,中国社会党不设置党魁,同时对党员不设置特别的职务。② 本部与支部之间并非严格的上下级关系,采取的是"联络主义",而不是"干涉主义"。③ 其党纲中还规定:"党员得在本党宗旨范围内,以一特别目的组成各种小团体。党员得在本党宗旨范围内,以个人意志自由行动。"④ 省一级的支部对于市级或者更低级别的支部也是如此,并不拥有对后者的管辖权。中国社会党号称有400多个支部、50多万名党员,然而本部只有10余位常任职员。按照上述这种组织机制,其组织管理的效果如何,可以想见。

其实曾有党员提议对组织与党员的行为加以干涉,"对于中国社会党之机关与作用,宜引导之以督正其进行,维系之以统一其精神"。⑤ 这一提议,却遭到激进的无政府主义者、中国社会党成员太虚的极力反对,认为这是变个人本位为团体本位,违背了社会主义的精神。⑥ 太虚后来又提出"以感化代干涉"的方案,认为只需让党员充分了解社会主义,就可以使团体得到改善:"党员于道德上有缺点,可多开讲演会,昌明社会主义,而感化之。务使党员皆了解社会主义,党员固人人了解社会主义,则其个人之道德自必日趋完善。个人之道德既完善,人人皆自治,不必为人治,则团体自良好。"⑦

由此导致的后果是,党员自行组织的小团体以及各地的支部,往往使中国社会党陷入潜在的动乱危机。1912年1月26日,太虚创设的佛教协进会借镇江金山江天寺的场地召开会议,讨论佛教事宜,军、商、学各界莅会者计五六百人。然而与会的代表却临时起意,强迫江天寺住

---

① 《叶圣陶日记》,1912年2月7日,第92页。
② 江亢虎:《中国社会党宣告(附录)》,《中国近代思想家文库·江亢虎卷》,第116页。
③ 《社会党消息》,《民立报》1913年6月30日。
④ 《破天荒之社会党》,《民立报》1912年11月24日。
⑤ 殷仁:《再论干涉与放任》,《社会党日刊》第47号,1912年3月25日。
⑥ 太虚:《干涉与放任》,《社会党日刊》第47号,1912年3月25日。
⑦ 太虚:《以感化代干涉议》,《社会党日刊》第52号,1912年3月30日。

持青权表态，意图强占江天寺庙设佛教速成学堂，由此引发一场流血事件。① 这件事情轰动一时，以至于时任临时政府教育总长、曾经也是无政府主义者的蔡元培，事后亲自致电中国社会党本部，要求处理此事，并提醒江亢虎及其同志注意，"勿使我辈所爱敬之社会党及佛教徒为人诟病"。对此，江亢虎回复称："佛教协进会乃本党员僧太虚以私人名义发起，非本党直接事业，本党不负责任，鄙人亦无暇预闻。"② 江亢虎显然认为，党员的个人行动与党组织无关。不过事实并非如此。太虚后来也承认，在此次占寺风波中，自己其实倚仗了中国社会党的势力。那天佛教协进会开会，各界来宾比僧众还多，其中主要是镇江社会党员，而且有人以手杖打人，于是"寂山、青权等慑伏"。③

中国社会党党员有时会以"主义"的名义强占公地。常州支部曾向本部反映："往往有党员在乡设事务分所，利用遗产归公一条，强占公产公款，动辄与议会交涉，甚至包揽词讼，而行政官厅因此鄙薄党会，而支部不知也。"④ 中国社会党苏州支部主任干事李二我，想将苏州贡院改建为乞丐习艺所，苏州民政司长沈恩孚对此表示为难："贡院乃九县之公地，须商之，九县士绅恐难允许。"李二我却拿大帽子压人："民政司为一省人民表率，尚有界限横于胸中，何怪一般无识乡愚，终日以共和为不是。"⑤ 从这件事，或许可略微窥见一些社会党党员强占公地的心态。多年之后，顾颉刚在隐瞒了自己曾经的中国社会党党员身份的前提下，也直白地写道："民国初年的社会党，势力尚是不大，只是为了'无家庭'、'恋爱自由'几句新颖的话，被流氓、滑头、没道理人假借利用。男子抱了个'狎妓'主义，来入党引诱女子；女子也抱了个'倚门卖笑'的宗旨，来入党引诱男子。社会主义的好处没有见得些微效果，这'肉欲本能'，却格外的发挥周至。"⑥

在一些地方，中国社会党的支部甚至直接加入由民间会党发起的反

---

① 参见《佛教徒全无慈悲之心》，《民立报》1912年3月2日；《和尚自相冲突》，《民立报》1912年3月11日；《恶僧相残之真相》，《民立报》1912年3月15日。
② 《蔡元培与江亢虎往来电》，《民立报》1912年2月11日。
③ 太虚：《佛学常识》，江苏人民出版社，2014，第222页。
④ 《社会党常州部意见书》，《社会党月刊》第4期，1912年11月。
⑤ 《社会党与民政司》，《民立报》1912年2月18日。
⑥ 顾诚吾：《对于旧家庭的感想》，《新潮》第1卷第2号，1919年2月。

叛活动，原因似乎在于会党起义时惯用的带有乌托邦色彩的口号与名义，被中国社会党的地方党员认为与本党主义相符。1912年6月，曾为鄂北江湖会成员的襄阳混成协统领张国荃起事，① 标举"社会革命军"大旗，以"均贫富""改良社会"为号召。这次举事，得到了社会党在襄樊当地成员的附和。② 1913年2月，浙江宁海县的"大同党"暴动，据闻社会党也有参与。③

1913年8月7日，袁世凯下令解散中国社会党。④ 此前两天，中国社会党北京支部总干事陈翼龙在北京被捕，⑤ 不久即被处决，原因据称是卷入二次革命。据北京支部两位党员曹嘉荫和曹百善的回忆，当时北京支部已与本部基本脱离关系，且被陈翼龙改名为"万国社会党中国总部"。⑥ 为此，江亢虎曾与袁世凯当局交涉，但没有取得效果。8月31日，江亢虎紧急召集中国社会党第三次联合大会，在会上宣布去职，随后赴美。由此，持续了一年零九个月之后，得益于共和制度的建立而创办的中国社会党，也因为共和制度的顿挫而终结。

结　语

本文试图通过中国社会党这一案例，来透视民初出现的一种特殊类型的民间结社——"民党"的历史。中国社会党进行的结社尝试，是在获得由宪法赋予的合法身份之后，以"社会"作为平台，将一种具有反体制和世界主义倾向的外来思想以党纲形式固定下来，一方面尽力避免与国家框架发生冲突，另一方面以组织的形式付诸实践，从而在近代中国首次践行了一种"主义+群众"的组织形式，并在短时间内吸

---

① 华中师范学院中国近代史教研组：《辛亥革命时期的鄂北江湖会》，《江汉学报》1961年第3期。
② 《湖北之不良会党》，《申报》1912年7月7日。
③ 《宁海党匪徒乱详记》，《民立报》1913年2月20日。
④ 《大总统解散中国社会党令》（1913年8月7日），《中国无政府主义与中国社会党》，第205页。
⑤ 《京师警察厅请通电各省解散中国社会党呈》（1913年8月5日），《中国无政府主义与中国社会党》，第202页。
⑥ 曹百善：《曹百善谈话》，《文史资料选辑（合订本）》第26卷第75辑，第33页；曹嘉荫：《曹嘉荫谈话》，《文史资料选辑（合订本）》第26卷第75辑，第34页。

收了数目相当可观的成员。

然而，随着实践的推进，中国社会党面临的问题却越发暴露出来。尽管组织的主张已经通过党纲得到体现，并以开展实践为目标，但各个支部的具体活动却根据各自的情况而开展，往往只注重某个侧面，因而难以达到党纲所设想的效果。而且，组织的主张虽然以党纲的形式呈现，然而对于主义有所了解的党员的自由讨论，却又将无政府主义中更多的反体制内容重新带入进来。此外，组织对于党员缺乏约束力，社会主义的主张甚至成为普通党员胡作非为乃至加入反叛性活动的借口。在江亢虎看来已经足够贴合国家框架的党纲，当局却依然不能满意并认为与约法冲突。为此，中国社会党只能一再让步，由此导致作为组织存在的合理性被否认。最终，在政党政治破灭带来的剑拔弩张的政治形势下，庞大的组织成为一种负担，单一党员的个人政治选择却危及了整个组织，中国社会党被彻底终结。

中国社会党在主义上的折中与组织上的混乱，使当时的亲历者与后来的研究者对其普遍评价不高。① 然而这种折中与混乱，实际上是在主义与实践两方面的压力之下被迫妥协、互相牺牲的结果。中国社会党此时未能解决的问题，后来者同样还会遇到。

---

① 如顾颉刚说："入党多时之后，我瞧着一班同党渐渐的不像样了。他们没有主义，开会演说时固然悲壮得很，但会散之后就把这些热情丢入无何有之乡了。他们说的话，永远是几句照例话，谁也不想把口头的主义作事实的研究。"顾颉刚：《古史辨自序》，第66页。冯自由写道："他们创办的人对于社会主义的道理和派别，很不清楚，所收罗的党员真是莫名其妙。"冯自由：《社会主义与中国》，香港，社会主义研究所，1920，第5页。王汎森认为："江是一个机会主义者。"王汎森：《中国近代思想与学术的系谱》，三联书店，2018，第262页。阿里夫·德里克（Arif Dirlik）认为："江亢虎的社会主义常常好像是矛盾的，混乱的。"〔美〕阿里夫·德里克：《中国革命中的无政府主义》，孙宜学译，广西师范大学出版社，2006，第125页。

制度实践与地方社会

——民元江苏的县官选举

王亚飞[*]

前 言

1911年10月，武昌枪响后，江苏巡抚程德全脱离清廷，成立江苏都督府，传檄各县"奉宪独立",[①] 并很快召集江苏临时省议会。在改革地方官制时，江苏确立了各县行政长官（即民政长）由选举产生的机制，县官选举又须以地方自治为前提。到1912年底，江苏一省仅常熟、太仓成功选出了县官。武进、嘉定、昆山、华亭等县试图举办选举，但未有结果。为全面推行县官民选，江苏都督程德全限定各县务必于1912年底以前成立自治机关，以便次年选举县官。[②] 不过，1912年11月临时大总统袁世凯发布训令，强调官员之任免权属于中央,[③] 这使得江苏的县官选举机制顿然失效。12月初，作为施行选举依据的《县民政长选举章程》正式废止。[④] 因是之故，江苏原定于1913年全省各县进行县官民选的计划也就彻底落空。

县官民选是对清代官员选拔制度的一次颠覆。首先，其否定了由上到下的任免机制，这意味着县官的合法性来源于"公民"的投

---

[*] 王亚飞，华东师范大学历史学系博士研究生。
[①] 杨克斋：《太仓光复纪闻》，扬州师范学院历史系编《辛亥革命江苏地区史料》，香港大东图书公司，1980，第213~214页。
[②] 《通令各县一律于民国二年四月办理县民政长选举》，《江苏省公报》第50期，1912年10月3日，第2~3页。
[③] 《临时大总统训令第二号》，中国第二历史档案馆编《政府公报》，上海书店影印版，1988，第7册，第736~737页。
[④] 《通令本省暂行地方制及民政长选举章程作为无效》，《江苏省公报》第80期，1912年12月12日，第1~2页。

票结果，① 而非中央政府的委派。不唯如此，选举的推行还突破了回避制度对县官选用的严格限制，② 这同样是一个相当大胆的突破。如此激进的试验之所以实行，与辛亥革命之初相对宽松的政治环境密不可分。正因为如此，政治生态一旦出现变化，县官民选即难以为继。从较长远的视野来看，选举制可谓近代中国政治转型的方向之一，民元江苏县官选举的制度与实践虽有其特殊的时代条件，但选举过程中产生的"课题"仍具有一定的"共通性"，实有检视之必要。

学界对于清末民初的自治选举及其引发的风潮较为关注，③ 但甚少注意到"官治"层面的选举行为，尤其是民元江苏尝试的县官选举制度，以笔者有限的阅读范围，目前未见专门的讨论。实际上，这一短暂的试验结束不久即被遗忘，即使官方记录亦复如是。如在1913年江苏省行政公署内务司编辑的报告书中，就将常熟、太仓成功选出县官的事实完全抹除。④ 近年来日本学者金子肇已经注意到民元江苏曾规定县官民选，但他同时指出各县仍以地方公推、都督委任为主，因而对县官选举未予关注。⑤ 佐藤仁史在地方史的脉络中，注意到嘉定县"议事会

---

① 自清末兴办地方自治后，朝野均将"公民"作为一个政治概念来使用。当一位"居民"（字面义）具备一定的资格（如性别、年龄、财产、学识等）时，才能成为"公民"（或称"选民"），公民拥有选举权和被选举权，居民则无。
② 回避制度一般分为籍贯与亲族两种。可参阅魏秀梅《清代之回避制度》，"中研院"近代史研究所专刊第66本，1992，第1~2页。
③ 代表性的相关论著有黄东兰《清末地方自治制度的推行与地方社会的反应——川沙"自治风潮"的个案研究》，《开放时代》2002年第3期；周积明、谢丹《晚清新政时期的反地方自治风潮》，《河北学刊》2002年第7期；瞿骏《"走向现代"的悖论——论清末江浙地区的谘议局、地方自治选举》，《史林》2006年第2期。
④ 辛亥革命时，常熟士绅推举丁祖荫为县民政长，太仓士绅推举洪锡范为县民政长。1912年常、太二县依照《县民政长选举章程》选出县官，但由于选出之人均为现任民政长，县官事实上并未发生变动，因而在内务司编辑的报告书所列之《各县知事履历一览表》中，丁祖荫与洪锡范的任命时间均仅标为"辛亥年（1911）九月"，即被地方士绅推举之时间，而1912年选举后的连任时间则只字不提，这样的记录方式遮蔽了1912年县官选举的事实。见江苏省行政公署内务司编《江苏省内务行政报告书》上编，上海著易堂印刷所，1914，第86~87、88页。
⑤ 金子肇『近代中国の中央と地方——民国前期の国家統合と行財政』汲古書院，2008、125頁。地方公推很容易被误认为地方选举，实则二者迥然不同。前者指光复后各县绅商及其结成的团体诸如教育会、商会、农会、县市乡议会等共同推举有声望者担任县官，地方将推举结果呈报都督府获准后，即作为正式官员，各县独立之初大多采用这一方式。后者则须遵照《县民政长选举章程》办理，有严格的规范和具体的流程。

派"与"民政署派"之间选举民政长的纠葛,不过其研究重点不在县官选举本身,因而并未将之纳入制度视野中加以审视。① 总而言之,学界对于民元江苏的县官选举缺乏足够关注,从制度到实践层面的研究皆较薄弱,不少问题尚待厘清。

由此,本文将先梳理《县民政长选举章程》的出台与修订过程,借以说明县官选举的机制、条件、流程,再"深描"常熟县和武进县的案例以展示江苏各县施行县官选举的具体情况。文章重点关注国家失序时江苏颠覆传统制度、重建地方秩序的大胆尝试,由此探讨外来政治模式在中国的"落地"情形和由此引出的各种"课题"。至于以常熟和武进作为考察对象,原因有三点。其一是因为它们分别代表了成功和失败的案例。其二,当时仅常熟、太仓通过投票最终选出了县官,而目前关于太仓方面的材料较为缺乏,难以重建县官选举的具体流程,故以常熟为例以检视办理选举的情形。其三,选取武进则是将之视为试行县官选举的失败案例,其选举纠纷时间绵长、争持程度激烈,并在当时引发广泛关注,具有"典型"意义。自治办理竣事的嘉定、昆山等县也曾筹办过县官选举,但均不如武进典型。

一 从"权力同出一原"到"选举委任折中制":县官选举机制的确立与修订

1911年辛亥革命爆发后,江浙震动。11月初江苏巡抚程德全在苏州宣布脱离清廷独立,成立江苏都督府。11月17日江苏都督府民政司颁行《江苏暂行地方制》,试图建立新的地方官制,将从前之道、府、直隶厅裁撤,在都督之下仅设州、县,实行二级制。旧称为州者仍称州,旧称为县者和旧称为厅者,均改为县。州、县以民政长为行政长官,各州县之民政长由州县议会选举产生,报请都督府核准委任,任期三年。而在议会未成立的州县,暂由都督府委任。州县民政长如有违法及不称职之事,除可经州县议会纠举外,都督府亦有行文免职之权。②

---

① [日]佐藤仁史:《近代中国的乡土意识:清末民初江南的地方精英与地域社会》,北京师范大学出版社,2017,第108~111页。
② 《苏省地方官制之大改革》,《申报》1911年11月18日,第1张后幅第2~3版。

《江苏暂行地方制》初步明确了州县长官以选举方式产生，唯具体操作流程和实施步骤尚不清晰。

颁行《江苏暂行地方制》后不久，程德全即以前清江苏谘议局议员组织江苏临时省议会，"以议会开会之日为谘议局消灭之日"。11月21日，临时省议会在苏州拙政园开幕。① 临时省议会首先议决了《江苏临时议会章程》，其中明确规定省议会有议决"本省根本法及其他一切法律"和"本省官制官规"的权限。② 这意味着临时省议会掌握江苏省的立法大权。对于民元江苏"以一省而有最高之立法权"，并将之交付临时省议会的举措，省议员兼为宝山县民政长的钱淦评价说，江苏"隐然若联邦中之一国，几较美之州制而上之"。③ 这是江苏推行县官民选的重要背景。江苏临时省议会成立后，对程德全颁行的《江苏暂行地方制》略加修改，其中之一是废除州之名目，一律称县，即将"省—州县"制改为"省—县"制。与此同时，省议会废除了都督罢免县民政长的权力。11月29日，临时省议会开第四次大会时，程德全提交了《州县民政长选举章程案》。④ 后经省议会讨论，于12月3日正式议决通过了《县民政长选举章程》。

《县民政长选举章程》规定，县民政长由本县公民以"复举法"选举产生。所谓复选举，即其选举程序分为初选和复选两步。先选出初选当选人，再由初选当选人选定民政长。由于县民政长的任期已经规定为三年一任，故民政长选举亦三年一次，以选举年之农历四月初一为初选日期，农历四月二十日为复选日期。⑤ 若有民政长任期未满即卸任或被撤职，需限期进行补缺选举，其时间临时确定。县民政长不限籍贯，这突破了传统回避制度的限制。选举章程还规定了民政长选举的三项

---

① 中国社会科学院近代史研究所整理《黄炎培日记》第1卷，华文出版社，2008，第25页。
② 《苏省临时议会之发生》，《申报》1911年11月14日，第1张后幅第3版。
③ 印（钱淦）：《论行政官与民选之关系》，宝山县民政署编《宝山共和杂志》第2期，1912年9月，"言论"，第1~2页。
④ 丁祖荫：《丁初我日记》，1911年11月29日，上海图书馆藏，无页码。下文引用时仅标明具体日期。
⑤ 《县民政长选举章程》所规定的选举日期均为阴历，后文为叙述方便，一律改从阳历，特此说明。

"积极资格"和五项"消极资格"。① 县民政长选举由自治机构负责具体操办,其中初选举由市董事会或乡董办理,市乡自治未成立以前暂由"地方公正董事"执行;复选举则由县参事会办理,若县参事会未成立,则暂由从前之县自治筹备处或"公正董事"执行。复选当选人应选后,由现任民政长申报江苏都督,颁给正式委任状。若民政长于任期内因事出缺,暂由第一课佐治职代理,仍于十五日以内召集原初选当选人进行补缺选举,补缺民政长的任期以补足前任未满之期为限。②

1912年3月11日,江苏第二届临时省议会开幕后,都督庄蕴宽提议修改《江苏暂行地方制》。他认为,在前任都督程德全原来提交的《地方制》中,对于各县民政长有违法及不称职行为,除经县议会纠举外,都督得行文免职。而省议会在议决时,仅赋予各县议会纠举县民政长之责,即使是作为省级最高军政长官的都督,也无罢免民政长之权。"设遇民政长有应行免职,不发生于[县]议会开会期内",则不啻将纠举之权"仅寄于[县]议长一人",这无疑会妨碍都督对民政长的考绩。庄蕴宽力图使都督获得对民政长的免职权,因此要求修改地方制。省议会却认为,该提议虽然"意在多一纠举之权,以重考绩",不过根据县官选任与罢免应"权力同出一原"的原则,唯有经由都督委任之民政长,都督始得径行罢免,而时下江苏"采地方分权之制,合官治与自治而为一",且《江苏暂行地方制》和《县民政长选举章程》均确认民政长由选举产生,并不由都督委任,故各县民政长"苟非经县[议]会指实纠举,或由人民控告得实,自无从径由

---

① 清末民初的诸色选举中,往往有"积极资格"与"消极资格"的规定。按照时人孟森的说法,积极资格意在规定有选举权者须具备的资格,"如云必有何等之学识、财产、身份而后有选举权";消极资格意在规定不应有选举权的资格,"如云何种之人不应行选举权"。一般人民必须具备积极资格,且无悖消极资格,乃能为拥有选举权的公民(选民)。县民政长选举的三项积极资格是:(1)有本国国籍者;(2)年龄在30岁以上者;(3)有政治上学识,才能素孚民望者。县民政长选举的五项消极资格是:(1)吸食鸦片者;(2)有心疾者;(3)营业不正者;(4)曾被处徒以上之刑者;(5)失财产上之信用,被人控实尚未清结者。孟森:《谘议局议员选举章程笺释》,孙家红编《孟森政法著译辑刊》中册,中华书局,2008,第299~300页。
② 《知会江苏都督议决交议县民政长选举章程案》,《江苏临时省议会议决案汇录》上册,南京图书馆藏,"议决案三"第1A~5A页。

都督行文罢免，致与民选制度相抵触"。① 对于庄蕴宽的提议，省议会最终予以否决。

接到临时省议会的咨文后，庄蕴宽认为，江苏若真采取县民政长"罢免与选任其权力同出一原"的做法，则"各县民政长选举罢免之权，悉操诸立法机关"，这是一种"单纯国民政治制"。自表面观之，这种制度"固极文明"，但事实上难以实行。盖因江苏光复数月以来，各县的民政长"有已适用选举制者，有不能遵行选举制者，甚有万不能行选举制，不得不用委任制，并不宜委任本地方人者"。各县情形相殊不同，亟须将全省办法划一规范。② 为此，庄蕴宽不仅坚持都督对县民政长的罢免有话语权，而且试图介入民政长的选任。他向临时省议会提出两条变通办法。

第一，各县民政长采用"选举委任折中制"。即各县遵照《县民政长选举章程》，选举符合民政长资格者三人后，呈由都督从中择一人委任。同时，对于民政长的罢免，不论是经县议事会指实纠举者，抑或由人民控告得实者，还是由都督考察实系不称职者，均由都督罢免，然后照章另选补任。第二，变通《县民政长选举章程》的施行之期。各县必须在县议事会、参事会及市乡自治全部成立后，才能照章选举民政长。即以自治机关的成立为县民政长选举的条件，而在自治未成立之前，民政长由都督委任。这无疑会将举办自治迟滞之县排除在选举以外，从而扩张都督的用人权力。庄蕴宽认为，以上两条办法兼行并采，"庶不背共和之原理，亦适于地方之习惯，较诸采单纯国民政治制稍合现情"。很显然，在庄蕴宽看来，省议会议决的办法是一种"单纯国民政治制"，理想高远却不合实际情况，故他不以为然。

与此同时，在江苏都督府任职的宝山县士绅袁希涛亦请省议会变通县民政长选举办法。③ 袁希涛注意到，江苏光复后，不少县份的民政长

---

① 《知会江苏都督议决照交复议暂行地方制案》，《江苏临时省议会第二届会期报告第一册（议决案）》，南京图书馆藏，第31B~32B页。

② 本段及下段所述，均出自《知会江苏都督议决咨询民政长选举委派兼行并采案》，《江苏临时省议会第二届会期报告第一册（议决案）》，第33B~34B页。

③ 1912年，袁希涛先是在江苏都督府民政司任总务科长，3月辞职，继而任代理教育科长。袁希洛增辑《袁观澜先生手编年谱（续）》，《新中华》复刊第4卷第10期，1946年5月16日，第53页。

先由地方推举，再经都督委任，但各县"或因地方党派争讦，诋为运动选举；或被举任事以后，因办事棘手，托故求去；甚有借推举以市惠得委任佐治职者"。鉴于地方直接选举县民政长易滋意外之纷争，他亦主张暂缓施行《县民政长选举章程》，不过其思路与庄蕴宽并不相同。他认为，选举章程应在市乡自治和县自治成立六年以后实行。在此之前，另定暂行办法四条因应目前局面。第一，各县按照选举资格选出堪任民政长者四人以内，呈报省议会。由省议会审查其籍贯、年岁、履历、选票等信息，然后送交都督府存记。遇有民政长出缺时，都督就存记名单内选人委任。第二，原定民政长选举方法烦琐，应将之改从简要。第三，凡是被选存记之民政长，由都督分别知照并公布具体名单。第四，在省议会未经改定选举章程以前，县民政长暂由都督委任。①

相较于庄蕴宽的微调办法，袁希涛的主张几有将临时省议会的既有议案推倒重来之势。庄蕴宽的提议，不过是在原有基础上增加都督对县民政长的罢免、委任权，暂行地方制和选举章程的其他条款则基本原封不动。而按照袁希涛的办法，即使是各级自治办理竣事的县份也至少要六年后才能实现民政长民选。实际上，不论此前的《江苏暂行地方制》，还是《县民政长选举章程》，都不过是江苏应付当时情况的过渡办法，主事者认为将来全国统一，中央政府势必颁布任免地方官的办法。② 如果非要以办理自治和六年时间作为选举民政长的前提，实质上是基本堵死了县官民选的道路。

对于庄蕴宽提议的民政长采取选举委任折中制，亦有舆论提出质疑。《申报》上即有评论指出，若县民政长由都督委任，则都督不仅操"监督之权"，亦操"选举之权"。都督平时常驻苏州，"耳目有限"，与各县远隔，未必能尽识民政长之贤与不肖。更为重要的是，县民政长由公民选举产生，再经都督择人委任，产生方式上下相杂。若公民意志与

---

① 《苏省民政长之制裁》，《新闻报》1912年3月21日，第2张第1~2版。
② 《江苏暂行地方制》第十二条明确规定，"此系江苏暂行地方制，俟中华民国地方通制颁行后，即改从通制"，《县民政长选举章程》更是依据《江苏暂行地方制》而制定。《知会江苏都督议决交议江苏暂行地方制案》，《江苏临时省议会议决案》上册，南京图书馆藏，"议决案二"第2A页。

都督意志背离时，县民政长夹于二者之间，不知所适；或公民与民政长之间，"所议未必所行，所行未必所议"，都会波及地方行政。① 但不论如何，在庄蕴宽的坚持下，其所提两条意见最终得到江苏临时省议会的同意。修订后的《县民政长选举章程》于1912年3月底颁布。省议会再次确认自治机关一律成立之县，其民政长由选举产生，即先选举产生三人，再由都督择一人委任。

应该指出，省议会对庄蕴宽的让步虽使都督在县官任免上有更大权力，但也使自治的话语权获得了提升。不论是1911年底议决通过的《县民政长选举章程》，还是1912年春修订后的章程，皆将县民政长的选举委托自治机关办理。前者只是从原则上加以确认，实际办理中可变通由地方士绅主持，后者则强调必须以自治办理为前提。初选时即以各市乡固有区域为选举区，② 而市乡正是清季办理自治时划分而来的自治区。可以说，辛亥后江苏的县官选举与地方自治高度捆绑，是一次"合官治与自治而为一"的尝试。这种方式突破了清廷办理宪政时"以自治辅官治之不足"的定位，随之而来的是"以官治监督自治"的政治运作方式失效。县官既然由自治职员负责选举，自治机构尤其是县议会俨然以立法机关的身份自居，与县民政署形成对峙之势，以监督县官。纵观清末民国的自治历程，自治机关、自治职员从未获得如此权势。这是后来袁世凯要收回中央对地方官的任命权并在"二次革命"后取消地方自治的重要原因。

县官通过地方选举产生，不但打破了王朝国家时期由中央政府委任地方官的传统，而且突破了中国长期以来实行的避籍制度。这激发了各地士绅的极大热情，各地"一般依堂董为生活者，咸有觊觎被选之望"。③ 1911年底《江苏暂行地方制》确立县民政长由选举产生的原则后不久，尽管关于选举的具体操作流程尚待省议会议决，但近水楼台的吴县自治公所在得知消息后，立即采取行动。公所职员遍发通告，邀集

---

① 芙：《中国用人制度宜从选举不宜从委任》，《申报》1912年6月30日，第1版。
② 《知会江苏都督议决交议县民政长选举章程》，《江苏临时省议会议决案汇录》上册，"议决案三"第2A页。
③ 《苏州新纪事》，《申报》1911年11月19日，第1张后幅第4版。

苏州各界代表定期开会，公议选举苏州民政长之事。① 为了尽快组建选举民政长的执行机关，苏州绅商各界还提出一个迅速组织州议会的办法，即把清末的县自治员和城镇乡自治职员直接改任州议员。各自治员明确将"选举本州州长"视为州议会的权限之一，并写入《苏州临时州议会暂行章程》。② 按照计划，苏州将于1911年11月27日选举民政长。但因辖区变动，选举最终未能如期进行。③

经过都督庄蕴宽的提议后，江苏临时省议会以各县自治成立为施行民政长选举的前提，因此各县筹办自治的进程直接牵动民政长选举。江苏都督府在公布修订后的《县民政长选举章程》后，随即颁布《办理市乡选举事宜期限表》和《办理县选举事宜期限表》，通令各县赶办各级自治选举，成立自治机关。庄蕴宽要求至迟在1912年8月底，全省各县须将市乡自治和县自治一律办竣。④

各县限期办理自治，既是县级地方政权实现立法、司法、行政分立的重要一步，同时也是为实行民政长选举张本。对于办理自治，江苏都督府承认各县在清季所办继续有效，并颁布《江苏暂行县制》和《江苏暂行市乡制》，内容大多承沿清制，仅将清廷县自治以人口数为议员额的标准变为以纳税为准的。这样的规定，理应能够加速各县举办民政长选举的进程。但实际上，限期成立自治的省令多被各县视为具文，以自治办理为基础的县民政长选举因此近乎空中楼阁，照章选出县民政长者屈指可数。不过，随着县官由中央委任到民选产生的人事制度更迭，江苏省内出现一次短暂的"国家"退场与"公民"入场之间的移换，同时释放出一定的权力空间。县级政权犹如失落的瑰宝，成为地方士绅纷纷逐鹿的对象，看似人人皆可触手可及，据而有之。这种缥缈的可能性调动了士绅们的权力欲，进而引发激烈的纷争。

---

① 《苏州光复后之片谈》，《申报》1911年11月18日，第1张后幅第3版。
② 《苏州独立后纪事》，《新闻报》1911年11月19日，第2张第1版。
③ 因苏州为清代江苏巡抚驻节所在，与两江总督驻节的江宁同为省城，故其在光复之初称州而不称县，以体现其特异性。后来旧苏州府之三个首县（吴县、长洲、元和）合并为吴县一县，继而又将旧太湖厅、靖湖厅并入。北洋政府时期的吴县实领五县、厅之地。
④ 《办理市乡选举事宜期限表》《办理县选举事宜期限表》，《时报》1912年4月19日，第5~6版。

二 虞东二徐与虞西丁祖荫的竞逐：常熟的县官选举试验

常熟县在清代属苏州府，简称虞。雍正四年常熟县析置为二，以东境为昭文县。分治后的常熟因此被称为"虞西"，昭文则被称为"东乡"或"虞东"。二县同城而治，合称常昭。① 辛亥革命后，江苏进行"废府并县"的地方制改革，昭文复并入常熟。常昭经历将近200年的分离，形成此疆彼界的区域意识和地盘利益。民元常熟初选民政长时，旧常熟与旧昭文之间的区域分野已经隐现。复选胜出之三人中，丁祖荫为常熟人，徐兆玮、徐元绶均为昭文人。昭文虽在数量上占优，但徐兆玮此时对政治甚为冷淡，徐元绶则遭遇选举诉讼，最终由丁祖荫继任常熟县民政长。

丁祖荫功名不高，仅为庠生，但自清末新政后积极参与办学、自治等地方事务，历任常昭劝学所总董、海虞市（城区）自治公所总董，宣统年间当选为江苏谘议局议员，由一名县级士绅上升为省级名流。② 辛亥光复时，丁祖荫被推举为常熟县民政长。徐元绶为优贡出身，清末曾在浙江之嵊县、开化、平湖等地任知县。由于常年宦游在外，其在家乡的根基显然不若丁祖荫。但选举失败后的徐元绶，仍能在江浙一带任县知事、税所所长多年，可见其亦非等闲人物。徐兆玮为进士，在翰林院任编修多年，1907年东渡日本肄习法律，回国后主要在京供职，但在虞东地区颇具影响力。他的两位族叔徐凤标、徐凤书，以及妻弟张鸿、张美叔昆仲，也是常昭城内的赫赫士绅。民政长选举之前，徐兆玮已当选为县议员，③ 1913年更是当选为国会议员，可谓名副其实的全国名流。这三人中，丁祖荫扎根本土，徐元绶出宰浙江，徐兆玮沉浮京华，在民政长选举前并无直接的利益冲突。但选举结果以常熟人胜出，

---

① 丁祖荫、徐兆玮纂《重修常昭合志》上册，常熟市地方志编纂委员会办公室校注，上海社会科学院出版社，2002，第3页。
② 孔飞力（Philip A. Kubn）将士绅分为"全国性名流""省区名流""地方名流"。〔美〕孔飞力：《中华帝国晚期的叛乱及其敌人——1796~1864年的军事化与社会结构》，谢亮生等译，中国社会科学出版社，1990。
③ 《徐兆玮日记》第2册，李向东等标点，黄山书社，2013，第1278页。

加上选举过程中产生的风波，不仅引起东乡人对常熟人的不满，亦打破了三人相安无事的平衡关系。

辛亥革命后国内掀起组党建团的风潮，常熟亦被笼罩在这股风潮之下，各种党团林立，进一步加剧了地方形势的复杂化。1912年2月统一党常熟分部成立，蒋凤梧为部长。统一党改组为共和党后，统一党常熟分部亦随即改党，成立共和党常熟分部，张兰思为部长，蒋凤梧为副部长。次年共和党合并为进步党后，常熟共和党亦相应改名进步党，县议会议长邵玉铨任部长，蒋凤梧为副部长。该党办有《常熟七日报》。① 1912年2月，中华民国联合会常熟支部成立。② 1912年春，中国社会党常熟分部成立，季通、钱景高、黄玉如先后担任分部负责人。1912年6月，自由党常熟分部成立，号称党员500余人，办有《常熟自由报》。后来，自由党员顾兰培脱党，组织共和促进会常熟支部。③ 8月，海虞市教育会会长、公益研究会负责人沈朱轼组织民生国计会常熟支部。④ 各党派纷纷站队，其中蒋凤梧、邵玉铨、季通、沈朱轼均属常熟人，支持丁祖荫。随着选举的进行，虞东亦组织同盟会，创办报刊，与之抗衡。

辛亥鼎革前，常熟的县、市乡自治机关即已成立，光复后又很快根据新定标准改组县议事会和参事会，已满足正式选举民政长的条件。实际上，1911年11月初县议会接到《县民政长选举章程》后，就有提前选举民政长的计划。⑤ 1912年3月6日，距离初选期尚二月有余，现任民政长丁祖荫正式照会各市乡公所，要求自治员先从调查"公民"资格入手，为选举民政长做预备。⑥ 同时，丁祖荫将筹备选举计划报呈江苏都督。3月25日，都督府同意常熟遵章选举民政长，并予以正式备案。⑦ 由于常熟部分市乡区域尚未完全划定，这直接影响到初选名额的

---

① 本段所述除特别注明外，均参见常熟市地方志编纂委员会编《常熟市志》，上海人民出版社，1990，第603~604页。
② 《徐兆玮日记》第2册，第1264页。
③ 《顾兰培启事》，《常熟七日报》1912年6月20日。
④ 《民生国计会成立记事》，《常熟七日报》1912年8月8日。
⑤ 丁祖荫编《常熟民政署报告》，上海商务印书馆，1912，第13~14页。
⑥ 丁祖荫编《常熟民政署报告》，第63页。
⑦ 丁祖荫编《常熟民政署报告》，第64页。

分配。对此，县议会确定初选以已经成立自治机关的市乡为限。① 各市乡很快将初选名册呈送县民政署，其中以罗墩乡为最早，其余各市乡也陆续呈送。② 5月7日，丁祖荫召集县参事员开第五次参事会，共同讨论民政长选举办法。③ 一切筹备就绪后，下一步即进行正式选举。

5月17日，为《县民政长选举章程》所定之初选日期，常熟各市乡一律如期举行初选投票。④ 初选办理比较顺利，比如，何市乡此日投票时，徐兆玮作为县议员前往襄助。下午4时开票，其族叔徐凤书与黄聘之当选。⑤ 常熟全县三十余市乡，共选出初选当选人68人。初选结束后，虞西与东乡之间的竞争已经暗流涌动。县民政署主计课长兼县议会副议长张祖诚即注意到，公益研究会将于近期召集初选当选人开会，讨论复选人名额的分配问题，"意在虞东一人"。这意味着按照公益研究会的计划，在法定的三名复选当选人中，常熟将分占两人，昭文则仅有一人。公益研究会的负责人正是常熟的沈朱轼。张祖诚认为"公益会本无价值，乡人未必无盲从者，深可虑也"。他对此感到相当忧虑，希望乡居的徐兆玮迅驾来城，商讨"急起直追"的对策。⑥ 张祖诚为徐元绶之姑丈，亦为虞东人，与徐兆玮交往密切。但此时徐兆玮对政治冷淡，并未积极回应张祖诚的要求。

6月4日，丁祖荫召开县参事会，商议次日之复选投票事宜。⑦ 6月5日，为法定复选日期，常熟举行民政长复选投票。第一次投票时，初选当选人实到62人，现任民政长丁祖荫以60票当选。到第二次投票时，初选当选人68人全部到齐，徐兆玮以34票当选。第三次投票时，先是徐元绶、瞿良士得票均不足额，然后进行决选，徐元绶终以50票当选。⑧ 至此，三名复选人正式产生。从初选进行到复选结束，办理过程均较顺利。根据修订后的《县民政长选举章程》，复选结果须报呈都

---

① 丁祖荫编《常熟民政署报告》，第76页。
② 丁祖荫编《常熟民政署报告》，第80页。
③ 丁祖荫：《丁初我日记》，1912年5月7日。
④ 丁祖荫：《丁初我日记》，1912年5月17日。
⑤ 《徐兆玮日记》第2册，第1282页。
⑥ 《徐兆玮日记》第2册，第1284页。
⑦ 丁祖荫：《丁初我日记》，1912年6月4日。
⑧ 《常熟复选民政长》，《申报》1912年6月8日，第6版。按：《申报》报道徐元绶以49票当选，应为50票。

督府，由都督从中择一人委任。复选当选人需在三十日内无选举控诉，都督府才会正式公布委任名单。然而正是在此期间，常熟的选举控诉不断。

1911年9月初，常熟发生严重水灾，饥民进城闹荒，劫掠绅富之家。① 武昌革命军兴后，常熟社会一度混乱，家资殷实的丁祖荫举家避往上海。光复之初佃农抗租，匪徒遍布，秩序尚未恢复。丁祖荫被当地绅商公推为常熟民政长后，只身返常就任，而未将家眷携回。就在复选民政长前，丁祖荫得知儿子病笃。他在6月4日将次日之复选事宜布置妥当后，当晚即乘轮赴沪视疾。6月5日其子病殇。或由于丧子之痛，丁祖荫灰心于仕途，不仅对于一个月后都督委任民政长的结果相当冷淡，对于现任之职亦欲立即交卸。

得知此消息后，统一党常熟分部与公益研究会于6月6日纷纷电函丁祖荫，劝其勿辞民政长。② 6月7日，公益研究会再次致电敦劝。同时，县民政署总务课长赵允绶亲赴上海，挽留丁祖荫。③ 6月8日，赵允绶又约同常熟士绅杨孟龙、庞芝符前往规劝。可见，丁祖荫的拥趸颇多。在沪期间，丁祖荫与公益研究会的沈朱轼、统一党党员屈荆才保持沟通。④ 诸人的劝说收到效果，丁祖荫立即返回常熟，继续任事。

但丁祖荫回心转意前，已将辞职之意向县署主计课长张祖诚透露。丁祖荫在信中表示，自己丧子后"伤心如织"，将盼咐县署人员赶办报销，以便早日卸职。张祖诚得知消息后，认定丁祖荫"大有急流勇退之意"，而此时距离都督府择任民政长尚有将近一个月的时间，在此"首尾不相顾之时"，常熟县政可能产生"剧烈风波"。因是之故，张祖诚极力说服徐兆玮出而任事。张祖诚说："只得求请台驾上场，保全乡人体面。明知此席苦境，强君所难，权篆数月后即可卸去也。"⑤ 徐兆玮作为三位民政长复选当选人之一，其科名、资历、声望皆不让于丁祖荫，可以说完全具备主政一县的资格。而徐兆玮亦深得丁祖荫的信任。

---

① 程德全：《抚吴公牍·宣统三年七月十二日致内阁》，《辛亥革命江苏地区史料》，第38～39页。
② 丁祖荫：《丁初我日记》，1912年6月6日。
③ 丁祖荫：《丁初我日记》，1912年6月7日。
④ 丁祖荫：《丁初我日记》，1912年6月8日。
⑤ 《徐兆玮日记》第2册，第1285页。

江苏光复后，都督程德全召集临时省议会，以前清谘议局议员组织之，各县民政长亦可派代表参会。① 身兼谘议局议员与县民政长的丁祖荫则亲赴苏州与会，动身前他即委托徐兆玮代理常熟民政。② 后来县民政署改组时，丁祖荫亦曾试图邀请徐兆玮出任主计课长，掌管钱粮。③

徐兆玮本可顺水推舟接任常熟民政长，但他此时也对政治不甚热衷。对于丁祖荫邀约出任主计课长一职，他"不愿与闻此事，连函辞退"，④ 终由赵允绶出任。不惟如此，常熟民政长初选前，徐兆玮的"一二知交"为其极力奔走，试图拥推他出任民政长，甚至还筹划了将来县署佐治职的人选："以徐印士（徐元绶，字印士——引者）长总务，张南祓长学务，胡君黻长主计，其余佐治诸君均极一时之选。"但徐兆玮以为自己"才力不胜，且疏懒成习，能清慎而不能勤，未足为诸公长"。⑤ 早在1912年3月，徐兆玮即向姻兄张鸿表示"愿长为农夫以没世矣"。⑥ 4月，他又向好友张耿甫表示"已灰心政界，不愿再为冯妇"。⑦ 复选过去将近一月后，身在京津的同乡挚交孙雄询问选举近况时，徐兆玮也重申"不愿为行政官"。⑧

与丁祖荫、徐兆玮的冷淡相比，第三位当选人徐元绶则相当积极。他历任浙江各县知县，政治经验可谓不浅，但在常熟当地的风评似乎不佳，而这主要来源于统一党的机关报《常熟七日报》。该报批评徐元绶"以大运动家著名"。⑨ 作为第三当选人，其虽"当选最后"，但却"希望民政长最热"。复选结束后，徐元绶"即晋省运动，求都督赏一圈儿，未来之课长、课员相率随之以行"。⑩ 据说其"往来宁苏，四出招摇，预定课长、课员等三四十人之多，集资数千金为运动费"。⑪ 这些

---

① 《苏州独立纪》，《新闻报》1911年11月15日。
② 丁祖荫：《丁初我日记》，1911年11月17日。
③ 《徐兆玮日记》第2册，第1270页。
④ 《徐兆玮日记》第2册，第1277页。
⑤ 《徐兆玮日记》第2册，第1282~1283页。
⑥ 《徐兆玮日记》第2册，第1270页。
⑦ 《徐兆玮日记》第2册，第1275页。
⑧ 《徐兆玮日记》第2册，第1290页。
⑨ 《当选民政长之被控》，《常熟七日报》1912年7月4日。
⑩ 直：《常谈一》，《常熟七日报》1912年6月20日。
⑪ 《徐元绶迭被控告》，《常熟七日报》1912年7月11日。

来自对手方的报道绝非一面之词，沪上报纸即一度登载江苏都督将委任徐元绶为常熟民政长的消息。① 可见，徐元绶的积极运动似有相当成效。

但由于多方的劝说，丁祖荫辞职的念头已经打消，正四出活动的徐元绶很快受到呈控。先是常熟公民汪源等十余人向都督府控诉徐元绶乃前清浙江被参知县，在平湖任内曾因漕米加价被浙江巡抚张增敭撤参。为弥补亏空，徐元绶曾向杭州鼎记、常熟寿丰等钱庄借款数万元，至今欠款未清。徐元绶为破产之人，根据《县民政长选举章程》所规定的"消极资格"，并无选举权。江苏都督随即电令常熟参事会对控案进行公断。② 7月9日，丁祖荫召集第九次参事会，商议"被选民政长徐元绶资格不符申诉案"。③ 不过徐元绶之胞弟、参事员徐元缙，联合参事员王元觐等从中作梗，认为鼎记欠款无案可查，而寿丰欠款之虚实须备文详询检察厅方可确定。④ 此次审查未有结果，又有常熟公民亲赴都督府续控徐元绶，除重申积欠鼎记、寿丰钱款外，还控诉"乡里中为徐元绶积欠无偿者甚多"，徐元绶曾向债主宣称"如能侥幸当选，非特积欠一清，并可为亲友择要位置"，以为运动。⑤ 江苏都督依旧电令常熟县参事会公断处置。但因徐元缙、王元觐等人"多为洗刷"，以致仍未有决断。公民汪源等不服公断，继续电控。⑥《常熟七日报》也继续刊文抨击徐元绶，讥讽其"人格最卑，而羽翼则丰满；景况最窘，而运动费则充足"。⑦

在公民控诉和参事会公断的多次往复过程中，时间很快就到了江苏都督择任民政长之日。徐元绶因控诉缠身，且尚未公断，自然被排除在外。在现任民政长丁祖荫与第二位复选当选人徐兆玮之间，都督程德全最终于7月15日选择了丁祖荫。⑧ 至此，常熟县按照《县民政长选举

---

① 《民政长将次发表》，《时事新报》1912年7月7日，第2张第2版。
② 《当选民政长之被控》，《常熟七日报》1912年7月4日。
③ 丁祖荫：《丁初我日记》，1912年7月9日。
④ 《控案尚待审查》，《常熟七日报》1912年7月11日。
⑤ 《徐元绶迭被控告》，《常熟七日报》1912年7月11日。
⑥ 《不服参事会公断》，《常熟七日报》，1912年7月18日。
⑦ 《常谈》，《常熟七日报》1912年6月27日。
⑧ 丁祖荫：《丁初我日记》，1912年7月15日。

章程》正式选出民政长。然而,民政长选举虽尘埃落定,因选举而产生的风波却未止息。

就徐元绶被控而言,他认为是丁祖荫(字芝孙)唆使的结果,因此"颇致怨于丁芝孙"。落选后的徐元绶心灰意冷,打算"出门谋事",为此请徐兆玮向江苏都督府内务司司长马士杰"吹嘘一切"。① 徐兆玮不但应允,而且还向其指点,"曹君直与马士杰为挚交,由曹处再发一函当更有力"。② 1914 年,徐元绶被江苏省公署委为太平县知事。③ 综合徐兆玮与徐元绶的交往,加之徐兆玮的友朋曾谋划由徐元绶担任徐兆玮主政下的县署总务课长,可见二徐关系不浅。

就徐兆玮而言,其本来对于民政长一职不甚措意。复选结束后不久,他即推测结果是"大约丁君续任,惟有一小部分反对",而他自己之所以参与角逐,是因为各市乡有人不慊于自由党之顾兰培,"借鄙人以排挤之耳",其对于选举"本无是心,且精力亦不济"。④ 但当被控的徐元绶向其倾诉苦楚后,他劝慰说:"近事闻之扼腕,然正可静观,以俟其敝。如此局面绝无久长之理,不必悒悒也。"⑤ 由此可见,徐兆玮已逐渐对丁祖荫心生不满。对于徐元绶被控案,张祖诚曾向徐兆玮透露,"此君事件无公诉理由,但人多言之,亦可畏也"。⑥ 丁祖荫继任后,张祖诚立即函询徐兆玮对此"存何种宗旨,破坏乎?建设乎?"邀其进城研究对策。⑦ 徐兆玮回复称,他虽与丁祖荫观念不同,但对于丁氏连任"极为平淡",只是不满丁祖荫从中唆使控诉徐元绶,"未免卑劣手段,令人愤愤"。⑧ 此时他显然对丁祖荫已心存怨言。

后来,徐兆玮更是从其门生王采南处得知:丁祖荫之所以能够胜出,不仅与汪源等人持续发电呈控有关,亦与县议会议长、统一党党员邵玉铨(字治衡)借县议会之名义发电挽留分不开。徐兆玮当即表示,

---

① 《徐兆玮日记》第 2 册,第 1292 页。
② 《徐兆玮日记》第 2 册,第 1295 页。
③ 《南京电》,《申报》1914 年 2 月 26 日,第 2 版。按:县民政长已于 1913 年改称县知事。
④ 《徐兆玮日记》第 2 册,第 1290 页。
⑤ 《徐兆玮日记》第 2 册,第 1292 页。
⑥ 《徐兆玮日记》第 2 册,第 1290 页。
⑦ 《徐兆玮日记》第 2 册,第 1291 页。
⑧ 《徐兆玮日记》第 2 册,第 1291 页。

"治衡果然发电，未免专横"，并嘱咐张祖诚密查此事。① 与统一党关系较近的社会党人季通曾在报上捏造是非诽谤徐元绶，徐兆玮特向在南汇审判厅任事的知交孙希孟询问是否构成"损害名誉"罪，只是徐元绶对此"嘿尔而息"，不甚介怀，徐兆玮因此批评他未免"忠厚待人"。② 由此可见，在这场选举纠纷中徐元绶试图就此吞下苦果，而原本不甚相干的徐兆玮则逐渐走向前台。

经过此次选举控诉后，一度对政治冷淡的徐兆玮认为只有"厚集势力"以"健全地方政党"，并依托自办报刊，对于县民政长和县议会的违法行为，"以法律智识绳之"。③ 这正是对丁祖荫不满之虞东诸人努力的方向。适逢其时同盟会委托孙希孟在常熟发展党员，此前已加入统一党的他立即脱党，计划组织同盟会支部。④ 王采南对组建政党甚表同情，张祖诚亦不愿与丁祖荫继续合作，决计辞去县民政署主计课长一席，全力创办《新常熟》报，作为同盟会的喉舌。⑤ 1912年7月同盟会常熟分部成立，因孙希孟已出外任司法官，由钱景高发起组织并担任部长，徐元绶当选为评议员。⑥

《新常熟》创办后，即成为常熟同盟会攻击丁祖荫的舆论阵地。钱景高号召全县公民及同盟会员肩负"监察督责之任"，起而"除奸伐暴"，⑦ 斗争意味颇浓。江苏都督择委常熟民政长近一月后，《新常熟》仍刊文挪揄丁祖荫，揭露汪源控告徐元绶的呈文出自县署某课员的手笔。同时，季通为调和双方矛盾，建议徐元绶"舍民政长而注意省议员"，《新常熟》对此不以为意，指斥季通"为丁氏防御之忠仆"。⑧ 常熟同盟会对丁祖荫的攻讦，几乎到了吹毛求疵的地步。丁氏继任后遍发通告书，其中有"理想共和之政治"一语，《新常熟》即批评说："明明在共和政体之下，而曰理想共和，神经瞀乱，语无伦次，梦寐专制，

---

① 《徐兆玮日记》第2册，第1292页。
② 《徐兆玮日记》第2册，第1294页。
③ 《徐兆玮日记》第2册，第1292页。
④ 《徐兆玮日记》第2册，第1286页。
⑤ 《徐兆玮日记》第2册，第1292页。
⑥ 《同盟会常熟分会成立》，《太平洋报》1912年7月15日。
⑦ 景高：《对于同盟会分部之观念》，《新常熟》1912年7月28日，常熟市档案馆藏。
⑧ 芦荻村农：《读报疑问》，《新常熟》1912年8月8日，第4页。

如闻其声。"① 再如批评丁祖荫设卫队、办公报、开行政会议,事事仿照江苏都督,"区区一民政署,俨然具都督府之雏形,所谓过屠门而大嚼,虽不得肉亦足快意乎。"②

徐兆玮对于创办常熟同盟会机关报《新常熟》甚为积极,称赞该报能"为政党生色"。同时,他还拟组织一种旬报,希望与《新常熟》"互相提携,或足监督官署,伸张民权"。③ 后来,徐兆玮以"虞东同志会"的名义发起创办《常熟旬报》,以其族叔徐翰青及门生王采南为编辑主任。④ 自办报刊成为虞东士绅抒发政见和攻讦政敌的重要平台。丁祖荫时常与《新常熟》《常熟旬报》大打舆论战,对此,与徐兆玮"缔交五十载"的王梦良甚为得意,认为"对于民政署甫着痒处,已呼号叫跳,至于此极;若实行监督,不知将见如何状态也"。徐兆玮也表示,"民政署如此张皇,大有此地无银三十两,对门小二不曾偷之意",并拟继续刊文,予民政署以迎头痛击。⑤

县议会既是虞东士绅试图整顿的对象,亦是其抵制丁祖荫的重要凭借。王梦良即认为,⑥ 对于地方"行政前途,[县]议会固有监督之责",但县议员"多数阘茸",不能对行政尽到应有的监督之责。而徐兆玮当选县议员后,时常因乡居而不克与会,以请假为常事,王梦良希望徐兆玮能赴城主持县议会,"俾收登高一呼,众山皆响之效"。经过议长邵玉铨擅自以县议会名义挽留丁祖荫后,徐兆玮表示对于"议会断不放弃",开会时他将提出"重大议案"。⑦ 由于江苏临时省议会赋予各县议会议决行政经费、忙漕征收费之权,徐兆玮即就此大做文章,主张削减地丁钱粮的征收经费。他在提出将地保、经造分离为二,以便革除役费的"经地分离案"后,"胸中积闷颇为之一抒"。⑧

此外,丁祖荫继任后,县民政署的组织亦成为双方的角力之场。虞

---

① 血:《批评》,《新常熟》1912 年 7 月 28 日,第 3 页。
② 铁:《批评》,《新常熟》1912 年 9 月 23 日,第 3~4 页。
③ 《徐兆玮日记》第 2 册,第 1292 页。
④ 《徐兆玮日记》第 2 册,第 1298 页。
⑤ 《徐兆玮日记》第 2 册,第 1294 页。
⑥ 徐兆玮:《王梦良挽诗》,见徐兆玮《虹隐楼诗文集》下册,徐昂千点校,华东师范大学出版社,2015,第 631 页。
⑦ 《徐兆玮日记》第 2 册,第 1292 页。
⑧ 《徐兆玮日记》第 2 册,第 1294 页。

东派县议员提出议案，主张民政长圈定佐治人员后须交县议会通过，此举显然意在掣肘丁祖荫的用人之权。这与光复后民权伸张的时代大背景分不开。盖民国成立之初，各县议会自诩为立法机关，对各县行政长官隐操监督之权。县署佐治员由县议会控制亦是当时普遍的现象，如江西在民元二年间，"各县佐治员须求［县］议会及各团体同意，非本县人不得充任"，"二次革命"后才逐渐改为由县官自辟。① 而丁祖荫为调和矛盾，确曾打算在佐治人选问题上让步，承认虞东议员的提案。但随着双方关系的紧张和矛盾的升级，丁祖荫拒绝虞东方面的诉求，最终通过呈请江苏都督决断，才得以保留任免佐治员的独立权力。

丁祖荫继任民政长二十余日后，才正式公布县署佐治员名单，可见此事颇费思量。他以蒋凤梧为总务课长，庞树阶为主计课长，沈朱轼为劝业课长，陈慰慈为警务课长，学务课不变。总务、主计、劝业、学务各课佐治员皆为丁祖荫一派，且均为常熟人，仅警务课长为昭文人。外间曾推测丁祖荫在重组县民政署时，"一般人才必系纯粹政党无疑"，共和党人也建议丁祖荫组建"完全政党内阁"，② 即将虞东之同盟会完全排除在外。但丁祖荫为调和党派意见，还是决定实行"混合内阁"，以陈慰慈为警务课长。③ 陈慰慈本为同盟会常熟分部文事科干事，并担任《新常熟》的编辑主任。根据江苏都督府的通令，当时警务课即将被裁，以其为课长，显然仅仅是为了点缀而已。

对此结果，主张在佐治员问题上挽回颜面的张祖诚甚为不满，认为"乡人得一将裁之课长，甚无谓也"。④ 常熟同盟会员认为陈慰慈不应就任此无足轻重之职，但陈氏坚持出任警务课长，为此他被同盟会员认为叛党，不再允许其经办《新常熟》。常熟同盟会还借北洋政府组阁来影射常熟政治，在《新常熟》上讥讽陈慰慈为"刘揆一第二"。⑤ 按刘揆一本为同盟会员，因违背党意加入新内阁，受到同盟会的指责，最后脱

---

① 《江西民政长来电》，《办理第一届知事试验辑要》，北京，新中国报社，1914，第77～78页，国家图书馆藏。
② 《常谈一》，《常熟七日报》1912年8月1日。
③ 《常谈二》，《常熟七日报》1912年7月25日。
④ 《徐兆玮日记》第2册，第1296页。
⑤ 孙希孟也告诉徐兆玮，"民署佐治员发表，慰慈得警务一席，吾邑之刘揆一也"。《徐兆玮日记》第2册，第1296页。

党，适与常熟陈慰慈之事相仿佛。

陈慰慈被开除出同盟会，虞东士绅内部出现不和，季通即乘机反击。他在《虞阳报》上批评《新常熟》说："其笔墨酷类海上之《民权》、《天铎》，最可笑者骂某君为刘揆一第二，斥为背党事敌。吾不知其所谓敌者，民政长耶？共和党耶？"① 同时，季通又在共和党报刊《常熟七日报》上揭示徐元绶、徐兆玮之所以选举失败及其不满于丁祖荫的原因。他说：

> 谓常熟人不信任丁君耶？何以东乡二十余初选当选人之视两徐意旨为进退者，亦不得不相率而投同意之票也？东乡之两徐，本四乡人所共同信仰者，只以扩张东乡势力过于急激，对付丁君之方法过于卑劣，故西、南、北三乡之信用遂扫地以尽。丁君平日之信用，本亦无以逾于东乡两徐，只以破坏手段太很〔狠〕、太辣，忽无端召起一种不可思议之反动力。一着之差，遂输全局。鄙人至今犹为东乡之两徐惜之……吾闻东乡两徐将搜集资料，以兴大狱而实行其所谓拔丁政策矣。②

正如季通所说，丁祖荫的声望本不在"东乡两徐"之上，他继任民政长后，虞东士绅成立党团，创办报刊，通过县议会掣肘县公署。继任两个月后，丁祖荫即向江苏都督面呈辞职书，并请另派他员接任。③但在选举过程中与丁祖荫为同一阵营的共和党对此强烈不满，公开刊文批评丁祖荫，认为苏省各县民政长虽然以都督委任者居多，但皆因其自治未成立，导致无法遵照章程进行民选；常熟各级自治则早已成立，而"省吏竟欲照县议会未经成立之县办法，出于委任之一途"，这明显违背定章。《常熟七日报》指出，"委任之说不见于事实则已，一旦实行，是省吏不认我常熟为县议会成立之县也"。④ 共和党人此时与丁祖荫的异趣，实因此举损及其利益，盖县议员中不少人为该党成员。最终丁祖荫辞职未果，直到1913年4月调任吴江。他在离开常

---

① 融五：《时评》，《虞阳报》1912年9月15日，第2张第1页，常熟市档案馆藏。
② 融五：《答芦荻村农》，《常熟七日报》1912年8月22日。
③ 丁祖荫：《丁初我日记》，1912年9月20日。
④ 铁蕉：《民政长辞职问题》，《常熟七日报》1912年10月10日。

熟时的《留别乡父老兄弟书》中，以"入此愁城，坐招愆尤"来形容自己出任民政长一年半以来的经历。① 可见，为官乡里的他，并不愉快。

三 "不良善之榜样"：武进的县官选举纠纷

清代常州府以武进、阳湖为附郭首县，府县同城，辛亥以后阳湖并入武进。民元武进县民政长选举纠纷，以屠寄和恽祖祁为关键人物，二人"俱为本邑之最大绅士，一则代表新派，一则代表旧派者也"。② 两派逐渐演化为城乡两派，"城派又名士绅派，乡派又名农会派"。③

屠派以屠寄、屠宽、朱溥恩、奚臻、赵衡、段鸿谟、高镜清、傅遴等人为主。屠寄为进士出身，曾入湖广总督张之洞幕，后转入两江总督端方幕，在清季积极趋新。④ 屠寄子屠宽，清季留学日本，加入同盟会，后任常州府中学堂监督兼县视学，聘朱溥恩为庶务长，"倚若左右手"。⑤ 1905年，武阳教育会成立，屠寄任会长，朱溥恩为副。后来武阳农会成立，屠寄为总理，奚臻为坐办，朱溥恩为议董。常州农会还在各乡编练农团，掌握一定的武装力量。1909年，屠宽、朱溥恩、赵衡当选江苏谘议局议员，段鸿谟则为县议会议长。辛亥革命前，屠宽、朱溥恩、奚臻、段鸿谟、傅遴等人组织秘密团体，以农会、中学堂为据

---

① 丁祖荫：《留别父老兄弟书》，《丁初我杂著》，上海图书馆藏，无页码。
② 薛迪功：《书武进之光复》，《江苏评论》第4卷第5期，1935年12月1日，第20~21页。
③ 薛迪功：《书武进之光复》，《江苏评论》第4卷第5期，1935年12月1日，第21页。武进籍革命家恽逸群也将屠寄一派称为乡派或农会派，恽祖祁及商会一派则被称为城派或市派。恽逸群：《一九二七年前后党在武进地区的活动》，中共江苏省委党史工作委员会编《第一次国共合作在江苏（1923~1927）》，锡山市第二印刷厂，1995，第374页。
④ 光绪二十九年（1903），任教于京师大学堂的屠寄以"放任主义"讲学，对湖广总督张之洞禁阅《新民丛报》《湖北学界》之举不甚以为然，并对留日中国学生组织的拒俄义勇队多有称赏，以上诸种表现在当时皆是趋新甚至多少有些大胆的举动。《寄（屠寄）致竹君（赵凤昌）》，国家图书馆善本部编《赵凤昌藏札》第4册，国家图书馆出版社，2009，第555~556页。
⑤ 《朱穋竹先生六十征文诗画启》，载《武进朱穋竹先生六十寿言》，1936年印，南京图书馆藏，第1A页。

点,策划反清活动,"两机关不啻一体"。①

另一派以恽祖祁为中心,依托于常州商会和武进市(城区)自治公所。恽氏乃常州巨族,"毗陵恽氏门阀甲江左"。② 恽祖祁曾任福建兴泉永道,后罢职返乡,成为当地的"领袖绅董",③ 控制着常州的善举、积谷、水利、公产等事务,"于地方至有关系"。当时"有八大人及'武阳道'之称,谓其权在一府两县之上也"。④ 他自1905年组织武阳商会后,连续七届当选商会总理,深度介入学务、实业、警察等新政,"至宪政,则谘议局选举及县、市、乡自治筹备,皆先生开其先"。⑤ 武进商会的重要成员还有钱以振、于定一等,其中钱以振为武进市总董,是恽派的中坚人物。武进市议会正副议长史藩、庄俞,以及清末奔走立宪甚力的孟森、孟昭常昆仲,亦与此派颇为接近。该派的"上层人士都和恽家有亲戚关系"。⑥ 1909年,钱以振、于定一、孟昭常当选为江苏谘议局议员,与屠寄一系等量齐观。⑦ 该派同样握有相当的武装力量,一是商会训练的商团,二是恽祖祁直接统领的江防营。

据屠寄后嗣讲述,恽祖祁与屠寄、屠宽之间曾因"地方公益事"而有违言,"迭讼于省,不得直,因此深恨吾家,每欲乘机相倾"。⑧ 常州光复时,两派爆发激烈冲突。当屠寄会集各乡农团于中学堂,密议独立时,恽祖祁率领江防营对之进行围歼。久攻不下后,恽氏避往上海,屠寄则在混战中跌伤腿脚。⑨ 秩序稍定后,常州成立民政署与军政分

---

① 吴樵长、吕叔元:《武进光复之回忆》,扬州师范学院历史系编《辛亥革命江苏地区史料》,第151页。
② 冯煦:《序》,恽祖祁纂修《恽氏家乘》第1册,光裕堂,1917,上海图书馆藏,第1A页。
③ 于定一:《创建商会图书馆记》,《知非集》,华北印书馆,1925,第90页。
④ 顾峤若:《常州地方城乡派别概略》,转引自万灵《辛亥革命前后常州的乡党斗争与地区近代化》,《江苏社会科学》1991年第4期,第55页。
⑤ 钱以振、卢锦堂:《前会长恽心耕先生事略》,常州市档案局(馆)编《民国武进商会档案史料汇编》,江苏人民出版社,2016,第13页。
⑥ 恽逸群:《一九二七年前后党在武进地区的活动》,中共江苏省委党史工作委员会编《第一次国共合作在江苏(1923~1927)》,第374页。
⑦ 《江苏谘议局议员名籍》,《申报》1909年11月29日,第4张第2版。
⑧ 《先君敬山先生年谱》,常州市地方志编纂委员会办公室、常州市档案局编《常州地方史料选编》第8辑,1983年9月,第195~196页。
⑨ 董寂:《屠敬山先生年表》,《江苏文献》第9、10期合刊,江苏省国学社发行,出版时间不详,第41页。

府。民政署以屠寄为民政长，朱溥恩为总务课长，奚臻为主计课长。光复时"凡依附屠氏者，俱身致贵显"。① 军政分府亦由屠派同盟会成员控制，"重要职务，多属常中教员"。② 后来军政分府司令何健去职，"屠民政长父子欲握有常州全权，不可不得分府之助也"，于是安排常州中学堂教员赵乐群继任司令。③ 如此一来，屠派几乎完全控制常州的军、政大权。

恽祖祁虽远走上海，此后未再返回常州，该派也基本被排除在新政权之外，但其仍掌控着商会、武进市公所，并持续与屠寄一派对峙。如11月6日被武进县议会确定为常州光复纪念日，1912年11月初屠寄通令全县提前筹备以为庆祝，但恽派以为"常州光复，除中学及屠氏外，别无纪念"。两派对光复纪念的态度一冷一热，迥然不同。④ 后来屠寄在一封私函中表示，自己任职民政长期间，"谤毁之牍，几可盈箧"，甚者"造谣登报"。⑤ 这是两派之间存在分野和隔阂的一种写照。

辛亥鼎革后，"党会之狂热流播于社会，始仅盛于上海一隅，继则内地纷纷设立支部"，掀起建党组团的潮流。常州亦成了"党会世界"，一片"巷尾街头，遍贴广告，呼朋引类"的景象，各党"或奔走旅馆酒肆，以招徕党员；或托名公益实业，以征收会费"。⑥ 不过，据在县署学务课任职的赵元成观察，"究其实际，不外乎互相援引，以求达其攘权夺利之目的而已"。⑦ 屠宽、朱溥恩等人应时而动，于1912年4月成立"公民同志会"，⑧ 随即又改称同盟会武进分部，8月正式改组为国民党武进分部，仍以屠、朱为负责人。恽派则组织共和党与之对抗。1912年5月，钱以振、史锡鏧、赵谷贻、吴景春等组织共和党武进分

---

① 薛迪功：《书武进之光复》，《江苏评论》第4卷第5期，1935年12月1日，第21页。
② 顾峤若：《常州光复始末记实》，《常州文史资料》第1辑，1981年10月，第7页。
③ 《赵乐群之历史》，《时报》1912年3月28日，第3版。
④ 《地方纪念祝典》，《时事新报》1912年11月7日，第3张第1版。
⑤ 《寄（屠寄）致竹君（赵凤昌）》，国家图书馆善本部编《赵凤昌藏札》第7册，第158页。
⑥ 《常州近闻录》，《新闻报》1912年5月9日，第2张第2版。
⑦ 《赵元成日记》，倪春军整理，凤凰出版社，2015，第81页。
⑧ 公民同志会成立时号称会员七百余人，以朱溥恩为会长，屠宽为副会长。《常州电》，《时报》1912年4月22日，第4版。

部。① 商会重要成员于定一等人均入共和党,孟森则更是在共和党总部任执行书记。共和党武进分部成立以后,"党员极为发达"。经过一番扩张,常州党团"惟共和、同盟两派最占势力",各号称党员数千人。② 新式政党的介入,使后来武进民政长选举纠纷在派系区隔、利益分化之外,又增添了政党竞争的色彩。

根据《县民政长选举章程》,选举须在县议事会、参事会及市乡自治一律成立后,才能办理。民元时期武进县计有36个市乡,由于各市乡恢复自治的进度不一,导致民政长选举未能如期举行。直到1912年7月11日,武进县始进行县议员选举。两派又因选举诉讼纠纷,直至8月24日才成立县议会、参事会。县议会以傅遴、段鸿谟为正副议长,参事员中亦多为屠寄一系人物。③ 同时,屠派仿照清末武进、阳湖两县设立乡董会议公所的办法,组织乡董联合会,以各市乡之董佐为会员,赵衡当选会长,昇西乡乡董高镜清为副会长。④ 如此,屠派势力进一步向县以下的各市乡渗透。朱溥恩还发行《公言报》,"为屠氏党效力,俨然一公民同志会之机关报",⑤ 试图左右一县之舆论。

屠寄任事后,"大权悉归朱(溥恩)、奚(臻)",二人分掌总务课和主计课。⑥ 对政事似不甚热心的屠寄曾向都督程德全辞职,但未得同意,其一派人物亦不希望屠寄即刻卸任。因民政长辞职,"省必委任"

---

① 江苏武进县县志编纂委员会编《武进县志》,上海人民出版社,1988,第550页。
② 《常州党派之消长》,《时事新报》1912年10月16日,第3张第1版。常州国民党号称有会员四千余人,而且在县以下的市乡成立支部二十余处。共和党也逐渐向市乡一级拓展势力范围,与之竞争。《同盟会秋季大会》,《中华民报》1912年9月11日,第7版。
③ 《县议会成立》,《时事新报》1912年8月27日,第3张第1版。
④ 《武进乡董会成立》,《时事新报》1912年8月22日,第3张第1版。关于近代江苏各县的乡董公所、乡董联合会及其对地域社会的影响,详另文。
⑤ 《不认公言报津贴费》,《时事新报》1912年10月25日,第3张第1版。
⑥ 按,屠寄任职后,似确有名士不管俗务的现象。民政长纠纷时,即有常州当地团体控告屠寄"沉湎于酒,权移总务、主计、警务各科长"。即使是在倾向上相对偏袒常州共和党人的《时事新报》亦承认,此次纠纷"闻屠氏并无他意,只为朱溥恩、奚臻二人挟持,并利用一二恶劣乡董,遂纷扰至此"。屠寄逝世后,其门生虽对于屠寄与恽祖祁及其一派的恩怨是非"不敢悬断",但明确承认屠寄"本非吏才,或者专心著述,委政所亲,受其蒙蔽,亦未可知",暗示屠寄信用朱溥恩、奚臻并受其蒙蔽。分别详见《常州七团体为屠寄抗印上程都督电》,《神州日报》1912年11月21日,第2版;《常州民政长大激战再续》,《时事新报》1912年11月22日,第2张第2版;老门生:《关于屠敬山先生》,《海报》1943年12月15日,第3版。

他人接替，继任者及其倾向均无法控制，县署佐治员或将"失所凭借"。为使县政大权在屠寄之后仍掌握在自己一派手中，屠派诸人力求按照《县民政长选举章程》办理新任民政长选举事宜，此举若遭反对，他们则将以"不纳税"作为应对手段。①

迨县、市乡自治成立后，屠寄决定于 8 月 31 日初选民政长。此前，民政署曾多次变更选举日期，外间对此即颇多猜疑，以为屠寄一派"恃（公民）同志会为中坚，县议会为后盾，运动成熟，当即举行"。② 屠派推出总务课长朱溥恩参选，并利用其控制的公民同志会（国民党武进分部）、乡董联合会，"十面张罗"。鉴于屠寄一派的雄厚势力，有舆论认为武进"将来之民政长，当可为该课长预贺矣"。③ 民政长初选照既定时间举行后，屠寄将办理情形和选举名册呈报都督府，并继续筹备复选，计划于 9 月 19 日举行。④

初选进行之前，常州共和党人亦跃跃欲试，极力四出活动。共和党曾派人到上海与恽祖祁族人恽毓龄接洽，试图迎其回常参与竞选，不过恽氏不愿卷入其中。⑤ "富有资财"的钱以振以"候补民政长"自居，初选进行时，"挥霍金钱，笼络乡愚，为稳固当选之基础"，派遣其心腹至安尚、昇西、前横、洛阳等乡运动，对即将到来的选举做足了准备。⑥ 常州共和党副会长史锡礐为团结更多力量，笼络因不满屠寄而脱离同盟会的部分成员。⑦ 双方"因民政长选举事宜、推翻屠党颇表同情"而冰释前嫌，议定平均分占选票，以抵制屠寄一系。⑧ 恽祖祁同族恽彦彬亦以为"此次选举关系甚重"，与商界诸人商议后，预备以城隍

---

① 《寄（屠寄）致竹君（赵凤昌）》，国家图书馆善本部编《赵凤昌藏札》第 7 册，第 154 页。
② 《民政长之招尤》，《时事新报》1912 年 6 月 24 日，第 2 张第 2 版。
③ 《运动选举民政长》，《时事新报》1912 年 8 月 27 日，第 3 张第 1 版。
④ 《民政长复选有期》，《时事新报》1912 年 9 月 9 日，第 3 张第 1 版。
⑤ 《要恽季申不要屠寄》，《神州日报》1912 年 8 月 10 日，第 5 版。
⑥ 《运动选举之弊》，《中华民报》1912 年 9 月 18 日，第 7 版。
⑦ 国民党、共和党成员变动之事所在多有。如公民同志会改组为国民党常州分部后，高明、万国鼎等三百余人认为"公民同志会以把持民政署权利为目的"，与政党为国民谋福利的宗旨相悖，因此决定脱离国民党。《常州同盟会宣布脱党》，《时报》1912 年 10 月 10 日，第 4 版。
⑧ 《消除党见》，《时事新报》1912 年 9 月 17 日，第 3 张第 1 版。

庙为招待所，为各乡代表准备膳宿，以为本派运动。①

不过，屠派不仅控制着民政署，而且左右着县议会、参事会，还通过乡董联合会遥制各市乡董佐，就纸面实力来看，共和党在选举中的胜算并不大。或由于估量及此，共和党人采取釜底抽薪的做法，即认为武进县的自治并未一律成立，不能进行民政长选举，试图将屠派继续蝉联民政长的计划连根拔除。就在民政署筹备举行复选时，共和党人以公团名义致电江苏都督程德全，要求武进县停止选举，而暂行民政长委任制。② 为了佐证武进并未完成自治选举，共和党人随后又电禀程都督，认为县内第二、第七区的市乡自治选举尚在诉讼之中，因而县议会的成立不得视为合法，参事会亦应取消。③ 按照《县民政长选举章程》，参事会为民政长选举的执行机关，一旦被取消，选举势必中辍。共和党并做出两手准备，若民政署坚持办理复选，该党所属之选举人即以不到场投票作为抵制。④

共和党人的电控很快收到效果。9月16日都督府紧急叫停武进的复选。程德全称县、市乡自治既未一律正式成立，应先办自治选举，再办民政长选举，因此武进此前进行的民政长初选应视作无效。⑤ 屠派不甘选举就此失败，又援引《县民政长选举章程》为据，试图继续办理复选，但都督府仍以"办理选举手续问题"予以驳斥。程德全表示，若自治一律成立，可于翌年照章举行民政长选举。⑥ 至此，屠派试图通过选举继续控制县政的计划彻底搁浅，只好先筹办自治选举。直至1912年11月2日，武进县议会、参事会再次成立，并得到都督府的正式承认。不过，此时屠寄将不久于其位了。盖因不论新任民政长是由都督委任，还是再次启动选举程序，皆是对既存局势的调整，且充满未知的变数。

在挫败对手方的选举计划后，共和党人乘胜呈控民政署的种种舞弊行为，意图由此撼动屠派对县政的控制。屠寄首当其冲，屡屡被控。先

---

① 《绅学界招待复选人》，《时事新报》1912年9月17日，第3张第1版。
② 《选举声中之枝节》，《时事新报》1912年8月19日，第3张第1版。
③ 《当选人之懊丧》，《新闻报》1912年9月24日，第2张第2版。
④ 《复选事将中缓》，《时事新报》1912年9月20日，第3张第1版。
⑤ 《复武进县民政长电》，《江苏省公报》第46期，1912年9月24日，第8页。
⑥ 《复武进民政长电》，《江苏省公报》第48期，1912年9月28日，第5页。

是常州警察协会等十一个团体电控其滥用威权，纵警敲诈，请求都督派员查办。① 进而，武进市议会议长史藩、副议长庄俞，控告屠寄私自拨款 16000 元补助屠宽主持之高等实业学校，而此前都督庄蕴宽已经表示此校应停止开办；蚕桑女学校学生仅 8 人，一学期即耗费 900 余元；县议会、参事会被省令中止后，议长傅遴仍旧支用公费，参事会甚至并未停止运行，依然每月开会，参事员俸禄亦照发不辍。② 公民刘同厚与县议员郭钧辅，则控告屠寄移挪忙漕正款、擅提学务基本金、擅自开办县议会否决之官膏专卖所等数款。③ 针对屠寄的呈控此起彼伏，江苏都督府陆续委派周志靖、卢殿虎前往详查，结果各款多被坐实。都督府于是免去屠寄民政长职务，另委孙靖圻接任。④

对于屠去孙来这一人事更替，常州共和党人故意高竖独立姿态。武进市公所联合十一个乡公所通电表示，对于新旧民政长"无所谓挽留，亦无所谓欢迎"。⑤ 其实，这里的没有立场就是立场。看似尊重省令，完全中立，实则倾向于支持孙靖圻出掌县政。因孙氏为邻邑无锡县人，清末当选为江苏谘议局议员，辛亥后加入共和党。⑥ 由孙靖圻接任武进民政长，共和党人自然乐见其成。屠派的国民党员朱溥恩看出对手的用意，宣称孙靖圻"为城绅运动而来"。⑦ 这充分显示了共和党与"城绅"群体的天然联系，而常州共和党与国民党屠派则形同冰炭，孙靖圻的到来自然不为屠派所欢迎。

孙靖圻受命后，很快抵达常州，预备接印视事，但交接过程十分曲折，遭到屠寄一派的极力阻扰。屠派先是派人赴无锡大量印制诋毁孙靖圻的传单，然后寄往常州。11 月 16 日，孙氏抵达武进时，他们即将传单沿途散发。孙靖圻到来以后，希望尽快交接任事。但屠寄、朱溥恩尽力拖延交接，声称民政署诸事尚未料理完毕，不能遽然交卸，拒不交出

---

① 《专电》，《申报》1912 年 8 月 15 日，第 2 版。
② 《屠县长交令复议市议会呈控县参两会任意营私等情案（第十六号公函）》，武进县议事会编《武进县议事会第一届常会议决案汇录》，出版信息不详，国家图书馆藏，第 20B~23A 页。
③ 《武进县民政长被控纪闻》，《时报》1912 年 11 月 1 日，第 4 版。
④ 《县长免职》，《申报》1912 年 11 月 18 日，第 6 版。
⑤ 《武进县民政长竞争详志》，《时报》1912 年 11 月 21 日，第 4 版。
⑥ 江苏省行政公署内务司《江苏省内务行政报告书》上编，第 89 页。
⑦ 《武进县民政长竞争五志》，《时报》1912 年 12 月 3 日，第 4 版。

印信。与此同时，屠派赵衡、高镜清以乡董联合会名义致电程德全，详细胪列屠寄任上之政绩，呈请都督府收回成命。① 11月17日，屠寄率领乡董、乡佐数十人及县议会、参事会成员向孙靖圻施压，劝其向都督发电，表示自愿辞职，以便武进县照章选举民政长。孙靖圻以"奉命而来，须奉命而去"为由，予以拒绝。

孙靖圻虽未立即接任，但宿于民政署内，屠派即监视他的举动，以防其与常州共和党人互通消息。② 武进纠纷的消息经沪上报刊登载后，引发广泛关注。屠寄立即致函《时事新报》，自证清白。他表示自己身为民政长，应当遵从省令，卸任交印，而朱溥恩、奚臻等人要求选举民政长为另一问题，二者"不能并为一谈"。于是，他与孙靖圻约定11月19日办理交接。③ 不过到了18日，傅遴、高镜清率领多人闯入民政署，要求孙靖圻即刻离开武进，气势汹汹，孙靖圻只好迁入旧常州府署的军营寻求保护。④ 19日，孙靖圻因各市乡董佐和县议员的阻拦，未能前往县署接印，新旧任的交接问题由此悬而未决。

江苏都督将屠寄免职后，屠派或发电函，或亲赴南京，试图补救。11月19日武进县议会特开临时会议，集议应对办法。县议会认为武进之自治机关已一律成立，完全具备施行《县民政长选举章程》的条件，而屠寄已被解职，理应由具备暂代县政资格之第一课（总务课）课长负责执行，操办选举。武进县议会将此意见电呈都督府，并批评委人前来接任之举违背法规，"不敢任都督蔑视立法，蹂躏民权，致违定章"，并要求都督"收回成命，速令孙靖圻离邑，一面令第一课佐治职代理执行民政长选举手续"。⑤ "公民"何凯臣等二百余人、陈大猷等三百余人，以及乡董联合会会长高镜清，均发电抗议孙靖圻接任，坚持要依照《县民政长选举章程》选举新任民政长。⑥

总括而言，屠派的主张可分为三点：第一，指斥都督府委任民政长

---

① 《乡董果爱戴民政长乎》，《时事新报》1912年11月5日，第3张第1版。
② 《常州民政长大激战续记》，《时事新报》1912年11月20日，第2张第2版。
③ 《武进前民政长屠寄致本馆函》，《时事新报》1912年11月24日，第2张第2版。
④ 《武进民政长竞争详志》，《时报》1912年11月21日，第4版。
⑤ 《赵议员祖扑提议都督违法委任民政长应筹对付方法案》，武进县议事会编《武进县议会第一届常会议决案汇录》，第79B~81B页。
⑥ 《武进民政长之大激战》，《时事新报》1912年11月19日，第2张第2版。

为违法，坚持通过选举产生新任民政长；第二，阻扰孙靖圻接任，要求其离常回省；第三，由总务课长办理民政长选举。三条主张有破有立，并将目标放在第三点。盖彼时县署之佐治职基本由屠派独占，具备暂时代理县政资格的总务课长更是由屠寄之亲信赵衡担任。如若坚持选举的要求获得允准，则操办大权仍牢牢掌握在屠派之手，进而可以左右选举结果。果不其然，孙靖圻未能如约顺利接印之日（11月19日），屠寄于当晚赴宁晋谒程都督，行前即将印信交付课长赵衡保管，由赵氏代理武进民政。这应当经过屠派的精心策划。

针对武进方面"力争委任之非"，程德全依据《县民政长选举章程》之第二十五条即"民政长任期内因事出缺，暂由第一课佐治职代理，仍于十五日以内召集初选当选人，行补缺选举"的规定，抓住"仍"字大做文章。他认为该条规定系针对已经照章选举民政长之县而言，屠寄并非"选任"产生，因此其出缺即非"选任"以后之出缺，也就不能适用补缺选举的条款。至于总务课长赵衡保管印信，暂行代理民政，以办理民政长选举，程德全认为武进此次改委出缺，是"一面出缺，一面已有人接任"，因此毋庸由第一课佐治职代理。武进县民政长问题，应按照《江苏暂行地方制》第七条即"在选举法未施行以前，暂由都督委任"办理。① 经过程德全的诠释，屠派的三点主张已有两点被完全拆解。

程德全一面通过条文解释来疏通坚持选举民政长诸人，一面电令孙靖圻务必于11月21日向赵衡索印接任。但赵衡依旧揞印不交，程德全于是电令常州地方检察厅长冯国鑫，限赵衡于26日前交出印信，否则即按律起诉。② 但赵衡先是以印信由民政长屠寄转交，须请示屠氏的意见为由，搪塞冯国鑫的票传，而后携印离开武进，不知所踪。③ 至此，被免职但未曾交卸的屠寄远在南京，手持印信的赵衡不知去向，而都督新委之孙靖圻则尚未正式接印，无法任事，导致武进的行政机关停止运行。

---

① 《武进乡议长县议会不明权限误解条文之指令》，《江苏省公报》第75期，1912年11月30日，第21~23页。
② 《常州通信》，《时报》1912年11月28日，第4版。
③ 《武进地方检察长请缉拿赵衡致程督电》，《时事新报》1912年11月29日，第1张第2版。

屠寄到南京后，程德全"深鉴为难情形，不加深责"。或许考虑到共和党背景的孙靖圻不为屠派接受，28日程德全告知屠寄，已将孙靖圻调离武进，改委他人接任，并劝屠寄返回常州，静候新任到时办理交代。赵衡离开常州后，亦偷偷前往南京。于是，当晚屠寄与赵衡携印回常，依旧入署治事。也正是在屠、赵回常之际，孙靖圻与县商会、武进市公所商议后，借用地方检察厅印信暂支目前，在崇法寺办公，而地方检察厅则借用初级检察厅印信。① 屠寄认为孙靖圻的举动有共和党人钱以振为其撑腰，因而甚为不满，他批评借印借所办公之举"光怪离奇"。②

屠寄与孙靖圻各自持印办公，导致"一邑之中，同时有两行政官出现"。县议会、县农会以及各市乡自治公所则通电控诉孙靖圻，认为常州"要求收回成命，照章由人民选举，已蒙都督面允电孙靖圻快车回省，另行改委到常执行选举"，而孙氏"不遵省令回省，反串用检察厅印信黉夜任事"，因而将孙氏发给之任职照会退回，予以抵制。③ 与此同时，针对孙靖圻、地方检察厅、初级检察厅之间"辗转滥用"印信，县议会议长傅遴于12月2日召集临时会，议决反制办法。县议员一致认为地方检察厅长冯国鑫"以其印信授人，即丧失其行使职务之效用"，应呈请江苏提法司将冯氏立予撤换，在印信未收回以前不承认地方检察厅和初级检察厅；而孙靖圻本属行政官，竟借用司法系统之印信，"行政司法截然两途，孙靖圻官职与印信既属两歧，方式不合，于法律上当然不能生效"。④

两名民政长各自办公，屠派甚至直接取消检察厅，造成地方秩序骚然。共和党派纷纷发电，指责"屠党既抗省令，又消灭司法权，借争省议案、争民选为名，欲使全邑行政、司法之权，尽入屠党之手"。⑤《时事新报》亦指责江苏都督府"外慑于县议会之凶焰，内泥于屠令之干

---

① 《武进民政长拟借用印信电》，《神州日报》1912年11月30日，第2版。
② 《寄（屠寄）致竹君（赵凤昌）》，国家图书馆善本部编《赵凤昌藏札》第7册，第156页。
③ 《常州人不要孙靖圻》，《民立报》1912年12月1日，第6页。
④ 《陈议员以谷等提议孙靖圻串同地方检察厅滥用印信紊乱法纪应筹对付方法案》，武进县议事会编《武进县议事会第一届常会议决案汇录》，第81B~83A页。
⑤ 《常州人民公请惩办屠寄汇电》，《神州日报》1912年12月5日，第2版。

请，不催促交替，不保全检察厅之权利，授各县以不良善之榜样"。[1]武进民政长纠纷以来，沪上各报争相报道，程德全面临巨大的舆论压力。更重要的是，省议员和国会议员的选举日期迫在眉睫，事关一省乃至国家的立法根本，不可不慎。屠寄虽未交印，但已被免职，无办理选举之名；孙靖圻则虽被委任，但尚未接印，无执行选举之实。武进民政长问题若再迁延不决，势必波及即将开展的选政。

最终，江苏都督府决定将孙靖圻调往靖江县，另委江西人程学怿主掌武进县。这与程德全对屠寄的承诺一致。鉴于省议员选举期近，程德全命程学怿星夜赴任。12月5日，程学怿正式莅常接任。程德全唯恐屠寄依旧违抗不交县印，恰逢此时总统袁世凯已通令将各县行政长官统一改称县知事，故在南京重刊"武进县知事印"一颗，由程学怿随同带往。[2] 至此，武进县民政长纷争终于尘埃落定。

常州当地的共和党、国民党人两败俱伤，县政由外人执掌，两派的嫌隙由此进一步加深。接下来的省议员、国会议员选举，又沦为双方角力的战场。程学怿上任之次日（12月6日），是江苏各县举行省议会初选的时间。程知事鉴于武进县"行政机关停止已二十日"，加之走马上任之初一切未及筹备，故呈请将选举推延至六天后举行。[3] 而屠派在县署的势力深厚，在揩印期间已安排好选举事宜。屠寄委任亲信岳峻为筹办选举事务所主任，赵衡则用旧印——"武进县民政长印"提前戳盖投票纸，各投票区的负责人亦已全部派定。为了左右省议员选举，屠寄、朱溥恩力劝按期举行。无奈之下，初到武进的程学怿只好撤回延期通告。[4] 12月6日进行投票时，共和党人以选举被国民党派控制，于是大闹投票所。全县共十个投票所，其中八个被毁。程学怿因选举期间发生捣毁投票所的事故，被都督府记大过一次。[5] 程德全责令武进将省议员选举推后举行。后来的国会选举亦因两派斗争而风潮迭起，

---

[1] 亚雨：《武进民政长之争攘》（社论），《时事新报》1912年12月8日，第1张第1版。
[2] 《县长莅新》，《申报》1912年12月11日，第6版。
[3] 《武进知事请展投票期》，《时事新报》1912年12月8日，第1张第2版。
[4] 《常州初选举之怪状》，《时报》1912年12月8日，第4版。
[5] 《专电》，《申报》1912年12月12日，第2版。

几乎延期。①

程学恽到任后，为顺利开展政务，曾极力调和两派矛盾，但收效甚微。1912年旧历腊月底，程学恽借消寒为名，宴请共和党派的钱以振、沈同芳与国民党派的傅遴、朱溥恩等人，但双方积怨已深，难以调融，应邀出席者寥寥。②屠寄卸任后，共和党派也未放松对其的攻讦，双方迭讼不休。庄洵、孟森控告屠氏在任时滥支公款，数目甚巨，要求省署派员会查；③并通过县议会审查屠寄任内收支款项，要求现任知事从速追查屠寄所欠地方公款。④同时，共和党还控告高镜清自称业经都督撤销之乡董联合会会长，且滥支地方附税。⑤屠派则控告钱以振违抗法令，要求对其进行惩戒。⑥两派的斗争持续到国民大革命时期，才告一段落。北伐军到来后，在中国国民党武进县党部拟定的处分土豪劣绅名单上，共和党派有钱以振等七人，屠寄一派虽因同盟会的渊源而与北伐党军有亲缘关系，但仍有三人赫然在列。⑦直到1935年，尚有人担心两派纷争"余毒未清，或不免死灰复燃焉"。⑧

余　论

辛亥鼎革后江苏短暂推行的县官民选制，是对传统尤其是清代人事制度的一次颠覆。对传统王朝而言，通过中央政府直接任免地方官是实现国家大一统的重要途径，实行选举则否定了由上到下的任免机制，意味着县官不再来源于中央的直接委派，而是取决于"公民"的投票选举。由此，县官的合法性和权力来源亦随之发生转移。不仅如此，传统

---

① 《江苏民政长致筹备国会事务局电》，《政府公报》影印版第9册，第334页。
② 《酒以合欢》，《申报》1913年1月5日，第6版。
③ 《清理交代》，《申报》1913年1月11日，第6版。
④ 《屠县长交议任内收支决算案（第五号公函）》，武进县议事会编《武进县议事会第一届常会议决案汇录》，第42A～42B页。
⑤ 《江苏省行政公署批第一千六百五十九号（原具呈人武进丰南乡董包献言等）》，《江苏省公报》第154期，1913年6月7日，第21～22页。
⑥ 《江苏省行政公署批第一千五百号（原具呈人武进公民姚武等）》，《江苏省公报》第149期，1913年5月27日，第15页。
⑦ 恽逸群：《一九二七年前后党在武进地区的活动》，《第一次国共合作在江苏（1923～1927）》，第374页。
⑧ 薛迪功：《书武进之光复》，《江苏评论》第4卷第5期，1935年12月1日，第21页。

王朝还实行了周详而严格的回避制度，以避免为官乡里可能导致的弊端，而《县民政长选举章程》则将各种回避禁忌完全打破，本省人任本省官甚至本县人任本县官合乎法规，且成为当时较普遍的现象，这亦是一个相当大胆的尝试。这样激进的改革举措，与辛亥革政之初相对宽松的政治环境、勇于试验的政治氛围密不可分。

中华民国的成立虽象征着全国政权之鼎革，但与治权的统一还有相当距离。新生的民国忙于国家政体、中央部院官制等顶层设计，加之中央政府实力有限，暂时无暇亦无力控制各省，这为江苏试行县官民选制提供了重要契机。另外，在国家失序的情况下，江苏各处人士充满重建地方秩序的热情。江苏是清季各省中办理各种新政与地方自治较有成效者。[①] 投票选举作为一种新的政治运作方式，地方士绅已经在清末的各种社团（如教育会、商会、农会等）选举、自治选举中得到充分"训练"。辛亥革命在埋葬了一个王朝的同时，亦终结了帝制，这使得光复之初江苏民权大张，建立联邦制国家成为当时不少人的愿景。江苏临时省议会就有制定"本省根本法"和"本省官制官规"的权限，并向都督庄蕴宽力争实现"单纯国民政治制"。适如钱淦所言，"以一省而有最高之立法权"，江苏"隐然若联邦中之一国"。[②] 正是如此，清末引入的民主共和理念获得了"见之于行事"的机会，县官民选制度也就顺势登场。

然而，这场时人期待甚殷的县官民选试验成效不彰。江苏都督府颁布《县民政长选举章程》后，曾数次催促各县尽快筹办自治，以便如期举行民政长选举。但到初选时，各县"多借口于县制、市乡制之未备，延而不办"。之所以如此，一方面在于自治机关，尤其是各县"地方议会，隐然处国民监督之地位，或不免于掣肘"，[③] 正如常熟的虞东派利用县议会为难丁祖荫那样；另一方面，现任民政长其实还有更为现实的考量，因其虽有选举资格，但须经过初选、复选、都督择任的程

[①] 江苏的地方自治"若以苏属与他省比较，当不逊色，加上宁属则降低其进度"。王树槐：《中国现代化的区域研究：江苏省》，台北，"中研院"近代史研究所，1984，第200~201页。

[②] 印（钱淦）：《论行政官与民选之关系》，宝山县民政署编《宝山共和杂志》第2期，1912年9月，"言论"第1~2页。

[③] 江苏省行政公署内务司编《江苏省内务行政报告书》上编，第61~62页。

序，若稍有差池即可能丧失既得权位。职是之故，他们"多延一日选举，即可多保一日禄位"。① 同时，县署职员的薪俸相对优厚，导致"地方人群趋于官治一途"。② 常熟之徐元绥复选后，即"预定课长、课员等三四十人之多"，四处运动时"未来之课长、课员相率随之以行"；而丁祖荫的支持者在丁氏连任后，亦纷纷位居要津。这充分说明县级政权关涉着巨大的利害关系和庞大的利益群体，对在野者与在位者皆极具诱惑力。前者力图据而有之，后者则试图继续掌控。再加上鼎革之际，戎马倥偬，江苏都督"注重军政，于民政渺不措意"，亦未设有"督促选举之机关"。基于以上诸种原因，各县在办理自治选举和民政长选举时大多因循迁延。③

这场试验很快因中央收回地方官的任免权而收场，但由选举而产生的影响并未就此结束。废除回避制度、颠覆中央任免地方官、由地方"公民"选举本地人出任本地官员，是清季以来一种流行的政治思潮。但当理想照进现实时，又会带来新的难题。自清末新政开办后，绅权获得极大的伸张，围绕地方话语权的争夺，士绅之间出现明显的利益分野。正如程德全的观察，"不但民与绅不洽，即绅与绅亦不洽"。④ 在中央委派和回避制度下，县官一职对于本县人而言，是一种人人触不可及的"平等"；在民选制度下，县官一职对于本县人而言，则是人人触手可及的"平等"。但从一种"平等"转换到另一种"平等"时，这种缥缈的可能性极大地调动了地方士绅的权力欲。县官民选的消息传出后，"一般依堂董为生活者，咸有觊觎被选之望"，⑤ 他们纷纷摩拳擦掌，跃跃欲试。当地方士绅都聚焦于县政的控制权时，纷争在所难免。

各地士绅围绕地方政权的争夺不仅发生在常熟、武进，其他各县亦

---

① 《整顿江苏吏治议》，《新闻报》1912年6月4日，第1张第1版。
② 以佐治职的各课课长为例，其岁俸分三等，分别为960元、840元、720元。各县"皆滥用冗员，多糜政费"，甚者"坐食岁糜几万元之巨，以视前清州县署用旧习，东馆钱谷，西舍刑名者，方倍蓰之。几何其不诱人于利禄也？"而一般"办自治、办教育者，年俸不过一二百元，多者或三百元"，远不及佐治职员所得。《苏省选举县民政长之无期》，《新闻报》1912年6月19日，第1张第1~2版。
③ 《苏省选举县民政长之无期》，《新闻报》1912年6月19日，第1张第1~2版。
④ 程德全：《到苏接篆后上亲贵及政府书》，《辛亥革命江苏地区史料》，第17页。
⑤ 《苏州新纪事》，《申报》1911年11月19日，第1张后幅第4版。

多有纷争。如昆山复选时即发生风潮，初选当选人安亭乡乡董兼省议员蔡璜被庄书群殴，几致毙命。[1] 据闻"各庄书此次之敢于暴动，实别有所恃，而于选举民政长尤有关系"。[2] 风潮过后，复选推迟举行，但届时各市乡代表出席投票者寥寥无几。当地人告诉《时事新报》记者，昆山"城乡意见积嫌甚深，故选举一层万难成就"。[3] 最终昆山选举遂作罢论。对地域社会而言，由选举纷争而造成的"绅与绅战"影响颇深，如常州、嘉定的士绅对立，几乎贯穿20世纪的前30年。而选举过程中又引入了近代新式政党，使得地方士绅的撕裂蒙上一层政党竞争的色彩。从这个意义上说，江苏的县官选举实践虽然可以视作辛亥后学习西方这一时代巨潮下的昙花一现，但其对当地社会持续产生影响，并构成了此后很长时期内当地社会结构中的一部分。

当袁世凯政权稳固后，江苏的县官选举制度也就失去了存在空间。北洋政府又逐步规复了中央委派地方官的旧制，并严格执行回避制度。但从长远来看，投票和选举已经进入中国人的政治生活，这是中国现代政治转型的重要内容。县官民选是将选举由政治体制外引入体制内的一次尝试，力图"合官治与自治而为一"。江苏采取的"选举委任折中制"虽然距离国家意志与人民意志统一的政治体制还较远，但其已在力图融化民意与官意。这多少说明了在20世纪以后的中国，地方官由国家直接委任这条从上到下的单向传递之路已受到质疑。投票选举是联结人民意志与国家意志的有效方式之一。选举进入中国人政治生活的背后，攸关"公民"与国家关系的知识变化。但政治知识的更新与政治制度的移植需要时间，更需要在实践中与本土资源相互碰撞，并不断彼此调试，才能真正内化为中国人的一种政治生活方式。

---

[1] 《民政长呈都督电》，蔡璜：《风雨鸡鸣录》，苏州工业专校印，1926，第53A～53B页，华东师范大学图书馆藏。
[2] 《昆山选举民政长之颠末》，《申报》1912年9月14日，第6版。
[3] 《选举民政长未成》，《时事新报》1912年9月8日，第3张第1版。

地方民军与基层政治

——福建长泰县叶文龙的个案研究（1926～1940）

叶培林[*]

前 言

地方民军是辛亥革命前后出现的反清、反北洋军阀的民间武装力量，所谓"民军之起，在改政体以救国民"。[①] 他们有别于士绅阶层所领导的、以保卫乡里为目标的团练，也不同于啸聚山林的土匪，近似军阀，[②] 但又有所区别。作为"帝国主义借以剥削中国人民的重要工具"，[③] 中国近代史上的军阀多具有统治一省乃至数省的实力，并且常倚仗武力，以非法途径干预国家政局乃至尝试问鼎中原。相较之下，地方民军正规性不足，且规模较小、实力较弱，和中央政权以及帝国主义的联系并不密切。正是由于地方民军在中国近代史上的影响力远不如前者，以往的研究者多从宏观的角度入手，探讨军阀政治的产生原因、表现与流弊，[④]

---

[*] 叶培林，南京大学马克思主义学院博士研究生。
[①] 朱文亮：《辛亥鼎革之际"民军"称谓考略——兼论清帝逊位诏书的性质》，《近代史研究》2014年第2期，第132~139页。
[②] "军阀"一词在中国古代意指"军功"，1912年以后日本及中国才重新定义这一词语。五四运动前后，李大钊、陈独秀等人在日本文化及第一次世界大战的影响之下，经常性地用"军阀"指代拥兵自重、嚣张跋扈之武人，后遂沿袭使用至今。参见徐勇《近现代军阀现象的政治文化分析——兼考军阀概念输入中国之成因》，《北京大学学报》1999年第5期，第61~70页；桑兵《历史的本色：晚清民国的政治、社会与文化》，广西师范大学出版社，2016，第207页。
[③] 《〈广东省党部代表大会会场日刊〉发刊词》，《毛泽东文集》第一卷，人民出版社，1993，第16页。
[④] 如刘江船《论民初军阀割据的文化原因》，《民国档案》1994年第3期，第65~71页；高海燕《地方主义·军事主义——近代中国军阀政治探源》，《史学集刊》1998年第3期，第37~43页；翁有为《五四前后时人对军阀现象之认识》，《历史研究》2015年第6期，第95~115页；杨天宏《军阀形象与军阀政治症结——基于北洋时期民意调查的分析与思考》，《近代史研究》2018年第5期，第40~66页。

而未注意到民军武装对地方政治的影响。一些涉及民国基层政治的著作,则更关注士绅、县长、乡镇长以及保甲长等常见角色,[①] 忽略了存在于制度设计之外、却掌控着实际权力的民军首领。唯福建省由于其特殊的地理位置和历史境遇,[②] 孕育了一大批长期盘踞八闽大地的民军力量,因而得到了学界的一定关注。[③]

叶文龙(1899~1941),字起文,号振凤,出生于福建省长泰县岩溪镇珪塘社,民国时期的福建民军首领之一,1918年投入同安县民军叶定国麾下,作为援闽粤军总司令陈炯明所辖的第二旅的一部分参与了护法战争。随后,叶文龙凭借着自己的机警和才干,得到叶定国之侄叶振南的赏识,与之结拜,并被叶定国收为义子,成为叶定国的亲信之一,在叶振南病亡后接连升任营长、团长,并在1926~1940年间长期把持长泰县政权。

在传统的革命史视阈中,民军在北伐战争以后便逐渐沦为同土豪劣绅一般的人民公敌,地方志书多停留在为其立传的层面,简单地描绘民军首领穷奢极欲的一面,[④] 而往往忽略了这一群体在社会文化视野下的研究价值,以及他们影响地方政治的具体路径与维度。学界过往研究则

---

① 如魏光奇《官治与自治——20世纪上半期的中国县制》,商务印书馆,2004;王奇生《革命与反革命:社会文化视野下的民国政治》,社会科学文献出版社,2010。

② 李湘敏认为,福建省介于国民党早期两大核心统治区域即两广及江浙之间,地缘位置较差,战略价值相对有限,并非兵家必争之地,因而在国民政府定都南京以后几乎不受大规模军阀混战波及;同时,由于福建省内没有一家独大的地方势力,对中央政府威胁程度不高,在"福建事变"及全面抗战爆发之前,国民政府对福建民军多以招安、收编为主;福建历史上向来兴盛的宗族势力和秘密结社也为民军的产生提供了土壤。参见李湘敏《福建民军刍议》,《福建师范大学学报》1988年第1期,第105~110页。

③ 近二十余年国内学界关于福建民军的研究,除了前引李湘敏文,主要还有陈建平《福建民军与护法运动》,《福建教育学院学报》2000年第3期,第57~58页;韩真《福建民军史略》,《福建史志》2001年第3期,第44~47页;韩真《福建民军性质问题刍议》,《闽江学院学报》2003年第1期,第123~126页;廖廷建《"福建事变"中的地方民军》,《福建史志》2003年第4期,第35~37页;廖廷建《福建民军之研究》,福建师范大学硕士学位论文,2003;许惠敏《北洋军阀统治时期福建民军的产生、发展和消亡》,《福建史志》2007年第3期,第36~38页。

④ 如长泰县地方志编纂委员会《长泰县志》,方志出版社,2005,第1037~1038、1066~1067页;蔡维祺《长泰"土皇帝"叶文龙》,福建省政协、泉州市政协、漳州市政协文史资料委员会《闽南民军》,福建人民出版社,2001,第18~24页;王登临《叶文龙统治长泰罪行录》,中国人民政治协商会议福建省委员会文史资料编辑室编《福建文史资料》第4辑,福建人民出版社,1980,第115~128页。

多将其作为一个整体，粗泛地考察其性质、发展轨迹或与某一事件（比如护法运动、"福建事变"）的关系。以笔者目力所及，似乎尚未有学者以案例分析的方式深入探讨民军首领如何实现对民国县乡政权的侵夺。考虑到县级政府在中国行政体系中的基础性地位，以及民国时期县乡制度、法规频出而弊病不绝的特点，本文以福建长泰县的叶文龙为例，尝试厘清民军在县乡治理中所发挥的作用及其途径，剖析在国民政府名义统治与地方民军实际掌控下的县乡政治生态，以求更好地理解这一时期的基层政治和央地关系。

一 乱世称雄：叶文龙的崛起与立足

清末以来，传统中国面临着崩溃与解体，乡村社会首当其冲。一方面，科举制的废除导致了传统士绅阶层的瓦解与裂变；另一方面，城乡差距在近代化起步阶段迅速扩大，又造成了乡村精英的大量流失。乡村社会由此成为一个被精英遗弃、管理日趋失序的地区。① 民军既起，倚仗武力干预地方治理便恰逢时机。

辛亥革命期间，各地民军蜂拥而起，② 为推翻清廷在南方诸省的统治做出了巨大贡献。③ 1911年11月，民军劝福州守军弃城不成，乃联合防营协同进攻，使清兵悬旗，总督自尽。④ 在革命党人和民军等共同努力下以"各省宣告独立"的形式建立起来的中华民国，未经"秦王扫六合"式的全面战争的洗礼，各种旧有地方势力得以保存。1913年，北洋军阀李厚基督闽，此后福建民军不仅没有遭到削弱，相反因为大量底层民众的加入而愈发壮大，其中有多支民军投入在闽的中华革命党人

---

① 王奇生：《革命与反革命：社会文化视野下的民国政治》，第317~329页。
② 参见韩森《民军光复上海广州南京等地的档案资料选辑》，《历史档案》1981年第3期，第7~19页。
③ 孙中山在《致黎元洪电》（1911年12月29日）中亦称"武昌起义，四海云从，列国舆论，歌颂民军"。参见尚明轩主编《孙中山全集》第六卷，人民出版社，2015，第14页。
④ 《辛亥年九月十九日民军占领福建省城福州府》，《东方杂志》第8卷第10期，1912年4月1日，"中国大事记"第2页。题中日期应为农历，所记事件在辛亥革命（农历八月十九日）爆发一个月后。

宋渊源、许卓然麾下。① 护法运动期间，福建民军迅速崛起。1918年，张作霖派兵入关，支持皖系段祺瑞对南方用兵。孙中山电令陈炯明，称"闽事关系全局"，"愈迟则敌力愈厚，望速进行"，后者遂以援闽粤军总司令之名，与征闽靖国军总指挥方声涛相继挥师东向。② 陈、方入闽后，为团结各方力量一致对敌，大量招抚收编福建地方民军，从而给了民军势力借政局动荡、兵燹遍地之机谋求自身发展的良好机会。③ 1923年初，作为福建民军总司令的方声涛，将原先活跃在福建各地的民军首领卢兴邦、高义、杨汉烈、吴威、叶定国、陈国辉等，分别委任为福建民军第一至第六路军司令。④ 1926年，北伐战争爆发，同年底福建省政务委员会宣告成立，张贞任代主任，宋渊源、卢兴邦等民军将领皆为委员。⑤ 此时，民军首领叶定国在张贞指挥下参与北伐，其义子叶文龙则被任命为团长留驻长泰，⑥ 自此开始了他对长泰县十余年的割据统治。

民军首领想要建立并维持对地方的实际控制，除了手握相当规模的私人武装，还必须得到政府的承认与默许。然而，地方民军获取国民政府认可与支持的道路并非一帆风顺，至少在北伐战争胜利后的几年中，国民政府并未轻易允许民军武装横行乡里，双方之间仍存在着不少龃龉。这一时期，由于失去了共同的敌人和继续结盟的必要，地方民军一度沦为国民政府打击的对象。1929年，国民政府电令闽省："闽南积匪陈国辉暨其重要党羽洪文德等九人，又匪首叶定国暨其党羽叶文龙等三人，又著名股匪高义等，平日杀人越货，罪恶贯盈。经职府临时会议议决，陈国辉应即褫去福建省防军第一混成旅旅长职，严缉惩办，并严缉洪文德等惩治，一律查封财产，请通令协缉。"⑦ 这些所谓"积匪"，不久之前皆是曾与国民党人并肩作战的民军将领。同年，据《公教周刊》

---

① 韩真：《福建民军史略》，《福建史志》2001年第3期，第44~47页。
② 孙文：《致陈炯明电》（1918年2月19日）、《复方声涛电》（1918年4月2日），均见尚明轩主编《孙中山全集》第六卷，第319、366页。
③ 许惠敏：《北洋军阀统治时期福建民军的产生、发展和消亡》，《福建史志》2007年第3期，第36~38页。
④ 福建省地方志编纂委员会编《福建省志·军事志》，新华出版社，1995，第40~44页。
⑤ 《福建政务委员会呈第一号》，《福建临时省政府公报》第1期，1927，第11~12页。
⑥ 蔡维祺：《长泰"土皇帝"叶文龙》，《闽南民军》，第19页。
⑦ 《国民政府指令：第一六四七号》（1929年8月16日），《国民政府公报》第246期，1929，第9页。

记载,"叶文龙被一师缴械后,本人即逃入莲花山一带,纠集余卒,以图扰乱地方","叶乃于日昨率余众四百余名,潜入安溪与陈国辉部结合"。① 不久后又报道称,"叶定国、叶振凤皆在岩溪,振凤残部,尚有五百余名,现自改编为民团,叶仍自任团长,经费则向乡民派索"。② 可见,此时国民政府对地方民军以"剿"为主。然而,国民政府内部亦非铁板一片,国民党军队中本就不乏"君命有所不受"的地方势力。1930年,在张贞建议下,国民政府转而以"尚能爱护地方"为由,取消了对陈国辉、叶定国、叶文龙等人的通缉,③ 这些民军武装随即再次被编入张部。④

  对于民军首领而言,保全、扩大自身实力是他们的最高追求,为此,他们在政治上不断摇摆。1932年,叶文龙依附张贞不久后,毛泽东便亲自率领红军攻占漳州市,几乎全歼张贞部。⑤ 而叶文龙则按兵不动,龟缩长泰以保存实力。随后,"福建事变"爆发,叶文龙又接受了十九路军的整编。及至蒋介石派兵入闽,他再度变节,转投"福建讨逆军",对十九路军反戈一击。⑥ 在此期间,叶文龙曲意逢迎、朝秦暮楚,从而得以保留其团长职位与所辖民军,并且始终以长泰县作为其势力范围。及至陈仪入闽后,因日军侵华,沿海战事吃紧,福建省政府担心叶文龙卖国求荣,又授予其驻闽绥靖公署警卫团长一职以为安抚。⑦ 为了获取上级政府对其割据事实的默许和放任,叶文龙还曾利用长泰县党部常务执行委员叶愚青、长泰县教育局局长叶思恭、武安镇镇长王郑林等人,联络并贿赂福建省党部的陈联芬、中统特务林鸣岗、保安处处长叶诚及参谋长赵南等高官,并多方巴结长泰籍的军事委员会第一军风纪巡查团中将副主任陈林荣、长江上游警备司令连英豪,厚待他们在长泰县内的

---

① 《见闻志要:叶文龙潜入安溪》,《公教周刊》第19期,1929,第14~15页。
② 《见闻志要:匪讯》,《公教周刊》第28期,1929,第13页。
③ 《训令:第三一三六号》(1930年8月28日),《行政院公报》第182期,1930,第16~17页。
④ 《时事见闻:陈国辉与叶定国》,《公教周刊》第92期,1931,第15页。
⑤ 《红军继续占领漳州:消灭张贞陈国辉两部白军》,《红色中华》第18期,1932,第1页。
⑥ 廖廷建:《"福建事变"中的地方民军》,《福建史志》2003年第4期,第35~37页。
⑦ 《长泰县志》,第1066页。

亲友,以换取其庇护。① 1934年,驻闽绥靖公署主任蒋鼎文坐镇漳州,围剿十九路军,连英豪在其麾下负责特务工作。由于曾经被十九路军收编,叶文龙担心遭到国民政府弹压,乃暗中勾结连英豪。后者遂从中斡旋,使得叶文龙再次接受国民政府收编,并依旧驻扎长泰,就地收取军费。② 正是在国民政府的承认与纵容之下,叶文龙这样的福建民军首领才能称霸一方十余年。

二 人际网络:民军侵夺政治权力的途径

杜赞奇曾经利用"权力的文化网络"这一概念考察20世纪上半叶的华北农村,这一网络包括不断相互交错影响的等级组织和非正式的相互关联网,如市场、宗教、宗族以及庇护人与被庇护者、亲戚朋友之间的相互关联等。③ 对叶文龙而言,他更多的是通过人际网络实现对长泰县乡政权的侵夺。

官吏之别,自古有之。外来流官与本地胥吏之间固然有共同的目标,却也时常出现利益纠葛。官长若成功树立起自己的权威,则尚能统率其部属,但倘若本地势力过于强大,甚至如民军首领一般手握兵权,外来流官便难以充分行使其权力。1928~1929年,国民政府两次颁布《县组织法》,规定县政府下辖区及乡镇,在省政府指挥监督之下有"处理全县行政、监督地方自治事务"之权;县长任期三年,表现优良者可连任。县长、县政府还可以向省民政厅荐任县府秘书及科、局长。④ 据此规定,县长似乎在地方治理方面有充分职权,然而实践中却并非如此。作为地方绅权膨胀留下来的"历史遗产",以"四局"为代表、实质上受地方势力控制的县乡权力机构,并不因中央政府的一纸法律条文便服从县长指挥。仅就福建而言,省府法规规定各县公安局、教育局、建设局、财政局局长均由省厅遴选委任、管辖指导,县

---

① 蔡维祺:《长泰"土皇帝"叶文龙》,《闽南民军》,第21~22页。
② 《长泰县志》,第1066页。
③ 〔美〕杜赞奇:《文化、权力与国家——1940~1942年的华北农村》,王福明译,江苏人民出版社,1996,第4页。
④ 《县组织法》,《行政院公报》第54期,1929,第15~21页。

政府对其仅有"指挥监督"之权,因而时人并不将"四局"看作严格意义上的县政府下属机构,而是与之并列。县政难以整合统一,甚至出现了各局与县府分庭抗礼的局面,以至于国民党中央亦承认县府仅是高悬在上,实际并无统率已成分立状态的各局的能力。① 县一级政权架构中的裂缝和对立,为民军首领提供了拉帮结派并侵夺政权的良好机会。

从1926年到1940年,长泰一共有过15任县长,平均每任任期仅有一年,远不及《县组织法》所规定的三年,其中更有4人在任内辞职。② 这固然并非长泰一县所独有之现象,但由此亦可反映这一时期长泰县县政之不堪。辛亥以后,中国古代效忠皇帝与儒学修身两个坐标的同时失范,使得人情在政治、社会活动扮演了极为重要的角色。③ 考虑到一县之长所要处理的繁杂事务,以及闽南地区各县市口音腔调、风俗习惯大相径庭的情况,外来县长实在难以在短时期内建立起对地方的有效控制。④ 相反,所谓"流水的官,铁打的枪",叶文龙生于斯、长于斯,又长期驻兵于此,使其得以通过玩弄人脉、收买荐任等手段,控制县党部委员、科局长官和其他县府职员,从而建立"独立王国"并架空县长,自行专断之权。

叶文龙首先实现的是对县党部的控制。尽管有学者认为国民党在地方上存在着党政分离、重政轻党的情况,⑤ 相关法规亦规定"县党部对县政府有监督之权、建议之责,但不得强制政府执行",县党部有权指

---

① 参见魏光奇《官治与自治——20世纪上半期的中国县制》,第157~160页。
② 参见福建省档案馆编《民国福建省县以上行政长官名录》,第90页。内部发行,漳州市图书馆藏。
③ 黄道炫:《密县故事:民国时代的地方、人情与政治》,《近代史研究》2017年第4期,第4~23页。
④ 籍贯回避是清代一贯的官制原则,民国时期仍然得到了相当程度的延续。1920年福建48县县长中仅有3人是本地出身,其余皆出自他县。1928年新委任的6个县长则全是外地出身。具体到长泰县,自1912~1949年间,共有6任本地出身的县长,任职时间分布在1922~1926年和1949年,其中4人由民军、军阀等直接委任,1人是北伐军入泰时临时推选产生,1人情况不详。参见《福建省县长调查表》,《福建省政府公报》第48期,1920,第29~34页;《福建省新委各县县长调查表》,《福建省政府公报》第56期,1928,第72页;长泰县地方志编纂委员会编《长泰县志》,第609~610页。
⑤ 王奇生:《党政关系:国民党党治在地方层级的运作(1927~1937)》,《中国社会科学》2001年第3期,第187~203页。

导"各县民众团体之组织",县政府不得干涉。① 这就为叶文龙提供了通过县党部把控各种地方团体的机会。况且,通过县党部不仅可以影响地方的政治,还能与省市高层官员建立联系,因此叶文龙十分重视对县党部的控制。1926年北伐军东路军进入长泰以后,叶文龙的亲信叶愚青、王少安②便回到长泰成立国民党长泰县临时党部筹备处,叶愚青任筹备员。③ 由此,国民党长泰县党部自成立起便在叶文龙的影响与控制之下,沦为民军首领控制地方的工具。

1927年,县党部函请将所征附加路款留作本县"市政之用",被批"碍难准行"。④ 然而,长泰县似乎并未理会这一批示。以至于当年年底福建省建设厅再发指令,称"丁粮每两折征钞票二元二角,附加二成公路费,计应四角四分,来呈仅称四角,显有错误"。⑤ 对此,时任县建设局局长黄秉章解释道,自己就职以后,前工务局长戴宗洁把持相关款项,不肯移交,得上峰命令并对其进行审问后,乃知其伙同刘光畴组织"民办公路委员会",强行截收建设局的公路附加公款,以至于建设局"自开办以来,并无分文之款收入,一切计划碍难进行"。据黄秉章言,"长泰公路什捐附加二成,全年份计收大洋四千一百九十七元零四分,向系由县署征收,宗洁见利生贪,乃于去年五月间硬向县署划出自收,从中取利,近又倚势抗令,串收公款,破坏泰县。"⑥ 戴宗洁、刘光畴所"倚"的是何人之"势",公文中没有明示,但当时长泰境内有此实力藐视官府、胡作非为者,除叶文龙外恐无他人。实际上,根据县志记

---

① 《训令各县县长转发县党部与县政府关系条例仰查照文》(1927年9月8日),《福建民政月刊》第2期,1928,"训令"第28~29页。
② 叶愚青,又名叶仰侨,为叶文龙近房族亲,1926年叶文龙驻守长泰以后,委托其为自己进行政治活动,叶愚青遂在其同学介绍下加入国民党,并开始结交官吏;王少安,早年为叶文龙义父叶定国的重要部属,与叶文龙交好。参见王登临《叶文龙统治长泰罪行录》,《福建文史资料》第4辑,第116页。
③ 《长泰县志》,第575页。
④ 《指令长泰县据县党部函请转呈附加路款留该县市政之用碍难准行仰函知县党代表会由》(1927年10月26日),《福建建设厅月刊》第1卷第3期,1927,"公牍"第33~34页。
⑤ 《指令长泰县建设局局长呈报催解路款经县长面允月底凑成报解由》(1927年12月12日),《福建建设厅月刊》第1卷第4期,1927,"公牍"第15页。
⑥ 《训令长泰县县长据长泰建设局局长呈请令县将公路杂捐收回征收以便照拨应用由》,《福建建设厅月刊》第2卷第4期,1928,"公牍"第26~27页。

载，1927年初叶愚青、王少安筹建国民党长泰县党部时，戴宗洁正是在叶愚青手下任筹备员；① 而叶愚青又是叶文龙心腹，则其关系不言而喻。且从逻辑上讲，长泰县党部年初时申请将"附加路款"留作本县"市政之用"，本身就是对戴宗洁、刘光畴行为的"预告"，无论是明修栈道的叶愚青，还是暗度陈仓的戴、刘，其实都是出于截留财税的相同目的，只不过省厅没有放任县党部等人恣意妄为，仍然对建设局长施加压力。可以证实叶、戴互相勾结的另一个证据，是1928年国民党福建省党部筹备委员会的一则公函，公函中表示：长泰县党部称有人"无端谋害职员（戴宗洁等）"，并为戴宗洁辩解，称其"系忠实分子，恐有人挟嫌捏陷"。② 戴宗洁一年前方被审问，并承认自己伙同他人强占县政府税源，而此时县党部却为他开脱，称其乃是遭人构陷的"忠实分子"，可见二者当属同一派系。另外值得一提的是，举报戴宗洁等人截收款项的黄秉章，最晚在1929年3月便已不再担任县建设局局长一职。③ 其是否受到叶文龙及其手下势力的打击报复，已不得而知。至于这一事件中的另一关键人物刘光畴，1948年版《长泰县新志》记载其曾任县建设局局长、建设科科长、公路办事处主任等职。④ 查长泰县政府"局"改"科"乃是在1935年，⑤ 这意味着刘光畴在此事之后还曾经正式出掌县府建设大权。在地方民军控制之下，长泰县政之如儿戏，可见一斑。

为了扫除长泰县内可能对叶文龙割据统治造成阻碍的其他力量，叶愚青还在1927年以县党部名义具呈了一份长泰县"劣绅土豪调查表"给福建省政务委员会，得到回复称"劣绅土豪贻害地方"，要求"政治监察委员会严行查办"。⑥ 次年，长泰县党部又称长泰县"匪患频仍，

---

① 《长泰县志》，第575页。
② 《中国国民党福建省党部筹备委员会公函第三一六七号》（1928年1月26日），《福建党务半月刊》第14期，1928，"公函"第1页。
③ 《委任高光启为长泰县建设局局长由》（1929年3月30日），《福建建设厅月刊》第3卷第3期，1929，"公牍"第21页。
④ 郑丰稔编《长泰县新志》，《中国地方志集成·福建府县志辑》第32册，上海书店出版社影印版，2000，第617页。
⑤ 《长泰县志》，第608页。
⑥ 《福建政务委员会批第七百六十一号》（1927年2月12日），《福建省临时政府公报》第6期，1927，第59页。

警队不能负保护之责，实属尸位已极"，提议"设保卫团自行保护"，并取消保安队费。① 自此，长泰县的地方公共安全事务也转由本地负责，自设自养，叶文龙所辖保安团随之建立。由此不难看出，在叶文龙实现对地方财税和治安的控制的过程中，县党部叶愚青等人的"积极活动"发挥了重要作用。一县之党部，本应协同县政府施行良政，如今却反为民军首领所用，可见在地方民军控制之下，国民党的基层党政关系已背离了其制度设计的初衷。

除了把控县党部以外，叶文龙还收买、贿赂县府职员乃至县长，使之与自己沆瀣一气。据时人回忆，县长徐凫塘曾因与叶文龙交好而"名利双收"，②商会会长杨植三、农会会长林焕明、教育会长王启章、杨玉铭都是叶文龙的人。③ 由此，长泰县新生活运动促进会亦处于叶文龙的掌控之下——徐凫塘任县长时曾对此会进行改组，其结果是"县政府、县党部、县商会三处机关代表为常务干事"，"县商会、县党部、教育科分任调查、设计、推行三股股长"。④ 这些机关部门的主要负责人，无一不与叶文龙有特殊关系。此外，县内各主要区的区长亦多为叶文龙所推荐，以致后来的县长叶步青有感于武人干政之弊，曾试图对全县区政人员进行调整，以剪除叶文龙心腹。不料叶文龙在多地设有便衣密探，连县政府的公文收发员也是其所安插之耳目，为其抄录、窃取涉密公文。得知叶步青有意调整各区区长后，县府职员李广沂便向叶文龙通风报信，后者乃公开宣告倘若县长调整各区人事自己将如何应对，以此向其施加压力，并成功迫使其放弃人事调整安排。⑤ 可见此时县长职权已经被侵夺至何等地步，无怪乎时人评价道，叶文龙在当地"有绝对的支配力量，县长仅秉承其旨意做事而已"。⑥

---

① 《令长泰县奉省政府令准省党部函据县党部代表呈请取消保安队地丁附加文》（1927年11月8日），《福建民政月刊》第4期，1928，"命令"第5~6页。
② 据前所述，叶文龙掌控长泰期间，长泰县县长平均任期仅有一年，其中更有多人不到半年便离职，而徐凫塘于1934年7月赴任，1937年2月调省，为此期间历任县长中任期最长之人。参见福建省档案馆编《民国福建省县以上行政长官名录》，第90页。
③ 关于这些人物与叶文龙的关系，参见王登临《叶文龙统治长泰罪行录》，《福建文史资料》第4辑，第122~123页。
④ 《长泰县分会改组成立》，《新生活运动周报》第19~20期，1934，第7页。
⑤ 王登临：《叶文龙统治长泰罪行录》，《福建文史资料》第4辑，第123页。
⑥ 景文：《福建的民军》，《青年》（上海）第2卷第4期，1940，第16~17页。

当时叶文龙在长泰县的地位，从以下这件小事中亦可见一斑。1939年，闽南民军陈国辉旧部、曾是叶文龙"结盟兄弟"的福建省保安第一旅旅长陈佩玉，携其旅部参谋主任汤涛及武装随从到长泰拜访叶文龙，入县境后发现沿途山上都有三五成群的武装人员在放哨，均为叶文龙的警备团部队。陈、汤等人到达县城后，县长叶步青设宴欢迎，县党部主要领导叶愚青、王金波作陪，叶文龙来电表示已派副团长前往迎接，而自己则将在岩溪团部静候。午后，上述几人到达岩溪团部，却不见叶文龙，只见曾任县教育局长的叶思恭作为叶文龙私人代表在此迎接，并邀众人前去叶文龙新居，陈佩玉所带保安中队则被安排留宿岩溪团部。于是，堂堂旅部首长以及长泰县党政领导官员，又听任安排，辗转奔波。① 长官到访，一县之主要官员亲往迎接，本是理所应当。叶文龙此时为驻闽绥靖主任公署警卫团长，亦属"食君之禄"，却不"忠君之事"，不仅不亲往迎接上峰，反而要求解除其随从武装，可见民军首领在自己掌控的地域之内，是如何嚣张跋扈。此事细节之中透露出的叶文龙与长泰县主要党政官员之间的关系，也同样耐人寻味。

三　以公谋私：民军侵夺政治权力的手段

县政府职能完备，可谓国家机构建制在基层社会中的微缩版。而在县府的诸多权能中，最重要的莫过于对地方经济与社会事务的管理。以县府建制观之，1928年长泰县公署改为县政府，下设警察局、财政局、教育局、建设局及救济院，1935年又裁局设科，设秘书室及第一、第二、第三科，分管民政、财政、教育，② 由此可见当时县政府的主要职权所在。叶文龙正是从治安、财税、建设和教育等方面侵夺了本应由县政府行使的权力。

---

① 汤涛：《福建民军头目陈佩玉被暗杀的前因后果》，《漳州文史资料选辑》第3辑，中国人民政治协商会议福建省漳州市委员会文史资料研究委员会编，内部发行，1982，第76~77页。

② 《长泰县志》，第608页。

(一) 苛政如虎：对社会经济的控制

国民党军常因其身上所沾染的旧社会习气而遭人诟病，在这一方面，地方民军有过之而无不及。由于地方民军的来源主要是无业游民及灾民难民，其不可避免地受到流氓无产阶级思想的影响。正如恩格斯在评论德国农民战争时提到的，流氓无产阶级大量加入军队，其结果必然是"败坏纪律，败坏农民士气"。[①] 而当军队领袖本身便来自流氓无产阶级时，则更是如此。[②]

1926年叶文龙进驻长泰以后，即着手招兵买马，扩充势力。他以现有兵力自恃，以村、社为单位向各地索要枪支，根据贫富状况，每10户至30户派枪一杆，若无枪则照价折算，缴纳现款。叶文龙还将包括坂里乡土匪叶扬瑜在内的周边小股武装力量收编为己所用，同时又代行民间自卫团体之权，以组织"子弟兵"之名向各地抽派壮丁，每户家庭凡是有两个兄弟以上的，便抽其一。[③] 以当时人口状况而言，符合这一要求的家庭当不在少数。兵员的抽征工作按姓氏进行，即分别以氏族为单位，在各大氏族中抽调身强体壮者入伍为兵，并委派该氏族中有名望者担任长官。例如在长泰诸姓氏中人数位列前茅的叶姓、杨姓、戴姓，为叶文龙提供了三个基本连的兵力，还上缴了一定数量的枪支；而其他人数较少的姓氏，也多按照一排、一班的人数规模被抽调兵员。[④] 如枋洋蔡姓便被抽调一排，排长、班长以及全排士兵皆为蔡姓青壮年。借助宗族势力，叶文龙迅速建立了一支规模可观的武装力量。在其掌控长泰期间，叶文龙所辖部队的编制最多时曾有12个连，且不设营长，以便其亲自指挥调动。他将所辖各连分别驻扎在长泰县县城及周边诸乡镇，从而达到控制全县的效果。[⑤] 此外，这一时期依惯例常以县长监理司法，然而叶文龙却越俎代庖，篡夺法院、司法公署之权，利用保安团

---

① 《马克思恩格斯全集》（第七卷），人民出版社，1959，第445页。
② 李湘敏对福建省内当时较为活跃的11个民军首领的出身进行考察以后，发现其中绝大多数出身于社会底层，且不乏盗贼无赖之流。参见李湘敏《福建民军刍议》，《福建师范大学学报》（哲学社会科学版）1988年第1期，第105～110页。
③ 王登临：《叶文龙统治长泰罪行录》，《福建文史资料》第4辑，第117～118页。
④ 河北文史资料编辑部编《近代中国土匪实录》中卷，群众出版社，1992，第443页。
⑤ 蔡维祺：《长泰"土皇帝"叶文龙》，《闽南民军》，第20页。

和保甲制维持地方治安并进行高压控制，在公开场合滥用私刑，以肉刑乃至死刑严厉打击盗窃、通奸等行为，① 立其淫威。但也正是由于其威压和对社会治安的重视，在叶文龙掌控长泰县的十余年间，所部士卒及邻县土匪皆不敢在长泰抢劫掳掠，长泰境内的治安一度因此为时人所称道。②

自清政府1853年实施"就地筹饷"的厘金制度以来，地方政治力量便拥有了独立于中央财政系统之外的收入，与此同时，捐纳权限的下放使得各省主官获得了控制财政的权力。及至辛亥革命前，中央对于财政系统的控制已经相当薄弱，民国成立后亦是如此。民军首领一旦掌控地方政权，自然不会轻易放弃对财税的控制权。1927年，叶文龙便包揽了全县田赋和各种捐税。③ 正是在这一年，长泰县与省政府在财税问题上发生了诸多矛盾。年初，长泰县县长呈请豁免1926年以前所欠丁粮遭拒。④ 随后，长泰县又向省厅报告称自辛亥革命以来至1926年间的丁粮案卷全部遗失，年征几何、所欠多少，一概无从查起。省厅因此对其严加训斥，令其"切实查明"并"列表送厅"，"切勿再诿延"。⑤ 县府无力上缴财税的一个重要原因，便是叶文龙对地方税收的截留。在控制长泰的十余年间，叶文龙夺取了以往地方士绅手中的代收赋税之权，转而派遣自己的心腹逐年承包县内杂捐，大宗税源由其亲自组织征收，分散性税源则以弥补办学经费之名，利用各小学管理征收。此外，他还在县城设立粮总局和杂捐局，并在各乡镇设立分局或关卡，征收各项农副产品及进境商品税以及市场捐、牲畜捐等，其所得收入除一部分上缴县政府以外，多数占为己有。及至叶文龙被剿灭以后，长泰县的各项税捐方由县政府直接管理。⑥

---

① 王登临：《叶文龙统治长泰罪行录》，《福建文史资料》第4辑，第125~126页。
② 《福建漳州特讯：叶文龙俯首投诚及其长泰土皇帝之生活》，《民锋》第2卷第15期，1940年，第25~26页。
③ 《长泰县志》，第477页。
④ 《批长泰县县长卜芝生呈请丁粮变通办法准以十五年分欠数照旧带征十四年以前旧粮豁免乞示文》（1927年3月24日），《福建财政月刊》第1期，1927年，"公牍"第20页。
⑤ 《批长泰县呈复县署丁粮案卷散失无从查填文》（1927年8月27日），《福建财政月刊》第5期，1927，"公牍"第47页。
⑥ 《长泰县志》，第502~503、1037页。

（二）"热心建设"：谋求"执政合法性"的努力

传统中国，县令受命于"天子"，其对地方社会的统治权乃是皇权的延伸；而士绅群体则凭借着自己的文化水平或崇高声望被公认为乡村秩序的维持者，此二者共同构成了传统中国的乡村治理体系。随着科举制与帝制的崩溃，县令与士绅的昔日光辉均不复存在。就福建而言，地方民军在很大程度上填补了制度崩溃后所留下来的权力真空。为了构建自己在地方上的"执政合法性"，民军首领除了不断接受各种势力的收编从而获得其认可外，还需要篡用地方建设之权，通过营造"热心建设""造福乡梓"的假象，来获取地方民众的支持。

据长泰县建设局1928年所呈报告，长泰县"民气蔽塞""商务未兴"，"欲谋发达，厥惟交通"；且"泰邑向无电报之设"，自漳州而来的邮政两天才发一次，实属不便；不仅如此，长泰县"街道狭仄不堪"，"改良不容缓也"。① 在叶文龙进驻长泰岩溪的第一年，长泰县第一条公路——泰岩公路便开始动工建设，并于1930年建成通车。公路建成后，叶文龙便从外地购置了小轿车、吉普车，率先享受交通建设的成果。与此同时，或许是了解过这份报告的内容，叶文龙在1928年便倡议对岩溪镇顶宫市场进行改建，将两侧的旧式商店改建成两层式的土木或砖木结构的骑楼，并拓宽街道至二丈，路面浇筑混凝土，全长300余米。次年，叶文龙又在枋洋镇和林墩镇筹建市场，不久后同样在两地修建了两层骑楼式商店。在电信通讯方面，1933年，叶文龙以岩溪镇为中心架设了电话通信网络并设置电话总机，开通了3条农村电话线路。② 当然，此举更多的是叶文龙出于加强自己对长泰县控制的考虑，一般民众难以从中获益。

叶文龙对长泰县的教育事业更是颇费心力。他进驻长泰后便牵头扩建岩溪珪塘、枋洋、林墩、树农等地的小学校舍，聘请外地优秀教师任教，并从捐税中拨出部分金额固定补助学校费用。1935年，由各完全

---

① 《长泰县建设局建设进行计划书》，《福建建设厅月刊》第2卷第1期，1928，"各县建设局之设计"第10~13页。
② 长泰县地方志编纂委员会：《长泰大事纪略》，第33~35页，内部发行，长泰县委党史地方志研究室藏。

小学校长及部分教师组成的长泰县教育参观团共 14 人，在叶文龙资助下赴北京、天津、上海、南京、杭州等地学习观摩，吸取外地办校经验。① 这些措施，客观上提升了长泰县的教育水平。1928 年，全县仅有小学 24 所，小学生 1686 人，教职员共 108 人。及至叶文龙被处决的 1941 年，全县已有各类小学共计 50 所，学生 4095 人，教师 154 人。② 另据时任县长徐凫塘于 1936 年提交的报告，当年长泰县 6～12 岁适龄儿童共 8523 人，其中已入学者 6058 人，未入学者 1688 人，缓受、免受教育者分别为 648 人、129 人。③ 考虑到 1940 年肆虐全县、引起人口骤减一成有余的天花疫情，④ 以 1936 年的学生数与 1928 年做对比或许更具说服力。

这一时期长泰教育事业的蓬勃发展也得到了外界的肯定。1932 年，叶文龙的心腹、长泰县教育局长叶思恭因"奋发有为，因应咸宜"获福建省教育厅嘉奖，⑤ 叶文龙本人也获教育厅长郑贞文赠匾"热心教育"。⑥ 相较之下，未见长泰县长受到相关表彰的记录，可见省厅亦知当时事实上主政长泰之人乃是叶文龙而非县长。时人亦称，长泰的教育"比起漳属各县来却堪称第一"。⑦ 然而，叶文龙"热心"教育的原因，除了谋取名声以外，也有为自己的割据统治培养人才的意图。他所资助的数十名学生，毕业以后便回到长泰担任各校校长或党政官员，其中受过军事训练的，则充任叶部排长。⑧ 借此，叶文龙得以不断培植自己的心腹，并通过他们牢牢掌握地方教育、民政、军事权力。

---

① 《长泰县志》，第 1038 页。
② 《长泰县志》，第 759 页。
③ 长泰县政府：《学龄儿童统计表》，1936 年 11 月，福建省档案馆藏，档号：0002 - 003 - 001386.03 - 0100。
④ 1939～1940 年间，长泰人口数从 60166 人骤减为 53643 人，户数从 12641 户减少到 7771 户，全家病殁者或不在少数。《长泰县志》，第 128 页。
⑤ 《令闽侯等九县教育局长》，《教育周刊》第 102 期，1932，第 19 页。
⑥ 《长泰县志》，第 1067 页。
⑦ 何蕙：《闲话长泰》，《福建新闻》1939 年第 9 期，第 18～19 页。
⑧ 如枫洋中心小学校长叶松龄、林天锡，林顿中心小学校长戴宏图，岩溪中心小学校长叶履中，恭信中心小学校长戴宗亨、叶鸿桂，陶熔中心小学校长叶沁清等，皆是叶文龙亲信，其中戴宏图、叶履中、戴宗亨曾担任国民党长泰县执行委员会委员。参见王登临《叶文龙统治长泰罪行录》，《福建文史资料》第 4 辑，第 123 页；《长泰县志》，第 576 页；蔡维祺《长泰"土皇帝"叶文龙》，《闽南民军》，第 18～24 页。

叶文龙"热心"地方教育事业，或许还从中谋取了经济利益。1928年，省教育厅督学叶松坡到长泰县视察。在视察报告中，叶松坡指出了长泰县教育事业上存在的问题。首先，他提出长泰县"教育经费经理处组织不合法，应加改组"，"公立小学公款，各校自行征收，实属未合，应从速调查各公立小学所征公款数目归由经理处管理"。① 其实，当时长泰县并未按照规定设置"教育经费经理处"，而是由各校以附加财税之名自行筹措，其数目几何亦不对外公开。考虑到各校校长多为叶文龙心腹，此举极有可能是叶文龙借以中饱私囊的手段。此外，岩溪镇虽远离县城中心，却是叶文龙的大本营，岩溪小学因此享有特殊待遇，在诸多小学中格外出彩，这引起了这位督学的注意。他发现，"县城学校只县立小学一所，经费月不过一百元，而离城三十里之岩溪小学，经费反比县城为多（月有二百九十元），分配殊不适宜"。他指出，岩溪小学是诸乡区小学中唯一经费较为充足的，并且作为一所乡村小学，其校内设施均按城市小学规格办理，颇为怪诞。对此，叶松坡不无讥讽地表示岩溪小学"办理颇佳"，但又"欠乡村小学精神，应再加改良，以适应乡村环境"。②

　　事实上，除教育领域之外，叶文龙在其他方面也常利用自己的影响力，将资源向其出生地及团部所在地岩溪镇倾斜。据1931年《长泰县建设进行及计划书》记载，本县"地瘠民贫，人口稀少，商场零落，工业凋穷"，唯岩溪镇"风气较开，其道路、商店、市场、公园各种建筑，尤为齐整壮观"。③ 如前所述，这些市政交通设施多是在叶文龙坐镇岩溪期间建设完成的。以此观之，由于缺乏专业素养与赤诚公心，民军首领干预地方经济建设时难免以公谋私，为追逐个人名利而左右地方发展规划，影响地方经济格局。此举之影响，恐比截收财税更为深远。

　　对于叶文龙的这些行为，当时报纸曾经评价说："闽南社会人士对于叶文龙的观感，与对陈国辉者相同，觉得叶、陈在土匪中，后半生尚

---

① 《令东山县县长吴高椠、长泰县县长章镕》，《福建教育厅周刊》第18期，1929，第15~17页。
② 《令东山县县长吴高椠、长泰县县长章镕》，《福建教育厅周刊》第18期，1929，第15~17页。
③ 《长泰县建设进行及计划书》，《福建建设厅月刊》第5卷第8期，1931，"计划"第16~20页。

好名,想做一点掩蔽平生罪恶的社会事,比之始终实行掳人、勒索的匪类,自是差胜一筹,然从严格言,他们所做的那一点社会事,何足以洗刷平生的罪恶。"[①] 不难理解,无论出于谋求"执政合法性"、维护其割据统治的考虑,抑或是受到"造福乡梓"的传统观念的影响,民军首领通常不会介意在满足一己私欲的前提下,支持本地的建设与发展。只是民军首领毕竟不同于乡绅,并非法理权威与个人魅力权威的结合,其"执政"基础更多地来自手中的兵力与政府的承认,故而无须像乡绅那样在意地方利益与民意,以至于其取之于民者不可计数,用之于民者寥寥,若长期放任其干预地方建设,则必致祸乱。

四 武人干政:民军与民国地方政治的痼疾

清末民初,县自治受到广泛追捧与支持,孙中山更是把未能实现真正"民治"看作袁氏得以窃国的原因,并希望通过民众自治取代武人专制。然而事与愿违,对于战乱频仍的近代中国而言,军事实力就是最强有力的政治资本。历次战争造就了一大批军事将领,他们曾经团结在革命的旗帜下同仇敌忾,北伐胜利后却与革命理想分道扬镳,侵夺了上至中央、下及省县的政权。其上梁不正者始于蒋中正,以军权驭党权;下梁扭曲者譬如叶文龙,以兵权获治权。蒋氏由"总司令"而"主席""总裁",民军首领们亦如法炮制,从而使得国人寄予厚望的"地方自治"演变为持续不断的"武人割据"。溯其根源,除了上行下效的政治传统之外,自清季以来不断抬头的地方主义倾向早已埋下了地方势力与中央政权离心离德的种子,扩军夺权的内生动力与复杂多变的民国政局,则构成了适合的养分与土壤。民军首领对县乡政权的侵夺,是民国时期军阀割据、政治动荡在基层社会的投影,也是中央政府无法有效管理地方事务的必然结果。

自清末民初蜂拥而起至 1940 年代相继被剿,福建民军在历史舞台上活跃了近半个世纪,范围遍布八闽大地,其中声名昭著者如闽北卢兴

---

① 《福建漳州特讯:叶文龙俯首投诚及其长泰土皇帝之生活》,《民锋》第 2 卷第 15 期,1940,第 25~26 页。

邦，闽东林寿国、林继曾，闽南叶定国、叶文龙、陈国辉、杨汉烈，闽西郭锦堂、郭凤鸣等。北伐胜利之后，他们或以兵权自立，取得政府默许，截收地方财税；或纵兵抢劫，劫杀官民，自甘为匪。自1920年代以来，国民党虽欲仿效苏联建立"党军"而不成，不仅其正式部队中政治工作一塌糊涂，① 在地方上更是大量收编土匪、民军，只求军事效用而不顾其政治觉悟与社会影响，这与中国共产党及其领导的新型人民军队形成巨大反差。虽然1927年后，国民党中央及福建省政府曾多次动念剿灭民军，最后却总以和局收场。1930年，卢兴邦在福州纵火焚城，劫持并秘密扣押福建省政府秘书长、教育厅长、建设厅长、民政厅长、水上公安局长等政府要员，制造了震惊全国的"一·六事件"（或称"绑掳六委"事件），令省府遭受重创，颜面扫地。然而即便如此，国民政府在宣布"严拿惩究、以肃法纪"② 不到一年后，又允许他官复原职，负责闽北"剿匪"事务。③ 卢氏麾下的省防军第一旅旅长陈国辉，在闽西残害百姓，被认为是"为渊驱鱼"。④ 因此，1932年十九路军入闽后首先便拿他开刀，先是诱捕其人，而后又发兵攻其余部。⑤ 然而随着时局变化，为集中力量反蒋，十九路军同样也对其他民军采取了招安政策。⑥ 1934年，陈仪在明知民军"野性难驯、迭次叛变"的情况下，仍下令将省内民军改编为保安队共十六团，自任保安司令。⑦ 不久后全面抗战爆发，福建省政府为调动民军抗日，又计划将全省各县民军统一收编，其将领"非有恶劣嗜好，决不调换"。⑧ 然而，省政府实际上连"非有恶劣嗜好"这一原则也无法坚持。以地方志书和时人回忆观之，叶文龙可谓劣迹斑斑、恶贯满盈，然而他不仅成功接受收编，获

---

① 参见王奇生《革命与反革命：社会文化视野下的民国政治》，第269～270页。
② 《国民政府令：剿办卢兴邦令》（1930年6月21日），《行政院公报》第163期，1930年，第8页。
③ 《卢兴邦复原职说，代表到京请示》（1931年6月11日），《观海》第1期，1931年，第3页。
④ 《短评：陈国辉罪恶之评判》，《前驱》第57期，1932，第8～9页。
⑤ 《一月来之中国：国内战事的鸟瞰》，《申报月刊》第1卷第5期，1932，第136～137页。
⑥ 廖廷建：《"福建事变"中的地方民军》，《福建史志》2003年第4期，第35～37页。
⑦ 《警政：福建改编保安队限年底完成 民军野性难驯迭次叛变 排除官兵隔膜澈［彻］底改编》，《内政消息》第4期，1934，第276～277页。
⑧ 《自卫行政：闽南民军收编之近况》，《闽政月刊》第3卷第2期，1938，第40页。

任警卫团长,甚至还以"特别党员"身份加入了国民党。[①] 其实,国民党并非没有剿灭地方民军的实力,只是为害地方的民军武装在国民政府眼中并非心头大患,不值得大动干戈,以至于剿抚往复,而民军始终盘踞各地。这些手握兵权的地方势力,与政府委任的地方长官既非同心同德、信仰相同主义,又如何能不生龃龉,不致内乱?而纷争既起,欲使势单力薄的县长以一纸法律条文教化民军首领,无异于与虎谋皮。

国民政府积极推动县乡基层组织建设与制度设计,其动力来自国家对社会控制和经济资源汲取的需求。[②] 在民军干政的背景下,政府在社会控制方面固然无须担忧,但出于私心,民军首领往往无法满足国家对地方兵员和财力的索求,甚至与其形成竞争关系,因为此二者亦是民军首领控制地方之根基。民军首领一旦在地方上扎根以后,便通过自己的军事实力,掌控地方的保甲长、保安团等基层治安组织,借助其不断扩充自己的实力,并倚仗武力实现对当地财税的截留,而财力的增强又使其割据统治更加稳固,从而实现兵力、财力增长的正向循环。1940 年代,抗战形势日趋严峻,国民政府对于地方兵员、税收等资源的需求也愈发扩大,政府与民军之间的张力终于突破界限。1940 年,陈仪认定叶文龙部军饷武器皆自给自足,乃是独立于省府之外的地方武装,不能视同一般军官或公务人员,且其私售毒品,消极应付征兵工作,"扰乱后方、妨碍抗战",遂命国民党陆军第七十五师师长韩文英亲往围剿。[③] 由此,地方民军在长泰县的割据统治宣告结束。

余 论

历史的吊诡之处在于,国民政府虽有能力铲除"地方首恶"叶文龙,却不得不继续依靠其爪牙以实现自己对地方社会的统治。1948 年,由时任长泰县长卿建楚领导编修的《长泰县新志》出版,修志委员会

---

① 王登临:《叶文龙统治长泰罪行录》,《福建文史资料》第 4 辑,第 122 页。
② 赵兴胜等:《地方政治与乡村变迁》,张宪文、张玉法主编《中华民国专题史》第八卷,南京大学出版社,2015,第 102 页。
③ 《长泰县志》,第 1055 页。

中不乏曾为叶文龙"心腹"的叶愚青、叶松龄、叶履中、戴宏图、戴宗亨、林天锡等人，陈林荣、刘光畴以及叶文龙旧部叶扬瑜等亦赫然在列。然而这本卷帙浩繁的县志对叶文龙却几乎只字未提，偶有涉及也只是以三言两语暗指其为专横之恶势力，并略述其1940年被剿之事，对其割据统治的细节则一概略过。这或许是因为这一时期县域社会、经济管理较为混乱随意，了无章法。1940年叶文龙被捕以后，长泰县方才重新丈量土地，设立直接税查征所及税务办公处，并实行财政预决算。① 但更可能的原因是，这些人多是叶文龙为非作歹之帮凶，故而不敢自陈。在叶文龙掌控长泰县十余年间，长泰县主要党政官员以及其他在地方上声名卓著之人，大多很难撇清自己与叶文龙之间的关系。而这些曾经为虎作伥之人，待到"恶虎"被擒以后，犹能保有其名望、事业，继续以乡绅、"乡贤"甚至党政官员的角色影响地方政治，这无疑意味着国民党基层治理的失败。

国家政权借助"经纪人"统治乡村社会，并非民国时期所独有的现象，"经纪人"在征收、报解财税时中饱私囊的历史甚至"与中国官僚制度本身一样历史悠久"，只是在民国时期国家权力下渗过程中体现得尤为明显，呈现出杜赞奇所说的"国家政权的内卷化"态势。② 问题在于，国民政府多次施行县政改革之后，这一弊病为何依旧没有得到解决？这表面上是因为国民政府关于县政制度的设计无法落到实处，实际上是因为国民党1927年"清党"之后发生蜕变，革命性不足。尽管国民党人意识到了乡村基层社会存在的问题，但却无法像中共一样实施彻底的乡村革命，用革命理想教化底层民众，使之成为基层社会中合格的管理者、组织者。相反，国民政府所推行的"县自治"的主张和制度安排，为地方民军、土豪劣绅等提供了侵夺县乡政权的法理依据和操作空间，其为加强"官治"而复设的保甲制同样过于依赖传统乡村社会

---

① 参见郑丰稔编《长泰县新志》，第546~551页。
② 国家政权内卷化是指国家机构并非靠提高官方税收机构的效益，而是靠复制或扩大旧有的社会关系来扩大其行政职能。其在财政方面的最充分表现是，国家财政收入的增加总是伴随着非正式税收机构收入的增加，且国家对这些机构缺乏控制力。换句话说，内卷化的国家政权无力建立有效的官僚机构从而约束非正式机构的贪污中饱——后者正是国家政权对乡村社会增加榨取的必然结果。参见杜赞奇《文化、权力与国家——1900~1942年的华北农村》，第39页，第66~67页。

中既存的政治势力。在无力对这些规模庞大的地方势力进行有效驯化的情况下，国民政府只能承认他们在乡村社会的特殊地位，借以压榨百姓，征兵筹款，从而加剧了政府与基层民众之间的矛盾，也为自己的灭亡埋下"毁灭的种子"，即便推行实施"新县制"也于事无补。这种局面直至1949年人民民主专政的政权建立起来以后，才得到彻底的改变。

慈善网络

中国近代名流慈善圈探析*

蔡勤禹　燕　鹏**

在慈善领域，存在着社会联系和社会属性相近的群体组成的一定的关系网络，可称之为慈善圈。慈善圈按照不同主体进行分类，可以分成慈善名流的慈善圈、慈善组织的慈善圈、都市空间的慈善圈等。在中国近代慈善事业发展过程中，慈善家的作用至关重要，以他们为核心的慈善圈构成了中国近代慈善事业发展的主体力量和主要推动力。关于中国近代慈善家的研究已有许多成果，已有学者对慈善网络和慈善系谱进行研究。① 相对于慈善网络关注的慈善组织联结性和慈善系谱的传承性，慈善圈关注的是中心与外层如何联结以及慈善圈的多重性。本文以慈善名流为例对慈善圈进行分析，有助于理解近代慈善事业发展的多重面相和慈善名流对于慈善发展的多重影响，为研究近代慈善事业提供一个分析视角。

一　名流慈善圈分类

考察近代中国的慈善圈，绕不开的是在近代慈善事业发展过程中发挥核心作用的慈善家，以及围绕他们而形成的慈善圈。近代慈善家按照其所从事职业，可以分为四类：

第一类是离职官员。公务人员在任期间一般并不担任民间自发组织的慈善团体的职务，否则就会出现公权私用现象，不利于慈善组织之间

---

* 本文为国家社科基金项目"中国近代海洋灾害资料的收集、整理与研究"（项目号：20BZS109）、国家社科基金重大项目"中国历史上的灾害与国家治理能力建设研究"（项目号：20&ZD225）阶段性成果。

** 蔡勤禹，中国海洋大学中国社会史研究所教授；燕鹏，中国海洋大学中国社会史研究所硕士研究生。

① 参见王卫平《清代江南地区慈善事业系谱研究》，中国社会科学出版社，2017；阮清华《慈航难普度——慈善与近代上海都市社会》，复旦大学出版社，2020。

的平等竞争。所以，一般热心慈善的公务人员在退休或离开政界之后才会投身慈善领域，他们通过自己多年从政形成的社会影响力与建立的社会关系网络，为慈善事业谋求社会支持。他们在政界为官多年，离开政界后投身慈善事业，成为近代慈善界有影响的群体。离职官员从政期间建立起来的威望和名声，与社会各界打交道培植起来的人际关系，是一笔难得的社会资源，一旦他们投身慈善，便形成有影响的慈善圈，熊希龄、朱庆澜等即为代表。

第二类是士绅。士绅在中国基层社会中发挥着重要作用，除了承担上情下达的中介作用外，他们还是慈善事业的主要组织和领导者。[①]"绅士作为一个居于领袖地位和享有各种特权的社会集团，也承担了若干社会责任。他们视自己家乡的福利增进和利益保护为己任。在政府官员面前，他们代表了本地利益。他们承担了诸如公益活动、排解纠纷、兴修公共工程，有时还组织团练和征税等许多事务。"[②] 以江南的余治为代表，他们通过行善来倡导儒家的仁爱观和引导社会价值观，带动亲戚、学生和朋友参加慈善，形成慈善圈。

第三类是工商业者。自近代以来，随着工商业发展和社会观念转变，工商业群体日益走向社会中心，他们活跃在社会诸多领域，在慈善领域，他们既是慈善团体发起者，又是主要管理者和捐赠者，他们与其他热心慈善的人士一起，成为推动民国慈善事业发展主力。[③] 工商业者在事业上获得成功以后，反哺社会，积极组织慈善团体，捐献财物救贫济困，以他们的影响力和号召力形成慈善圈，经元善、张謇、朱葆三、虞洽卿等就是代表。

第四类是文化、宗教界名人，他们具备人文情怀，关注弱势群体，比如海派画家、佛教居士王一亭，著名京剧大师梅兰芳等，他们在宗教界和文化界名声显赫，通过书画义卖、义演的方式，将新的慈善理念和乐善助人的价值观念传达出去，应者众多，围绕着他

---

① 蔡勤禹：《权势转移——从慈善视角看近代士与商阶层变动》，《福建论坛》2019年第10期。
② 张仲礼：《中国绅士——关于其在19世纪中国社会中作用的研究》，李荣昌译，上海社会科学出版社，1991，第48页。
③ 蔡勤禹：《民国时期的职业群体与慈善》，收入徐彬、常建华主编《中国历史上的职业与社会》，科学出版社，2020。

们形成了慈善圈。

名人慈善圈主要靠其拥有的社会资本而形成，下面择要进行论述。

二 以余治为代表的士绅慈善圈

余治（1809～1874），江苏无锡人。余治从十几岁起参加科举考试，五次参加乡试未及第。44岁最后一次未第后，转变人生方向，"绝意进取，专以挽回风俗、救正人心为汲汲"，不再参加科举考试，专职慈善，形成了以余治为核心的慈善圈。

余治的慈善圈主要有两个。一是通过朋友关系建立的慈善圈。根据吴师澄编《余孝惠先生年谱》记载，1840年无锡发生水灾，第二年春，余治"偕华氏群从，倡设粥店以赈饥者，著有《劝开粥店说》《粥店十便说》，又刻林文忠公《担粥说》，遍吁于人，人咸称善……先生之说既行，各乡饥民，全活无算，由是远迩慕先生名。苏州潘功甫（曾沂）、谢蕙庭（元庆），同邑杜少京（绍祁）、顾仪卿（鸿逵）诸绅士，水渠里秦氏、石塘湾孙氏、礼社薛氏、葑庄杨氏，咸乐与订交，后遇饥荒办赈，必咨于先生焉"，① 从而结成一个以余治为中心或受到余治较大影响的慈善圈。这个慈善圈有潘曾沂、谢元庆、华廷黻、顾仪卿、冯桂芬、严辰、郑观应等，他们都与余治多有交往。余治在慈善活动中也广结善友，自称"予生平无他嗜好，惟于四方真实好善之士，辄不禁饥渴慕之，以一见为快"。② 余治曾主动结交江南善士、经元善父亲经纬，读经纬文章深觉"字字金针"，表达了钦佩之情。③ 余治因慈善而与朋友交流走动，从而结成一个互动性强的慈善圈。

余治的另一个慈善圈是由师生关系建立的。吴师澄编《余孝惠先生年谱》中署名的受业弟子有："薛景清□塘，谢家福绥之，李金镛秋亭，章成义□甫，严宝枝保之，杨培殿臣，卢庆燾侃如，方仁坚子厚，

---

① 吴师澄编《余孝惠先生年谱》，转引自王卫平《清代江南地区慈善事业系谱研究》，第255页。
② 余治：《尊小学斋集》文集五《谢蕙庭传》，转引自王卫平《清代江南地区慈善事业系谱研究》，第286页。
③ 朱浒编《中国近代思想家文库·经元善卷》，中国人民大学出版社，2014，第55页。

倪显祖守朴。"① 另据康有为、郑观应等书信和文献记载，列为余治弟子的还有熊其英、严作霖、经元善等，总数一二十人。还有一些人声称忝列余治门下，以此为荣。② 上述这些善士以余治为师，向余治学习办赈经验，更将余治所写办赈经验集成《得一录》，奉为经典。经元善说，《得一录》为"办赈扼要秘诀，遇万分为难处，但取此书详味，必能得一定办法"。③ 李金镛、谢家福、严作霖、经元善等一干弟子，通过组织和参与光绪年间"丁戊奇荒"（1877～1878）和直隶水灾（1882～1883）赈济而名声大振，许多人由此获得嘉奖而改变命运，经元善即是代表。

余治作为晚清时期的一名江南士绅，以其乐善好施的品格和劝善思想与实践感动吸引了江南人士，形成了以自己为中心的晚清江南慈善圈，他们不仅推动着江南慈善事业发展，还跨出江南地区到华北赈济丁戊奇荒，将新的赈济理念和方式传播到华北地区，带动和促进了华北慈善事业发展。

三 以经元善为代表的绅商慈善圈

经元善（1840～1903），浙江上虞人。经元善作为近代绅商，是"士人型绅商"的代表。④ 他投身商贾，却有很强的经世思想。他曾发起大规模慈善义赈，参与变法自强，是中国近代商人中代表性"经世小儒"。⑤

1865 年，经元善 25 岁时继承父亲在上海开办的"仁元钱庄"，并接任上海最著名的慈善团体——同仁辅元堂董事一职。经商积累的财富，为经元善从事慈善奠定了经济基础。光绪年间华北地区"丁戊奇荒"，成为他慈善事业的转折点。

1877 年冬，经元善从报上获悉河南奇灾，于是与友人李麟商办助

---

① 吴师澄编《余孝惠先生年谱》，转引自王卫平《清代江南地区慈善事业系谱研究》，第 288 页。
② 王卫平：《清代江南地区慈善事业系谱研究》，第 288、293 页。
③ 虞和平编《经元善集》，华中师范大学出版社，2011，第 13 页。
④ 马敏：《官商之间：社会剧变中的近代绅商》，天津人民出版社，1995，第 109 页。
⑤ 王尔敏：《近代经世小儒》，广西师范大学出版社，2008，第 351～367 页。

赈之事，还得到当时主持上海果育堂首董瞿世人支持，决定募捐救济豫灾。1878年2月，经元善和李麟以及旅沪同乡绅商屠云峰、王冀生创立上海公济同人会，"在沪广为劝捐"。① 此后上海同人王介眉、方兰槎、郑陶斋、林璧岩、陈雨亭、张宝楚、王琴生、徐蓓之、葛蕃甫，公推经元善主持果育堂。是年5月，经元善"毅然将先业仁元庄收歇，专设公所，壹志筹赈"，与郑观应、李金镛等发起设立上海协赈公所，专门负责为灾区筹募赈款，经元善负其责。② 上海协赈公所这一新型的赈济机构，募捐、收款、运送、发放等每个环节，均有专人各负其责，募捐了47万两，解送直隶、河南、陕西、山西四省赈灾。③ 这次办赈展现了经元善的组织才能，他将在金融行业多年的管理和经营理念用于协赈公所，使上海协赈公所获得大量捐款，经元善在江南慈善圈的地位也得到提升。

之后，经元善还主持了多次上海助赈各地重大灾荒行动。1883年夏秋间，顺天、直隶一带发生水灾，经元善"邀从前豫、晋、直、皖旧同事中查赈好手，如严佑之诸君者数人"奔赴灾区救济。④ 1887年10月，黄河于郑州决口，经元善与谢家福、陈煦元、施善昌、葛绳孝、李朝觐、王松森、杨廷杲等人在上海电报总局内设立豫赈办事处，主持规划义赈活动。至1889年3月，豫赈办事处"共解河南、安徽赈银五十万零九千一百六十八两七钱五分，又解奉天、顺天、直隶、山东、广东、丹徒、丹阳、江阴、扬州赈银四万一千五百三十九两七钱五分，两共五十五万零七百零八两五钱"。⑤ 经元善领导的各赈所募捐范围遍及海内外，赈济活动覆盖从东北到华南的广大地区。1893年之后，他将主要精力用于创办新式学堂，从救人生命转向拯救人心之路，同样在中国近代教育史上留下名声。

经元善办赈十多年，募集善款达数百万两，救活灾民无数。因其办赈有功，受到皇帝嘉奖11次。⑥ 经元善在办赈活动中，形成了三个慈善

---

① 朱浒编《中国近代思想家文库·经元善卷》，第403页。
② 朱浒编《中国近代思想家文库·经元善卷》，第188~189页。
③ 朱浒编《中国近代思想家文库·经元善卷》，第454页。
④ 朱浒编《中国近代思想家文库·经元善卷》，第433、第455页。
⑤ 朱浒编《中国近代思想家文库·经元善卷》，第442页。
⑥ 虞和平编《经元善集》，第239~240页。

圈,一是他的直系亲属,如他的父亲经纬,在沪经商期间就乐善好施,"向设同仁、辅元、育婴诸堂于城内,为之谋衣食、医药、丧葬之费"。① 他的弟弟经元仁、经元佑等也深受家风影响,在丁戊奇荒期间于河南灵宝设协赈局,协助经元善办理赈济。二是江浙一带同乡和工商界朋友,大名鼎鼎的郑观应、盛宣怀、谢家福、胡光墉、李金镛等人,既是协赈公所发起人,又是后来办洋务企业的合作者。三是经元善在上海同仁辅元堂和果育堂经营多年的业界同人。江浙地区的许多善士在经元善的影响和带动下,相互合作,创办协赈公所,募款救灾,使经元善成为继士绅余治之后江南又一个绅商式慈善家。

四 以熊希龄为代表的致仕官员慈善圈

熊希龄(1870~1937),湖南凤凰人。熊希龄晚清进士出身,历任高官,曾于1913~1914年担任国务总理,1916年6月辞去北京政府的各项职务,退出政坛。② 其显赫的从政经历,使他积累了丰富的人脉,晚年投身慈善事业,直至去世。他利用其广泛的社会关系,在筹募善款、建立善会、组织赈济过程中发挥了核心作用,成为民国时期最著名的慈善家之一。

熊希龄的慈善圈是从1917年负责办理京畿水灾开始建立的。1917年,刚离京的熊希龄又被召回北京,因该年夏秋之际,直隶连降大雨,永定河、南北运河、潮白河等河堤相继冲溃,被灾地区达百余县,灾民500余万人。③ 熊希龄临危受命,负责督办京畿一带水灾河工善后事宜。当时中央政府罗掘俱穷,拨款有限,熊希龄动用社会关系,积极向军政商学各界募集捐款,还吸引各慈善团体组织、社会公共力量协同办赈。1918年1月,他上呈冯国璋请续拨赈款及提出筹款举措,④ 向各省督军请求捐助旧衣如"破旧军警棉裤夹衣裤等件",希望各地长官"慨予捐

---

① 朱浒编《中国近代思想家文库·经元善卷》,第29页。
② 周秋光:《熊希龄传》,百花文艺出版社,2006,第342页。
③ 蔡勤禹、王林、孔祥成主编《中国灾害志·民国卷》,中国社会出版社,2019,第17页。
④ 周秋光编《熊希龄集》中,湖南出版社,1996,第1146页。

输,并广为劝募"。① 熊希龄深知江南地区慈善风气浓厚,工商业者又乐善好施,他向张謇、虞洽卿等发出募捐请帖并得到响应和支持。② 熊希龄考虑到在灾区"放赈团体有十六处之多,各不相谋,难免重复遗漏",③ 因而提议将各团体联合起来,设立京畿水灾赈济联合会,他凭借自身办赈之出色表现被公推为会长。④ 不仅如此,他还力主"委托教会、外国人或他省慈善团体代为办理","延请中外热心慈善之人",一起赈灾。熊希龄称此次中外联合办理赈灾为"华洋合办之嚆矢"。⑤ 从顺直赈灾可以看到,熊希龄依靠其强大的社会关系,将官商绅等各阶层调动起来,形成以他为中心的赈灾慈善圈,他们建立慈善机构,广募善款善物,完成了顺直水灾救济。因其办赈有功,大总统黎元洪特颁给他一等大绶宝光嘉禾章,熊辞而不受。⑥ 顺直赈灾正式开启了熊希龄的慈善职业生涯,并为此终其余生。

熊希龄具有显赫的从政经历,所以在以他为核心的慈善圈中,官员是一个不可忽视的群体。他在办理顺直赈灾结束后,以赈灾过后募捐所剩余款,加上张镇芳、刘白庚等银行家和实业工厂资本家的支持,以及历任财政部长潘馨航、周子廙、张岱杉等官员的支持,在1920年组织创办北京香山慈幼院。香山慈幼院成为熊希龄从事慈善教育的开始,也是他一生投入最为用力的事业。1920年2月香山慈幼院董事会成立,赵尔巽被推举为会长,刘若曾、陈汉第为副会长,英敛之、刘棣蔚、张训钦为监事,熊希龄被董事会推举为院长。⑦ 香山慈幼院虽是慈善性教育机构,但其后续运转并非单靠民间慈善捐赠,而是主要依赖董事会和熊希龄为官期间所建立起来的影响力,获得政府拨款和民间捐助。款项主要依赖几个途径:一是盐余项下拨款,香山慈幼院创办第二年经费就困难起来,大总统黎元洪饬令国务院转饬财政部从盐余项下每月拨给1.3万元以充常款,使慈幼院从困境中解脱出来;二是两淮盐商捐赠,

---

① 周秋光编《熊希龄集》中,第1074~1077页。
② 周秋光编《熊希龄集》中,第1178页。
③ 周秋光编《熊希龄集》中,第1096~1097页。
④ 周秋光编《熊希龄集》中,第1102页。
⑤ 周秋光编《熊希龄集》下,湖南出版社,1996,第1553页。
⑥ 周秋光:《熊希龄传》,第557页。
⑦ 周秋光:《熊希龄传》,第451页。

从 1924 年下半年起，扬州运商总会会长朱幼鸿等盐商每年捐款 2 万元资助慈幼院；三是部拨码头之款，熊希龄与财政部交涉，1925 年开始每月拨上海码头捐 3000 元划拨慈幼院；四是赈余款之划拨；五是中外善士善团捐款，1920～1927 年的大额捐款来源主要有河南张镇芳、刘鸿生、朱幼鸿、袁世传、彭子良，新加坡华侨黄泰源，美国阿及泊夫人，银行、慈善团体等。① 1930 年慈幼院经费支绌时，熊希龄直接向国民政府行政院长谭延闿写信求助，谭延闿念两人之间私情允诺补助。从上述款项来源可以看到，熊希龄虽离开官场多年，但他在官场上仍有一定的朋友圈和威信力，能够通过游说得到政府部门拨款支持。熊希龄把官方资源化作自己慈善事业的一个重要资本，使香山慈幼院能够不断扩大规模而发展壮大。

熊希龄的影响力为许多慈善组织所羡慕，纷纷邀他加盟。他在家乡湖南成为慈善救济的中坚力量，在北京的湖南人也以他为中心形成湘省慈善圈：旅京湖南水灾筹赈会、湖南华洋义赈会、旅京湘西灾民救济会、湖南赈务协会、旅京湖南旱灾赈务会、旅京赈务协会等慈善组织，由他创办或聘其担任会长或名誉会长，在他周围形成了官绅士商慈善群体。1918 年湘省兵灾，熊希龄与同乡葛应龙、邓起枢、向瑞琮、陶忠洵、周家树、王隆中、周渤、胡子清、周澂、龚福焘、叶瑞棻、吴剑丰、舒礼鑑等联名上呈冯国璋，请赈湘省兵灾。② 他还与旅京湘人范源濂、郭宗熙等致电各省文武长官、慈善团体以及海外同胞、异国善士等为湘省请赈。③ 1924 年湖南水灾奇重，熊希龄主持成立旅京湖南水灾筹赈会并担任理事长，与理事范源濂、马邻翼、刘揆一、曾鲲化、周震麟、袁家普等筹赈以救湘灾。④ 1925 年，湖南"雨泽断绝者，将及两月，赤地千里，禾黍焦枯"，为筹备赈救事宜，熊希龄担任旅京湖南旱灾赈务会委员长，与副委员长范源濂、刘揆一及徐佛苏、王文豹、肖堃、范治焕、徐森、叶瑞棻等全体委员，与中央政府及湘省政府多方交

---

① 周秋光：《熊希龄传》，第 481～482 页。
② 周秋光编《熊希龄集》中，第 1155～1156 页。
③ 周秋光编《熊希龄集》中，第 1189 页。
④ 周秋光编《熊希龄集》下，第 1589、2045 页。

涉请赈。① 1931 年，熊希龄与赵恒惕、彭允彝、程子楷、陈强、宋鹤庚、程颂万、郑沅、夏寿田、叶开鑫、汪诒书、聂其焜、蔡钜猷、陈介、吴景鸿、秦炳直、张翼鹏、李石岑、左舜生、柳大柱、首斌、刘白、刘世杰、欧阳任、袁华选、陈国钧、郭元觉、罗大凡、谭道南等湘省同乡组织驻沪湖南国难救济会，为东北事变和民族危亡而奔波。② 可以说，在 1920~1930 年代，每遇湖南灾荒，总能看到熊希龄登高一呼，湖南同乡，无论官绅商学，迅速响应，聚拢在他周围，建筹赈机构，为家乡筹款，足见其号召力之强大。

熊希龄的慈善声誉享誉全国，他也感觉国内慈善团体众多，分散不统一，有必要联合起来，以扩大影响。1919 年 1 月，他在上海发起成立"中华慈善团体全国联合会"，被推选为联合会临时正主任，朱葆三、王一亭为副主任。不过，由于缺乏稳定的社会政治环境和有效的沟通，以及各善团在目标和组织上不统一，该组织没有达到全国慈善团体大联合目标，最后仅限于在上海的几个慈善团体之间的联合，影响甚微。③ 1922 年，北京名流孙丹林、薛之珩、王怀庆、聂宪藩、冯玉祥、王宠惠、孙宝琦、刘复、汪大燮等，"以京师贫民日见增多，老弱残废，困苦颠连"，于是"联合中西慈善团体，成立北京老弱临时救济会"，④ 邀请熊希龄担任该会名誉理事长。最值得注意的是，熊希龄与钱能训、王道程、乔保恒、李圆源等慈善同人一起，于 1922 年 10 月在北京发起成立世界红卍字会中华总会，并从 1925 年起担任会长，直到 1937 年 12 月去世为止，连任会长三届，达 12 年之久，是任期时间最长的会长。⑤ 红卍字会"一方努力于水旱、兵燹、疫疠之临时赈救，一方筹进育幼、养老、恤贫之永久慈业"，在熊希龄执掌红卍字会期间，偕会中同人吕海寰、徐世光、王芝祥、王人文、许兰洲等，大力发展组织，至 1928 年秋，设立分会约 150 余处，1934 年更增加到 300 余处，⑥ 成为民国最有影响力的慈善组织。

---

① 周秋光编《熊希龄集》下，第 1663、1692 页。
② 周秋光编《熊希龄集》下，第 2058 页。
③ 参见蔡勤禹、姜志浩《民国时期慈善组织的联合与互动》，《安徽史学》2020 年第 6 期。
④ 周秋光编《熊希龄集》下，第 1535 页。
⑤ 周秋光：《熊希龄传》，第 430 页。
⑥ 周秋光编《熊希龄集》下，第 1943、2148 页。

熊希龄以北京政府国务总理身份离职后进入慈善领域，可以说是近代官职最高的专职慈善家第一人，其所拥有的强大社会资本为其慈善事业发展奠定了厚实基础，使他的慈善圈不像余治、经元善等士绅、绅商那样仅限于家乡和行业范围之内，而是要丰富得多。从上面的论述可知，熊希龄的慈善圈有这样几层。一是以在职或卸职官员为对象的慈善圈。熊希龄在北京政府时期任职建立起来的官场朋友圈和南京国民政府时期的故旧官员和新任官员，以及那些离职官员，他们中许多人鉴于熊希龄的人格魅力和慈善感召力，突破了政治和党派界限，或与其合作建立慈善机构，或为其慈善拨款或捐赠，这是对熊希龄慈善事业发展的重要支持。二是以同乡为主的慈善圈。熊希龄作为湖南走出去的政治名人，身在湖南的官绅商学发自内心敬佩他，奉其为公益领袖，身在外地的湖南人也奉其为慈善统领，他们聚合在熊希龄慈善旗帜下，化善心为行动，拯救灾黎于水火。三是工商界人士为主的慈善圈。他们鉴于熊希龄的威望和感召力，与他合作建立慈善机构，为慈善机构捐款捐物，对他的募捐号召鼎力支持，成为熊希龄慈善事业的强大支柱。最后一个慈善圈是来自社会普通大众，他们出于对名人的崇拜和对穷苦同胞的朴素感情，响应熊希龄的号召，尽其所能，贡献一分力量。由此可见，熊希龄的慈善圈之大，覆盖了大半个中国，人数众多，阶层广泛，各圈之间相互影响，共同推动慈善事业发展。

五　以王一亭为代表的跨界人物慈善圈

王一亭（1867～1938），浙江湖州人。王一亭是上海著名实业家，曾任日商日清汽船株式会社买办，后投资航运、金融、面粉、房地产、电气、铁路等，担任十多个上海及全国性工商团体负责人，是1920～1930年代上海最有实力和影响的商业大亨之一。同时，王一亭笃信佛教，是上海著名的佛教居士，掌管着上海多个佛教团体。王一亭还是海派画家代表，他"承续了以任伯年为代表的以世俗性为特征的前'海派'的薪火，和吴昌硕联手开启了以金石性为特征的后'海派'的新生面"。[1]

---

[1] 王中秀：《王一亭年谱长编》，上海书画出版社，2010，第761页。

王一亭身份的多重性决定了他的慈善圈之广泛性。

王一亭的慈善圈首先来自同乡。他与同乡丝业大王沈联芳、周庆云、杨信之、朱五楼、凌铭、杨谱笙、潘公展、陈果夫等保持良好同乡情谊，构建起同乡慈善圈。每当家乡灾荒发生，他都积极联络同乡，发动募捐，赈济灾民。1911年，湖州连降大雨，所属各县一片汪洋。9月21日，他与同乡杨信之、潘祥生、凌铭之、庞莱臣、孙冠臣、许润泉、顾敬斋、沈联芳、朱五楼、王亦梅等联名发布急赈告示，发起筹募赈款救济灾民活动。1920年湖州再度被灾，王一亭和杨信之、沈田莘、朱五楼、庞元济、刘锦藻、沈联芳、周庆云、钱新之、黄缙绅等旅沪湖商一起发起成立湖属水灾筹赈会，数月间筹集善款5.27万元。1922年秋，浙江台州、温州、严州、处州、衢州等地迭遭飓风暴雨，复加以山洪暴发，江海河湖水位猛涨，全省受灾达50余县。王一亭与杨信之、庞元济、沈联芳等人一起，再度成立浙江湖属水灾筹赈会，筹款2.63万元，购米面，置衣被，赈济家乡灾民，王一亭还亲自担任华洋义赈会浙灾募款委员会会长。1930年1月23日，王一亭以旅沪全浙救灾会会长名义，与褚辅成、屈映光一起刊发征求各种物品与书画艺术品的助赈广告，救助家乡灾民。1931年，湖州地区遭受特大水灾，他不仅个人认捐1500元，还亲任筹赈会主席，在上海广筹赈款，更以65岁高龄亲临湖州灾区救灾。[1] 王一亭以同乡关系，联络在沪浙江湖州籍人士和浙江同乡，积极赈济家乡，努力造福桑梓，在家乡赢得"王善人"的美誉。

王一亭作为上海滩的商界翘楚，担任过上海商务总会董事、上海总商会主席、上海商业联合会主席等20余个工商团体的领导职务，[2] 在上海商界有着广泛的影响力和很强的号召力。依靠这种影响力，他联合商界人士，发起成立慈善组织和慈善设施，开展慈善活动，建立起商界慈善圈。王一亭与工商界朋友的主要慈善活动表现在如下几个方面。一是创办救济机构和慈善设施。他参与创办或任职的各类慈善机构、慈善设施达上百个，担任主持人或第一主持人的慈善团体有12个。[3] 1905年，

---

[1] 沈文泉：《海上奇人王一亭》，中国社会科学出版社，2011，第15~17页。
[2] 沈文泉：《海上奇人王一亭》，第45~46页。
[3] 沈文泉：《海上奇人王一亭》，第86、103~106页。

王一亭与李平书、高凤池、沈缦云等人出资创办上海孤儿院；1913年，王一亭与朱葆三、徐乾麟等上海绅商一起创办中国妇孺救济总会，任总干事长；1921年6月1日，与唐露园创办上海中国红十字会时疫医院，自任院长；1923年，发起成立"中国协济日灾义赈会"；1927年1月，参与发起创办上海乞丐教养院，任董事，同年主持成立上海慈善团体联合会，当选为委员长；1934年4月10日，与颜福庆、许世英等发起成立上海救丐协会，后当选为会长；1935年6月，与虞洽卿、王伯元等发起创办时疫医院；1937年6月17日参与发起成立华洋救护妇孺协会，被推为名誉副理事长。① 二是为公益机构和灾区募捐，王一亭历年为慈善募捐总计达一亿元之巨，堪为民国之最。② 1918年9月，王一亭与朱葆三、顾馨一邀集胡梫芗、傅筱庵、沈润挹、朱志尧、陆伯鸿、姚紫若、陆维镛、顾子盘、祝大椿、李咏棠、施善畦、朱子谦、沈联芳、叶鸿英等沪上绅商，帮助中华教育社创设职业学校募集经费；1920年7月，王一亭与朱葆三、徐乾麟、宋汉章等组织上海各慈善团体赈济湘、陕、闽三省灾民，并任中华慈善团合办湘、陕、闽筹赈处副干事长，承担具体赈济工作；1928年6月，王一亭、虞洽卿、冯少山、王晓籁、钱新之、史量才、关炯之、黄涵之等为筹赈鲁灾，集约"沪上名流及商界巨子"，开办大规模商品展览；③ 1931年夏，我国南方遭受百年未遇的特大水灾，王一亭与虞洽卿、陈光甫、吴蕴斋等沪上绅商发起上海筹募各省水灾急赈会，募得善款260多万元，分赈各省灾区。④ 以上仅是部分梳理，从中可以看到王一亭作为商界名流主导的慈善活动具有开放性特点，慈善活动也不受地域局限，呈现出以名流居住地为中心向周边省份乃至全国拓展的特点。王一亭作为核心人物，在创办慈善机构、发起慈善募捐、赈济灾荒等方面，发挥着重要引领作用，从而建立起商界慈善圈。

王一亭是海上画派代表人物之一，影响和带动上海书画界人士投身慈善事业。早在1887年，王一亭便与画家金润卿一起，在《申报》等

---

① 沈文泉：《海上奇人王一亭》，第84~85页。
② 安淑萍、王长生：《蒋介石悼文诔辞密档》，团结出版社，2010，第99页。
③ 《王一亭等集议筹赈》，《时报》1928年6月16日，第5版。
④ 沈文泉：《海上奇人王一亭》，第87~88页。

报纸上刊登助赈广告,"画花鸟人物助赈,共五百件"。① 1909 年,他与黄宾虹、蔡哲夫、徐敬轩等上海书画名家 20 余人发起豫园书画善会,当选为副会长。豫园书画善会"以会员合作之品,售得润资,提取一半,助充善举"为宗旨,②但成立后一段时间内没有很好地履行初衷,1929 年王一亭当选为会长,表示将改变书画善会名不副实状况,"必达以书画为善之宗旨"。③ 1911 年,王一亭与上海书画研究会同人发起成立了上海另一个重要的书画团体——海上题襟馆书画会。豫园书画善会和海上题襟馆书画会是王一亭参与发起并作为主要负责人的两个最主要的书画组织,他集商人、书画家和慈善家的身份于一身,将上海的书画界联合起来,以书画为商品,通过捐献拍卖书画的形式,为赈灾募捐。如 1912 年举办金石书画展览会,助赈江苏、安徽两省灾民;1920 年,题襟馆组织 2000 余件书画作品义赈直鲁豫晋湘陕闽浙各省水旱兵灾等。1923 年日本关东发生大地震,王一亭于 9 月 14 日联合吴昌硕、唐吉生等人,以海上题襟馆书画会的名义发起劝募书画赈济日本灾民的活动,组织书画家创作和捐献书画作品,义卖助赈。1929 年,陕西省赈灾会吁请上海书画家合作赈灾,王一亭便与曾农髯、谢公展等 20 余人于 7 月 19 日至 25 日发起书画展览会,义卖响应。④ 1937 年 6 月,川黔豫甘受灾严重,王一亭便发动上海书画界开展书画助赈活动,与沪上著名书画家屈映光、钱化佛等 20 余人举办书画赈灾展览,至 6 月 22 日,"搜集达三百余件",售资"悉数交救灾会代汇各省灾区施放"。⑤ 王一亭不仅与上海书画家以书画来行善,还与弟子王个簃、陆伯龙、罗空和杨雪瑶姐妹等发起成立江南慈善书画会。特别是罗空,受王一亭慈善思想影响,成为上海画坛的一大善士。九一八事变爆发后,罗空响应王一亭赈济东北难民的号召,用一年多时间书写了 700 多幅楹联,得润资 1000 多银圆,全部捐献给上海赈济东北难民联合会。⑥ 以王一亭为代表的书

---

① 《画润助赈》,《申报》1887 年 4 月 2 日,第 10 版。
② 《豫园书画善会廿周纪念》,《新闻报》1928 年 8 月 13 日,第 15 版。
③ 《王一亭提倡书画助赈》,《琼报》1929 年 11 月 14 日,第 2 版。
④ 沈文泉:《海上奇人王一亭》,第 93~94、222 页;王思璐:《王一亭与海上题襟馆书画会》,《荣宝斋》2020 年第 6 期。
⑤ 《王一亭等发起书画赈灾展览》,《大公报》(上海)1937 年 6 月 22 日,第 7 版。
⑥ 沈文泉:《海上奇人王一亭》,第 193~194 页。

画界以画笔为媒，创作了一批《流民图》这样的由慈善功用出发而描写民生苦难的作品，既唤起国人对灾患流民的关注，又回应了时人对文人画风超脱之趣的责难，反映了精英阶层的社会担当。

　　王一亭是著名佛教居士，他借助宗教团体和自身的"名人效应"投身慈善事业，在宗教慈善界具有很大的影响力，在他周围形成了一个佛教慈善群体，沪上许多居士和善男信女在他的号召和带动下参与慈善。王一亭最早开始参与佛教慈善事业是加入集云轩和中国济生会。1915年冬，上海的佛教居士在天津路富康里设坛扶乩，定名为集云轩。① 1916年10月25日，集云轩又衍生出中国济生会，它的设立秉承了民国时期一些团体"内修佛法、外行慈善"的模式，办会宗旨是"研究道德，实行慈善事务，以增进中国公益为宗旨，政治时事概不预闻"。② 参与者包括洋行买办兼数届上海总商会会董徐乾麟和上海特别市公益局局长黄涵之，还有陆维镛、秦润卿、李寿山、薛文泰、冯仰山等人，大多都是当时银行、钱业及实业界的著名人物。此外，屈映光、王晓籁、关炯之、丁福保、许世英等名流居士也参与过中国济生会、集云轩的活动。可以说，中国济生会就是一批绅商名流居士在济公扶乩信仰下兴办的社会慈善团体。③ 王一亭担任第二任会长。1920年11月，王一亭又与释冶开、谛闲等各缴500元并集资3万元发起成立佛教救婴会，开展婴儿救助工作。1927年11月13日，王一亭在担任世界佛教居士林林长之后，鉴于灾祸频频，挽救无术，遂发起观音佛七七四十九日祈祷，请慈筏法师主持。次年2月24日，他又与施省之等发起七七四十九日祈祷世界和平及超度阵亡将士活动。④ 1937年1月20日，佛教名流发起组织"中华黄卍字会"，王一亭等为名誉会长，主席团成员还有屈文六、冯炳南、黄涵之、陈碧臣等，此外还有张碧臣、翁寅初、张兰坪等各部主任。成立之日，其附设施诊部即同时开诊，"贫病就医者甚为拥挤"。⑤ 王一亭以佛教为媒，建立起以上海佛教居士为关系网的

---

① 上海集云轩编《济师塔院志》，《中国佛寺志丛刊续编》第126册，江苏古籍出版社，2001，第45页。
② 《上海中国济生会试办章程》，1918年铅印本，上海图书馆藏，第1页。
③ 张佳：《中国济生会所见近代绅商居士之济公信仰》，《宗教学研究》2015年第1期。
④ 陈祖恩、李华兴：《白龙山人：王一亭传》，上海辞书出版社，2007，第166~167页。
⑤ 《佛教名流发起黄卍字会成立》，《申报》1937年1月21日，第15版。

慈善圈。佛教居士以自身宗教信仰为内在精神动力,积极组织并参与慈善活动,体现了其内在信仰与外在慈善实践之间的一致性与自觉性。①王一亭将宗教仪式与慈善公益结合在一起,以宗教团体为平台组织活动,其宗教慈善圈具备一定的组织性特征。

王一亭是集商人、实业家、书画家、佛教居士、慈善家等多重身份于一身的人物,也是一位跨界最明显的慈善家。角色的多重性和身份的多元化,使他的慈善圈也具有多层性:他经商成功,有一个工商界的圈子;作为海派画家,在书画界有挚友;是上海著名佛教居士,有宗教界的朋友;再加上浙江的同乡,形成了一个多层次的交往圈。这些交往圈也成为他的慈善圈,他的影响力使其慈善圈较大,多重身份又形成了一圈套一圈的涟漪式圈层结构。

结　语

以上选择官、商、绅、文四个职业阶层的代表为例,对名人慈善圈的构成、层阶、辐射范围及影响进行了论述。名流慈善圈主要通过名流的人脉关系建立和传承,并以名流及其人脉关系为核心组织和开展慈善活动。这种人脉关系的最紧密层,是建立慈善组织的志同道合之人,他们是慈善组织骨干力量,是核心圈;其次是同乡、业界同人,多为组织会员,构成中间圈;最外一层是受其人格魅力影响的社会公众。这种核心圈、中间圈和外层圈的关系圈,就如费孝通所说的"差序格局",一层一层地向外扩散,这就是名流为核心的慈善圈的特点。

由名流慈善圈引发我们对本文开始提及问题的思考,即名流慈善圈、慈善组织慈善圈和都市慈善圈三者之间是何种关系?限于篇幅,本文没有对其他两种慈善圈进行研究,但我们根据文中研究名流所创立或参加的慈善组织、所在城市等,初步认为名流慈善圈与慈善组织慈善圈具有重合性与交叉性,这两种慈善圈同时又置身于都市内,是都市慈善圈的主体,正是这些慈善人物和慈善组织才使城市慈善圈得以形成。所

---

① 唐忠毛:《上海居士佛教慈善的运作模式、特点与意义》,《社会科学》2013年第10期。

以，三种慈善圈中，都市慈善圈是最外层的慈善圈，慈善组织慈善圈是里层慈善圈，名流慈善圈是核心慈善圈，三者包容交叉重叠在一起，形成一个完整的系统。由此不难发现，虽然可以对慈善圈做出多元划分，实际上它们有着极密切甚至重合的关系，名流置身慈善组织，以慈善组织为平台开展慈善活动；慈善组织根植都市，以都市为依托来进行募捐和活动，这样既分且合的慈善圈，反映了近代慈善事业发展形态的多样性。

全面抗战时期大同慈善社研究

李 璐[*]

引 言

全面抗战期间，随着战时形势的变化和国府内迁，大量民众也陆续往后方迁移。据学者孙艳魁估计，战时难民人数"当在6000万人以上""约占战前全国人口的14%略弱"。[①] 重庆作为战时的"陪都"，是后方城市中难民最集中的地区，吸附了大量内迁难民。战争环境下众多流民、难民的救济，对当时的中国政府形成了巨大的考验。国民党当局意识到，救济难民是"安定社会秩序唯一要着""抗战胜利的必要条件"。[②] 但在全面抗战初期，政府的力量倾注于对日作战方面，很难承担如此庞大的战时救济工作，需要充分动员社会力量参与进来。在此形势下，如何动员宗教慈善团体参与战时救济，并将之纳入国家主导的秩序范围，也成为一个亟须解决的难题。

回顾国民党政权与宗教结社关系的研究，慈善是一个重要的方面。以往关于宗教结社慈善事业的研究，多集中于梳理它们的慈善活动、经费来源，探讨宗教对于慈善的意义。[③] 近来关于慈善的研究则表明，慈善也是沟通政治权力和宗教结社的重要媒介。杜博思（Thomas DuBois）

---

[*] 李璐，南京大学政府管理学院博士研究生。
[①] 孙艳魁：《苦难的人流——抗战时期的难民》，广西师范大学出版社，1994，第62~63页。
[②] 国国民党中央执行委员会宣传部：《救济难民运动宣传纲要》（1939年6月），见韩永进、王建朗主编《民国文献类编·社会卷》第23册，国家图书馆出版社，2015，第98页。
[③] 这方面的研究主要集中在红卍字会的慈善事业方面。宋光宇较早探讨了慈善对于红卍字会兴起的影响和它的社会文化意义，见宋光宇《民国初年中国宗教团体的社会慈善事业——以世界红卍字会为例》，《台湾大学文史哲学报》第46期，1997；《士绅、商人与慈善：民国初年一个慈善性宗教团体"世界红卍字会"》，《辅仁历史学报》第9期，1998；高鹏程《红卍字会及其社会救助事业研究（1922~1949）》，合肥工业大学出版社，2011；李光伟《世界红卍字会及其慈善事业研究》，合肥工业大学出版社，2017。

以世界红卍字会为例，论述了该组织通过在政治真空时期替国家提供慈善服务得以发展壮大的历程，发现这种兴起于国家服务相对匮乏时期的慈善团体，最后都会面临被纳入政府牵头的公众服务体系的命运。① 孙江揭示了在帝国主义与民族主义的对立下，红卍字会慈善活动的困境。② 这些关于宗教结社慈善事业的新近研究，既展示了宗教对跨区域慈善救济网络的社会意义，也呈现了国家与宗教之间支配与被支配、磨合与协商的关系。

抗战时期大同慈善社围绕慈善与国民政府展开的具体互动，可为考察这一动态过程提供丰富的细节。大同慈善社源于1920年代萧昌明创立的宗教哲学研究社，后者以修身救世为标榜，主要在长江中下游地区活动，曾由南京国民政府核准备案；1936年，由于萧昌明妄图称帝，国民政府以"迷信惑民"为由通令取缔该组织。③ 全面抗战期间，原宗教哲学研究社的部分成员迁至重庆，成立了新的组织"大同慈善社"，在大后方开展慈善救济活动，并于1942年4月获准以慈善团体身份，在国民政府社会部正式登记备案。笔者拟利用重庆市档案馆所藏相关档案，通过勾勒1942~1945年大同慈善社在重庆国民政府统治下开展慈善救济活动的轨迹，分析双方既较劲又磨合的互动过程，揭示战时大后方宗教背景的慈善事业发展的动力机制及其内在局限。

一 大同慈善社在重庆的人际网络

（一）大同慈善社的职员网络

大同慈善社是如何在重庆发展的呢？这可从该社职员履历表和会员

---

① 杜博思：《政治与慈善：20世纪二三十年代的道院暨世界红卍字会》，载社会问题研究丛书编辑委员会编《会党、教派与民间信仰：第二届秘密社会史国际学术研讨会论文集》，知识产权出版社，2012，第233~251页。
② 孙江：《战场上的尸体——"一二八事变"中红卍字会的掩埋尸体活动》，《江海学刊》2015年第2期，第173~179页。
③ 关于宗教哲学研究社的教义和发展历史，参见谭松林主编、陆仲伟著《中国秘密社会》第五卷《民国会道门》，福建人民出版社，2002，第178~193页；邵雍《宗教哲学研究社在江南的活动》，《近代江南秘密社会》，上海人民出版社，2013，第202~208页。

表中略窥一二。1944 年 5 月 7 日，大同慈善社遵重庆市社会局之令，分别改选了第三届职员，具体情况见表 1。

表 1　重庆市大同慈善社第三届职员履历

姓名	性别	年龄	籍贯	社内职务	职业	是否国民党党员、三青团团员
王晓籁	男	59	浙江嵊县	理事长	国民参政会参议员	不详
周亚卫	男	56	浙江嵊县	常务理事	军事委员会法制处处长	是
陈邦彦	男	49	湖北武昌	常务理事	律师	不详
马晓军	男	60	广西	理事	陆军中将，现任立法院委员	不详
戚泰然	男	45	浙江诸暨	理事	中央信托局人寿保险处	不详
经允文	男	60	江苏武进	理事	长江上游挺进军总司令部驻渝办事处处长	是
周庚镐	男	36	浙江诸暨	理事	律师	是
郑洪福	男	43	浙江余姚	理事	浙江庆余堂药号经理	是
徐庆钧	男	50	浙江镇海	理事	益康海味号经理	
王海秋	男	56	湖北	理事	明达善堂副会长	
赵笃人	男	48	浙江诸暨	理事	仁义公司秘书	
沈佐廷	男	47	浙江慈溪	候补理事	万县及时公司经理	
汤志轩	男	47	浙江诸暨	候补理事	老同兴酱园总经理	
尹锐志	女	53	浙江嵊县	候补理事		
应成杰	男	45	浙江余姚	候补理事	新记贸易行经理	
张俊晖	男	58	湖南湘乡	候补理事	粮食部储运局职员	是
傅汶明	男	48	湖北	常务监事	货运管理局会计科科长	
陈孝廉	男	42	浙江	监事	中国农民银行行员	是
黄承□	男	49	浙江	监事	军委会参议	
刘健公	男	75	四川	候补监事	明道善堂理事	

资料来源：《重庆市大同慈善社第三届职员简历册》（1944 年 5 月），重庆市档案馆藏：0060 - 0008 - 00019 - 0000 - 005。

表 1 这些人中，王晓籁、马晓军、经允文均为宗教哲学研究社初创时期核心领导成员。王晓籁早年曾经参加辛亥革命，民国时期成为上海商界巨头，先后担任上海总商会会长、全国商会联合会理事长，也担任

过上海宗教哲学研究社理事长。马晓军曾任广西宗教哲学研究社开导师，经允文早年即在南京加入了宗教哲学研究社。再看其主要成员的籍贯，基本都是来自四川以外的地区，其中浙江籍13人，湖北籍3人，江苏籍1人，湖南籍1人，广西籍1人，四川本地只有1人。这个比例，与宗教哲学研究社的活动范围一致，浙江、湖北、江苏、湖南四省都是宗教哲学研究社早年发展势力最盛地区之一。所以很明显，大同慈善社是随着原宗教哲学研究社成员内迁而组成的。

从职员的社会职业来探析，他们的职业集中在党政军事机关，共8人，占40%；其次为商业，共6人，占30%；重庆原有慈善事业负责人2名，占10%；另还有2名律师和1名信托局职员。党政军机关人员在社内排名更靠前，人数也多于商人，对社内事务有更大决定权。理事会成员的人际关系涉及机关、商号、重庆地方慈善团体。

这些人之间，除了均为大同慈善社职员这一共同身份，还有其他的人际联系。候补理事尹锐志是理事周亚卫的夫人，全面抗战期间，尹在重庆任妇女工作队副队长、抗日军工烈属工厂厂长。[①] 郑洪福和应成杰均为药号庆余堂董事，还是浙江余姚老乡。[②] 王海秋早年任湖北旅渝同乡会理事，内迁后同时兼任重庆地方慈善团体明达慈善会副会长。[③]

（二）大同慈善社的会员网络

重庆市档案馆藏有一份大同慈善社会员名册，从会员年龄推算，应该是1944年填报的。这份名册统计了会员的姓名、性别、年龄、籍贯、职务、通信处、是否党团员等项。名册中会员共188人，男131人，女57人。会员职务中，不明的有62人，经过整理后的有效样本是126人，其中"理家"的53人，占40%；从事商业或金融业的33人，占26.2%；党政人员18人，占14.3%；军事机关人员6人，占4.8%；从事慈善事业的6人，占6.8%；医生5人，占4%；教授与小学教员3人，占

[①] 熊月之主编《上海名人名事名物大观》，上海人民出版社，2005，第30页。
[②] 孔令仁等主编《中国老字号·玖·药业卷》，高等教育出版社，1998，第277页。
[③] 《重庆市社会局、重庆市明达慈善会关于报送遭受灾害情形的呈、指令》（1944年8月），重庆市档案馆藏：0060-0008-0007-4000-0012。

2.4%；律师 2 人，占 1.6%。"理家"的 53 人均为女性，占女性会员总人数的 93%，占总会员人数的 28.2%。①从这项简单的统计，可以看到，商人、家庭主妇是重庆市大同慈善社的主要力量，这两种身份总共约占 66.2%；再次是党政人员。

会员除来自浙江的以外，四川（含重庆）本地的最多。这说明大同慈善社除吸收内迁民众外，也吸引了相当数量的四川本地民众；但内迁民众还是占到了总会员人数的 74.1%。与前述职员籍贯类似，会员籍贯分布，也以浙江籍、湖北籍、江苏籍、湖南籍最多。（详见表 2）由此可见，大同慈善社具有在同乡间扩充的特征。

表 2　重庆市大同慈善社成员籍贯分布

籍贯	浙江	四川	湖北	江苏	湖南	安徽	河北	广西
人数	54	43	26	17	9	3	3	2
比例	32.5%	25.9%	15.7%	10.2%	5.4%	1.8%	1.8%	1.8%
籍贯	山东	江西	上海	广东	福建	云南	陕西	河南
人数	2	1	1	1	1	1	1	1
比例	1.2%	0.6%	0.6%	0.6%	0.6%	0.6%	0.6%	0.6%

资料来源：《重庆市大同慈善社社员名册》（1944 年），重庆市档案馆藏：0060 - 0008 - 00019 - 0000 - 006。

还有一个现象是会员以同业、家庭的小群体方式加入。比如老同兴职员群体，除了担任候补理事的老同兴酱园经理汤志轩，还有 6 位职员也加入社内；益康海味号职员群体，除了担任理事的益康海味号经理徐庆钧，还有 3 位职员加入；中央信托局也同时有 3 位职员加入。从通信地址和部分女性姓名前的夫姓来推测，还有不少夫妇共同加入的情况。②

以上现象说明大同慈善社是以居住在城市的内迁难民为主，汇集同乡、同业、家庭等各种人际关系的共同体。与此同时，它也吸纳了本地会员，其职员加入本地善堂，试图融入后方社会。由此可见，大同慈善

---

① 《重庆市大同慈善社社员名册》（1944 年），重庆市档案馆藏：0060 - 0008 - 00019 - 0000 - 006。
② 《重庆市大同慈善社社员名册》（1944 年），重庆市档案馆藏：0060 - 0008 - 00019 - 0000 - 006。

社隐隐显示出了内迁难民之间及内迁难民与后方本地人之间的联系网络。战争难民是一种特殊的经历，如同彼得·洛伊佐斯（Peter Loizos）所言，"被迫迁徙会给人们带来一种不同的时间感，将经历区分成逃难前和逃难后。这是分离，也是革命，但往往更意想不到：这常常伴随着一个长达数月或数年的时期，对在哪里以及如何生活怀抱这一种基本认知和情感的不确定性，既有回到此前的家园的可能性，又有一种让此时此地的生活更加稳定的急迫需要"。① 萧邦齐（R. Keith Schoppa）对难民的研究也指出，逃难不仅是生活方式的变化，也要面临心灵上的苦难。② 在战争的动乱中，对于被迫迁徙到后方的难民而言，加入大同慈善社则意味着生活的重建。

二 大同慈善社的战时救济工作

全面抗战期间，政府力量倾注于对日作战，官方的救济机构很难承担如此庞大的难民救济工作，因此政府需要充分动员所有能够参与进来的社会力量。③ 大同慈善社本就聚集了大量内迁难民，自然也就被纳入了国民政府战时救济工作的动员范围。

（一）慈善救济活动

大同慈善社内设总务组、救济组、慈育组、医疗组、救护组，除总务组外，均负责办理慈善救济工作。④ 1943年8月和1944年4月，大同慈善社曾向重庆市社会局报送第一、第二届收支总报告表，笔者据此整理成表3和表4，由此可以清楚地看到大同慈善社在1942年4月~1944年3月、1945年1~7月的慈善工作概况。

---

① Peter Loizos, "'Generations' in Forced Migration: Towards Greater Clarity," in *Journal of Refugee Studies*, 20: 2 (2007), p. 193.
② 〔美〕萧邦齐：《苦海求生：抗战时期的中国难民》，易丙兰译，山西人民出版社，2016。
③ 参见阚玉香《抗战时期重庆难民救济研究》，华中师范大学博士论文，2012，第84~89页。
④ 《大同慈善社、重庆市社会局关于检发修正章程的呈、指令（附：章程）》（1944年6月），重庆市档案馆藏：0060-0008-00019-0000-009。

表3　大同慈善社慈善工作概况（1942.4～1944.3）

项目	支出
施诊	24152元（143412人）
施药	120629元
施茶	62891元
冬令救济（施衣被、施米）	2套、56石（万县）
施棺	31口（万县）
掩埋浮尸	16具
修路建桥	14000元
资助养老	2615元（万县）
资助升学	8515元
设立难童小学	31472元
空袭救护队	—
监狱服务	12980元（仅1942年）
戒烟	—
健康运动	—

资料来源：《大同慈善社第一届工作报告表》（1943年8月），重庆市档案馆藏：0060-0001-00513-0001-028；《重庆市社会局、大同慈善社关于报送第一、二届收支总报告表及捐款花名册的呈（附：表、花名册）》（1944年5月），重庆市档案馆藏：0060-0008-00018-0000-017；《重庆市大同慈善社关于拨发国际捐款补助救济事业费上重庆市社会局的呈》（1945年8月），重庆市档案馆藏：0060-0008-00019-0000-016。

表4　大同慈善社慈善工作概况（1945.1～1945.7）

项目	施诊	施药	施茶	施棺	施赈	防疫补助费	送感化书
受济人数	3260人	4117人	5处	10口	400人		2263人
支出（元）	94000	96116	108000	43000	100000	250000	149243

资料来源：《重庆市大同慈善社关于拨发国际捐款补助救济事业费上重庆市社会局的呈》（1945年8月），重庆市档案馆藏：0060-0008-00019-0000-016。

由表3和表4可以看出，大同慈善社的慈善救济活动既有传统的施诊、施药、夏季施茶、冬令救济（施米、寒衣、棉被）、资助升学、资助养老、修路修桥、施棺、掩埋浮尸，也有因应战时需求的空袭救护队、救护伤兵、办难童小学、健康运动，此外还有体现自身宗教慈善团体特色的监狱救济、戒烟和送感化书。以下分别予以说明。

1. 施诊施药

从救济人数和支出来看，施诊和施药是重庆市大同慈善社最主要的慈善救济活动。该社一共设有三处诊疗所：（1）重庆林森路528号本社；（2）万县分诊所；（3）巴县冷水场分诊所。民众凭大同慈善社诊所挂号单，即可前往这几处诊所免费诊治。诊所下设三个部门：（1）中医部，聘有张锡君、陈咏絮、邵梅隐三位内科医师；（2）西医部，聘有西医曾义博士、牙医王锡钦、眼科杨养浩、伤科彭人杰，伤科专医跌打和伤口处理；（3）产科，1943年8月添设，提供免费接生及产前检查服务。该社还承担了一部分伤兵诊治，万县分诊所1942年共诊治出征伤兵5225人。①

除此之外，防疫也是重点工作。这从施药药名如疟疾丸、痢疾丸等也可以看出来。② 1937年，川中、川东地区因遭洪灾，水源污染，曾经流行痢疾。1939年5月，重庆地区难民中曾经发生霍乱，蔓延至50余市、县。③ 疟疾丸、痢疾丸就是针对难民长途跋涉、水土不服等导致的疾病而施赠的药品。大同救命丹是大同慈善社施赠的主要药品，与防中暑有关，施赠时间主要在夏季。1942年4月~1944年6月，大同慈善社与重庆市防空管理处达成合作，遇有空袭时，由社内组织临时救护队计12人，带药前往各防空洞施救急症突发人员；并发给防空洞管理处大同救命丹1500瓶转给各公共防空洞备用。④ 1943年7月15日，大同慈善社"本福利会救济人群宗旨，特制送大同救命丹"30瓶，送给重庆市粮政局。⑤ 1945年8月该社报告称，历年"制大同救命丹二万瓶，送请重庆市防空洞管理处分发各防空洞作救急之用，并分赠渝万冷三地

---

① 《四川省大同慈善社万办处关于拨两万元以作各项经费之需并将各表存查、病人统计表、总报销等》（1943年4月），重庆市万州区档案馆藏：J015-001-0429。
② 《大同慈善社第一届工作报告表》（1943年8月），重庆市档案馆藏：0060-0001-00513-0001-028。
③ 张彦：《四川抗战史·社会动员》，四川人民出版社，2015，第43页。
④ 《大同慈善社第一届工作报告表》（1943年8月），重庆市档案馆藏：0060-0001-00513-0001-028。
⑤ 《关于查收大同慈善社救济人员名册的函》（1943年7月），重庆市档案馆藏：0070-0002-00011-0000-053。

各公私团体作夏令防济急之用"。① 另外，1942年4月~1943年3月，施种牛痘288起，注射防疫98人。1945年1月至7月，补助红十字会设立临时防疫诊疗医院250000元。

从表3可以看到，1942年4月~1944年3月，大同慈善社共施诊143412人。细读档案，设于该社本部林森路的诊所共施诊73840人，其中中医部诊疗2562人，西医部1284人，伤科529人；精神治疗部却有69465人，占94%。1942年，万县诊所施诊27849人，精神治疗22222人，占80%；若除去当年特殊的伤兵治疗5225人，则高达98%。无论是哪一处诊所，精神治疗在大同慈善社的施诊中均占绝大多数。那么，精神治疗是怎样一种诊疗方式呢？另一值得注意的数字是，1945年1月~1945年7月半年的时间，该社施诊人数锐减，总共才3620人。② 这是为什么呢？这和精神治疗有什么关系呢？后文会针对这些问题给出解答。

2. 夏令施茶、冬令施米施衣

夏季，大同慈善社都会固定施茶三个月，主要针对贫苦的搬运工人。在重庆市内望龙门、七星岗、小梁子、九道门口、海棠溪车站等五处各设一处茶亭；万县杨家街口大码头新运服务亭前设茶亭一处。大同慈善社选择的这六个地方，都是人口流动较大的交通要地，很多搬运工人聚集于此。③ 大同慈善社对夏令施茶比较积极，因投入较低，却能获得"为一般苦力所称便"的名声。1942年4月~1944年3月，两年时间共花费62891元；万县1942年夏季共施茶4个月，花费2643.4元。④

1942年冬季，施衣施米较少，仅施寒衣两套，万县分处施米56石；施衣集中在对囚人的救助。大同慈善社在给重庆市社会局的呈函中解释

---

① 《重庆市大同慈善社关于拨发国际捐款补助救济事业费上重庆市社会局的呈》（1945年8月），重庆市档案馆藏：0060-0008-00019-0000-016。
② 《重庆市大同慈善社关于拨发国际捐款补助救济事业费上重庆市社会局的呈》（1945年8月），重庆市档案馆藏：0060-0008-00019-0000-016。
③ 《大同慈善社第一届工作报告表》（1943年8月），重庆市档案馆藏：0060-0001-00513-0001-028；《重庆市大同慈善社关于拨发国际捐款补助救济事业费上重庆市社会局的呈》（1945年8月），重庆市档案馆藏：0060-0008-00019-0000-016。
④ 《重庆市大同慈善社关于拨发国际捐款补助救济事业费上重庆市社会局的呈》（1945年8月），重庆市档案馆藏：0060-0008-00019-0000-016；《四川省大同慈善社万办处关于拨两万元以作各项经费之需并将各表存查、病人统计表、总报销等》（1943年4月），重庆市万州区档案馆藏：J015-001-0429。

说:"本年度冬令赈济,本拟募举办施放寒衣、棉被,散发米代金,施粥等事,以时期迫近,筹募不及,只有尽力之所及而为之。"① 也就是说,此次并未动用社内经费。

3. 修路建桥:针对泥土道路,行人不便,在南岸下龙门浩信裕厂至天仙桥海狮路至二百梯一带,修大石路百余丈,在太平渡码头重修石梯五丈、石桥两座。

4. 难童小学与资助孤儿升学、养老:因应战时救济需要,1942年5月在南岸青果岭创立慈育小学,专收贫苦子弟及难童入学。

5. 监狱服务:在万县观音岩监狱设立服务处,施囚人衣被,夏季注射防疫针,常备防疫药及药茶,并拟办囚人工厂。

6. 健康运动:为倡导健康运动、锻炼国民体格,成立体育祛病健康部,凡有胃肺病、心脏衰弱等症,不论老少均可参加运动,按病指示其健康方法。②

7. 戒烟:鉴于"禁绝烟毒期间而烟民尚多,当因无良好戒法所致",大同慈善社增设戒烟部,制备戒烟药膏,为烟民免费戒烟,并拟到各看守所羁押烟犯之处予以根本戒除,以免复吸。③

从上述几个方面来看,大同慈善社在战时重庆医疗卫生、伤兵救治、收容教化难童等方面确实开展了一些慈善救济,与红十字会等其他社会团体一起,在战时救济中发挥了一定的作用。其表现也得到了当局的肯定。1942年6月,《中央日报》称赞说,"社会部直属之大同慈善社,自四月下旬正式成立以来,对于慈善救济工作,施行不遗余力"。④

(二) 资金来源

从1942年4月~1945年7月的救济活动,可以看出大同慈善社的

---

① 《重庆市大同慈善社关于拨发国际捐款补助救济事业费上重庆市社会局的呈》(1945年8月),重庆市档案馆藏:0060-0008-00019-0000-016。
② 《重庆市大同慈善社关于拨发国际捐款补助救济事业费上重庆市社会局的呈》(1945年8月),重庆市档案馆藏:0060-0008-00019-0000-016。
③ 戒烟是许多宗教团体都曾开展过的活动。据王世庆研究,日据时期,台湾宗教团体利用扶乩戒烟,在社会上引发戒烟的风气,影响了税收,导致日本殖民政府切实取缔扶乩这种"迷信"活动,见王世庆《日据初期台湾之降笔会与戒烟运动》,《台湾文献》37卷第4期,1988,第128~129页。
④ 《中央社本市讯:大同慈善社施惠贫病》,《中央日报》1942年6月21日,第8版。

组织和所投入的人力物力还是有相当规模的。那么大同慈善社的资金来源是什么？又是如何筹措资金的呢？

据该社《章程》规定，经费由四方面组成：（1）社费，社员入社时每人缴纳社费20元，每年纳常捐30元；（2）捐款，遇有必要，由本社社员自由乐捐，不足时得经理监会之决议，呈请主管官署核准募集之；（3）各种补助费；（4）基金之孳息。据此，大同慈善社的经费大致可以分为四类：社费收入、捐款收入、租金收入、其他收入。表5反映了1942年4月~1944年3月底共约两年时间的经费收支状况。

表5 大同慈善社收入来源（1942.4~1944.3）

收入分类		资金（元）
社费收入		4940
捐款收入	月捐	1760
	常年捐	12443
	特殊捐款	442720.5
	合计	456923.5
租金收入		3310.5
其他收入	行政机构拨款	20000
	其他	借入款42000，应付未付款1564.43

资料来源：《重庆市社会局、大同慈善社关于报送第一、二届收支总报告表及捐款花名册的呈（附：表、花名册）》（1944年5月），重庆市档案馆藏：0060-0008-00018-0000-017。

由表5可见，支撑大同慈善社的救济活动的主要经费来自会员捐款，尤其是不定期的特殊捐款。1942年4月~1944年3月底共约两年时间，共收入508738.43元，其中捐款456923.5元，占总收入的90%。而这其中特殊捐款又占捐款的绝大多数，高达97%。在《捐款花名册》中排名前几位的分别是：万县分社，代募9万元；张森林，承募6万元；汤志轩，承募24000元；李师广、隐名氏，各捐2万元；郑洪福、宝元渝、徐庆钧、陈泰运、林王凯、杨孟纯，各捐1万元。[①] 对照表1，捐款人中的万县分社负责人沈佐廷，以及张森林、汤志轩、郑洪福、徐

[①] 《重庆市社会局、大同慈善社关于报送第一、二届收支总报告表及捐款花名册的呈（附：表、花名册）》（1944年5月），重庆市档案馆藏：0060-0008-00018-0000-017。

庆钧,都是大同慈善社职员。沈、汤、郑、徐四人,在 1944 年 5 月第三届社员大会上,分别被推选为理事或候补理事。① 张森林在 1945 年 5 月改选后担任第四届大同慈善社副董事长,并兼任总务组主任。② 汤志轩、郑洪福、徐庆钧、张森林四人的职业均为商人。

另一值得注意的经费来源是行政机构拨款。1942 年万县办事处因与万县防空指挥部的关系,得到万县政府划拨慈善经费 2 万元。1945 年 8 月,大同慈善社向重庆市社会局申请国际捐款补助救济事业,不知是否申请到。总体来看,该社收入来源中,地方行政机构的拨款占比有限,主要还是依靠会员不定期的捐款来运作,而会员中的商人又是捐款的主要来源。

(三) 慈善救济的意义

大同慈善社的战时慈善救济工作,是在救济难民即等于支持抗战救国的语境中展开的。对于国民政府来说,战时"救济"工作还有另一层意义,即训练民众的爱国心和责任感。1939 年 6 月,中国国民党中央执行委员会宣传部发布《救济难民运动宣传纲要》,从抗战与建国要同时并进、兵员补充、后方建设、延续民族生命、安定社会秩序五个方面,反复论述了难民救济与抗战建国之间的关系,其中说得很清楚:"我们这次神圣战争,绝非已往的灾祲可比,所以不能拿救济灾民的观念来救济难民。应该认识,救济难民就是自救,也就是救国。他们是为抗战而受难,为国家民族而牺牲,我们幸而未作难民的,应分担其痛苦,献出财力物力给政府来救济他们。"③ 在方法上,则强调"发动社会团体的救济力量,使广大的社会救济工作与政府的赈济政令紧密协调,互相呼应,群策群力,以求战时振济政策之表里贯彻"。④

---

① 《重庆市大同慈善社社员大会会议记录》(1944 年 5 月),重庆市档案馆藏:0060 - 0008 - 0001 - 9000 - 0007;《重庆市大同慈善社关于拨发国际捐款补助救济事业费上重庆市社会局的呈》(1945 年 8 月),重庆市档案馆藏:0060 - 0008 - 00019 - 0000 - 016。
② 《重庆市大同慈善社、重庆市社会局关于成立董事会及填造董事名册的呈、指令》(1945 年 5 月),重庆市档案馆藏:0060 - 0008 - 00019 - 0000 - 012。
③ 中国国民党中央执行委员会宣传部:《救济难民运动宣传纲要》(1939 年 6 月),载韩永进、王建朗主编《民国文献类编·社会卷》第 23 编,第 107~108 页。
④ 《赈济委员会孔祥熙兼委员长对该会科长以上职员训词》(1939 年 1 月 19 日),秦孝仪主编《革命文献》第 96 辑,中央文物供应社,1983,第 431 页。

1944年圣诞节，蒋介石在其发表的告全国教会书中特别强调："救济与普通的慈善事业，意义绝不相同……内迁难胞是爱国的民众，他们所受的种种痛苦，是对抗战所作之牺牲。所以对他们的救济乃是我后方民众对爱国难胞一种同情敬佩的表示。这与慰劳伤病官兵及过境将士，其隆重意义是一样的。"① 赈济委员会代委员长许世英也说："赈济行政，在平时多属于慈善事业的推动，在战时乃是争取民心的重要设施……其主要目的，厥在安辑流亡，收拾人心；并由消极之救济，进而为积极帮助其生产，健强其体格，培养其技能，为抗战建国大业之一助。"② 留法回国的社会学家、时任社会部福利司司长谢徵孚说得更清楚："今日的社会救济，并不纯是一种以悲天悯人为基础的慈善舍施，而是在义务与权力对待的观念中，以及在社会的连带责任观念中，政府与人民应有之职责。"③ 这些官方和半官方的表述，有意将救济与慈善分开，显示出救济难民被赋予了超出慈善的意义。救济难民不仅仅是个人行善行为，更是国家存亡与建设的有机组成部分。国民党当局希望通过动员民众参与战时的社会救济工作，来激发民众的民族意识。

因此，对于社会团体来说，参与战时救济就有了双重内涵：这既是向善的表露，也是支持抗战的表达。施诊施药、施茶施米、修路建桥、组织空袭救护队、办难童小学等等，大同慈善社这些慈善救济活动，与其他那些受到认可的一般社会团体无二。除了传统的施诊活动，大同慈善社还添设产科："生活高涨不已，中等之家已无力请医接生，贫民更无论矣！拟添设免费接生部并产前免费检查孕妇，俾增加人口，有利抗建。"④ 这一举措尤其体现了时代特色，将团体的慈善行为与国民政府的抗战号召联系在一起。

宗教慈善团体投入慈善工作，往往体现了"寓道于慈"和"以慈

---

① 《社评：岁暮念难胞》，《时事新报》1944年12月26日，第2版。
② 《〈国民公报〉关于许世英报告赈济工作概况的报道》（1943年5月11日），郑洪泉、黄立人主编《中华民国战时首都档案文献·战时社会》，重庆出版社，2014，第453页。
③ 谢徵孚：《中国新兴社会事业之功能与目的》，《社会工作通讯》创刊号，1944，第16页。
④ 《大同慈善社救济事业计划书》（1943年8月），重庆市档案馆藏：0060-0001-00513-0001-029。

行道"的策略,即通过大规模的慈善救济来获得政府和社会的认可,以便推动传教,典型案例就是道院暨红卍字会外慈内道的体系。① 大同慈善社也公开开展了一些宗教或者具有宗教性的活动。1942年,大同慈善社在万县监狱成立服务处,专门设立了感化组,其中就有讲解教内经典《三圣解冤往生经》的活动,甚至吸纳囚人为信徒。② 1943年1月3日,即"农历腊八为宗主圣诞,初十日又值升天周年纪念,本社订于初七日酉刻预祝,初八、初十午刻举行庆祝典礼,并于初八日起至初十日止,诵经三日,凡我同道,务希届时早降",③ 这是公开庆祝该社创始人萧昌明的诞辰和升天纪念。如前所述,大同慈善社在施诊中投入金钱最多、影响人数最多的还是精神治疗——通过"廿字信仰"修身运气,可以达到强身健体的目的。1944年5月改组后,精神治疗被禁止,施诊人数锐减,于是改用送感化书的方式作为新的宣导途径,宣导对象包括监狱囚人、各商号、机关人员,等等。④ 由此可见,大同慈善社确实依托慈善救济途径积极进行传教活动。而因应"救济难民"的需求,则让它获得了政府的认可,从而有了更多活动空间,的确达到了"寓道于慈"的效果。

对个人而言,民族主义语境下的公共慈善救济活动,无疑为商人提供了塑造个人形象与社会声誉的机会。这其中,曾任两届理事(后改为董事)的郑洪福的经历,可作为观察商人加入大同慈善社的一个案例。郑洪福,浙江余姚人。全面抗战爆发后,他内迁重庆,从在街头开小菜馆开始,逐渐发展为西餐厅,1942年与人合股创办重庆庆余堂。在这期间,郑洪福积极参与各种社会团体,以此扩展自己的人际关系。除了加入大同慈善社,他还加入浙江在渝同乡会,从理事成为理事长,"这时,那麦利西餐厅赚不赚钱已无所谓了,他只是把那里当成上半城一个

---

① 杜景珍认为1928年道院被禁后,依托于外慈红卍字会而行内功,见杜景珍《略论道院遭禁(1928)后的动向》,王见川、范纯武、柯若朴主编《民间宗教》第3辑,台北,南天书局,1997,第227~233页。
② 《四川省大同慈善社万办处关于拨两万元以作各项经费之需并将各表存查、病人统计表、总报销等》(1943年4月),重庆市万州区档案馆藏:J015-001-0429。
③ 《大同慈善社关于举行宗主圣诞、升天周年纪念活动的通告》(1943年1月),重庆市档案馆藏:0060-0008-0001-8000-0012。
④ 《重庆市大同慈善社关于拨发国际捐款补助救济事业费上重庆市社会局的呈》(1945年8月),重庆市档案馆藏:0060-0008-00019-0000-016。

大会客室而已"。① 1948年4月16日，国民政府批准了内政部呈请褒扬郑洪福一案，核与规定相符，准予题颁"乐善好施"匾额一方。② 可以说，郑洪福之所以加入大同慈善社、捐资推动慈善事业，可能的"善董"名声和大同慈善社所聚合的人际网络是其重要动因。

因此，大同慈善社成员虽在尽力回应"抗战建国"的话语，但对"慈善"与"救济"的理解其实出于不同目标。在官方的鼓励下，开展社会救济成为当时社会团体支持抗战的一种潮流。大同慈善社主动因应了这一潮流，积极发挥它的社会救济功能。不论是从救济规模还是组织开展上，此类宗教慈善团体都是战时社会救济体制的重要力量。不过，国民政府动员社会团体参与救济的目标，除了救济难民、稳定社会秩序的急需，还有希图通过鼓励宗教慈善团体加入战时救济来实现社会统合的构想。而在大同慈善社那里，宗教与慈善实为一体之两面，是它进行慈善救济活动的内在动力。大同慈善社能够运用宗教慈善团体特有的观念和组织来进行社会慈善救济——精神治疗吸引了大量民众，大量的捐款可以让社内稳定运营社会慈善救济事业。只不过，"精神治疗"虽然吸引了广大民众，却与国民政府的社会统合意图构成了张力，最终招来了被取缔的后果。

三 国民政府对大同慈善社的改组

1944年1月，谢东山等三人向重庆市社会局密报大同慈善社"借道敛财、破坏风俗，以神道播传一班善男信女，迷信甚深"，"社内挂名的中医、西医完全假设，准备对外欺骗市府和社会局……精神治疗就是有病不吃药，画符水念解冤经、看光（就是扶乩）"。他们举出具体证据说：开导师沈佐廷借道敛财，"上月有姓姚的约十五六岁小孩生肺病，沈佐廷云及在数天内可以吃符水好，向病者之母云及小孩冤孽重，先念解冤经，即交国币五千元与沈佐廷，又要病号每年捐一万元给大同慈善社、捐米五担。可是在一二星期内天天用精神治疗，越医越坏，沈

---

① 陈兰荪、孔祥云：《郑洪福与重庆庆余堂》，载中国人民政治协商会议重庆市渝中区委员会文史资料委员会《重庆渝中区文史资料》第15辑，2005，第174~176页。
② 《国民政府公报》，1948年4月17日，第3版。

佐廷又云冤孽太重无法，害人命的沈佐廷竟敢在陪都之下轻视官厅，借道名要人钱、害人命"。他们还指控说，"当月古历十二月初八日为什么菩萨生日，念经三天，借此名誉耗招（号召）道友捐款"，并且表示对大同慈善社"痛恨已极"，希望社会局取消其立案。①

呈案人谢东山、张元、杨某三人的身份，笔者未能查到，但呈文中自称"民等"，呈文字体歪斜难看，数次出现错别字"糊（胡）闹偏（骗）人""幕（募）捐""耗招（号召）"等细节可推测，他们应该是文化程度不高的普通民众。在这份文件中，重庆市社会局的最后处理意见是"呈部核示"。

同年2月9日，重庆市社会局公务人员赵中之、柳嘉元向重庆市市长贺耀祖密报大同慈善社内沈佐廷数项罪行："借道敛财"；"淫乱妇女，沈在万淫乱妇女，与其发妻离异，但其姘妇凶恶异常，时在万县大同分社大闹，沈不能立足，乃至渝总社任总务，但该姘妇仍随之而来，沈只有社款给与姘妇，并为赁屋而居"；"妖言惑众，沈之榨财方法为，见人均谓有冤孽与魔鬼纠缠，非捐款或念经出钱不足以赎罪，并御用看光女性一人、相生一名、乩手二名"。此外还有"扶植党羽""借官招摇"等罪行。因此，他们建议将沈佐廷驱逐出境，查封大同慈善社并对其进行整顿。他们还请军委会周亚卫与市长贺耀祖沟通，推进此事。②

3月4日，重庆市社会局分别向重庆市政府、国民政府社会部呈文，询问如何处理。3月9日，重庆市政府为此训令重庆市社会局，要求大同慈善社按月公布捐款，改用三联收据，但没有提及对沈借道敛财的处理。两次接到针对大同慈善社"迷信惑人"的指控，重庆市社会局都没有采取具体行动，也未采取直接查禁措施，这是为何呢？原因在于，大同慈善社是在社会部登记立案的，按照当时的管理体制，其主管机关为社会部，重庆市社会局对其并无直接管理权限。针对大同慈善社

---

① 《重庆市政府、重庆市社会局、谢东山、张元、李德贞等关于查办大同慈善社设教惑众、募财肥私案的呈、训令》（1944年1月），重庆市档案馆藏：0060-0008-00018-0000-010。
② 《重庆市社会局、赵中之、柳嘉元、张元等关于查办大同慈善社借道敛财、奸淫妇女、妖言惑众等的呈、指令》（1944年2月），重庆市档案馆藏：0060-0008-00018-0000-015。

的问题，重庆市社会局作为地方机构，只能先呈请社会部核示，然后再行定夺。

从国民政府方面而言，针对民间组织的监管体系渐次扎紧。1941年，国民政府将1930年颁布的《监督慈善团体法施行规则》第四条有关主管官署的内容予以修正，修正后的条文为："一、各县市为县市政府；二、院辖市为社会局，院辖市如未设社会局时，得指定其他各局为主管官署；三、具有国际性之慈善团体，其事业范围及于全国者，得经社会部之特许为其主管官署，但其分事务所仍应受所在地地方官署之指导监督。"① 1941年重庆市成立社会局、县政府成立社会科等机构，专门办理社团整理事务，力图将民间组织管理纳入属地系统。1942年2月10日公布的《国民政府公布非常时期人民团体组织法训令》第二条再次强调："人民团体之主管官署，在中央为社会部，在省为社会处，未设社会处之省为民政厅，在院辖市为社会局，在县市为县市政府。但其目的事业，应依法受该事业主管官署之指挥监督。"第七条规定，"人民团体组织之区域，除法令另有规定外，以行政区域为其组织区域"。② 1944年9月5日，行政院公布《管理私立救济设施规则》，具体阐释了私立救济设施的涵盖范围，"团体或私人创办之救济设施为私立救济设施，教会、寺庙、家族、各种人民团体及外人或国际团体在本国境内设立之各种救济设施均属之"。③ 各项社团法、慈善团体法的颁行，除了明确慈善团体的法律地位，也从登记管理、内部管理、财务监督（经费征纳）和慈善募捐等方面强化了针对慈善团体的监督管理制度。④ 这些监管制度的制定，反映了国民政府管制民众团体的

---

① 《令：勇玖字第九□六一号：为公布修正监督慈善团体法施行规则由》，《行政院公报》第4卷第12期，1941年6月6日，第22~23页。
② 《国民政府公布非常时期人民团体组织法训令》（1942年2月10日），载中国第二历史档案馆编《中华民国史档案资料汇编》第五辑第二编《政治（三）》，第431~434页。
③ 《管理私立救济设施规则》（1944年9月5日），《行政院公报》第7卷第10期，1944，第20~22页；《关于抄发社会救济法实施规则给重庆市政府的训令（附实施细则、救济院规程、私立救济设施规则）》（1944年9月5日），重庆市档案馆藏：0053-0002-00494-0000-014-000。
④ 国民政府关于人民团体的法规制度，可参见徐秀丽《民国时期民间组织的制度环境》，载俞可平主编《中国公民社会的制度环境》，北京大学出版社，2006，第166~201页；陈志波《南京国民政府社团法制研究》，苏州大学博士学位论文，2014。

强烈意图。

在这种背景下，重庆市社会局对大同慈善社进行了改组。1944年5月7日，大同慈善社召开第三届会员大会，此次大会主要讨论的就是大同慈善社的改组事宜。会议由经允文主持，重庆市社会局科长韩觉剑、督导员刘华莅临指导，宣布"大同慈善社原为部属团体，今因其工作地点在本市，有事仍须要地方机关处理，故奉社会部令改组为'重庆市大同慈善社'"。政府方面的代表并且强调，慈善团体有四点必须注意：（1）人事组织必须健全；（2）财政公开；（3）要有相当基金；（4）财产登记。①

大同慈善社确实按照法令依次完成了立案改组，尤其是按社会局修正意见修改了章程条目。1944年改组确定后的《大同慈善社章程》规定，成为该社社员，须满足下列条件之一：（1）品行端正，热心公益者；（2）热心慈善事业，富有声望；（3）对于救济慈善事业及三民主义大同学说富有研究者。入会须由社员二人以上介绍，填具入社志愿书，并经理事会通过。② 此外，根据《监督慈善团体法》第五条，凡有其中所列各款情事之一者，即土豪劣绅有劣迹可指证者、贪官污吏有案可稽者、有反革命之行动者、因财产上之犯罪受刑之宣告者、受破产之宣告尚未复权者、吸饮鸦片者，均不得成为该社社员。③

关于入会条件，《大同慈善社章程草案》中的规定其实更加宽泛，除了正式章程里开列的上述三条外，还包括另外三条：（1）在各地方办理救济事业募有成绩者；（2）捐助本社基金及临时救助费百元以上者；（3）曾经或现在从事救济事业者。④ 不过，后面这三条在呈给重庆市社会局修正后被删去了。最终版本表明，会员选择标准发生了变化，更强调会员的道德品质，而将捐资入社及曾从事救济事业者排除在外。政府此举应是为了保证大同慈善社在经费上的独立性，以免出现个别成

---

① 《重庆市大同慈善社社员大会会议记录》（1944年5月），重庆市档案馆藏：0060-0008-0001-9000-0007。
② 《大同慈善社、重庆市社会局关于检发修正章程的呈、指令》（1944年6月），重庆市档案馆藏：0060-0008-00019-0000-009。
③ 《监督慈善团体法》（1929年6月12日），内政部总务司第二科编印《内政法规汇编·礼俗类》，1940，第98页。
④ 《大同慈善社章程草案》，重庆市档案馆藏：0053-0002-01287-0000-0011-001。

员把持会务的情况。不过如前所述，会员入社的实际情况与标准之间存在差异，实际有五位商号经理进入理、监事会，因为商人在资金筹募上具有优势。

《大同慈善社章程草案》还有一条："本社社员如有违反社章或决议案，以及有损本社名誉言行，得提往会员大会予以除名。"但遵照社会局意见修正后的《章程》则表述为："社员如有违反社章或决议案，以及有损本社名誉言行，得经理事会议决予以警告或除名。"这就是说，将社员的管理权从会员大会移交给了理事会。这一细微变化，与1942年《非常时期人民团体组织法》强调民众团体必须设立理事和监事有关。[①]

由此，大同慈善社虽然没有被查禁，但政府通过推动其改组，加强了对该社的日常管理。第一，大同慈善社由在国民政府社会部立案转为在重庆市社会局立案，合法活动范围从全国缩小到了重庆市，社内自我确定的全国总社地位被下降为地方社团地位。第二，完成了人事改选，国民党员在社内占据了核心地位。大同慈善社此前第一、第二届职员的履历情况目前还不清楚，但改组完成后的第三届职员的信息则很清晰，20名理、监事会成员中有6名国民党员，且比较一下会员名册和职员履历表即可发现，所有国民党员都进入了理事会、监事会或其候补行列。[②] 不难想象，国民党试图通过这些团体内的核心成员掌握社会团体中的理事会、监事会，来了解乃至控制民众团体。第三，政府主管机关掌握了该社的会员名册。第四，完成了社内财产登记。[③] 在1944年5月会员大会召开前不久，重庆市社会局还强制大同慈善社使

---

① 《国民政府公布非常时期人民团体组织法训令》（1942年2月10日），载中国第二历史档案馆编《中华民国史档案资料汇编》第五辑第二编《政治（三）》，第432页。
② 仅一年后，1945年5月14日，大同慈善社再次遵重庆市社会局令，改选成立了董事会，15人中仅1人为国民党员，见《重庆市大同慈善社、重庆市社会局关于成立董事会及填造董事名册的呈、指令》（1945年5月），重庆市档案馆藏：0060-0008-00019-0000-012。
③ 《重庆市大同慈善社社员大会会议记录》（1944年5月），重庆市档案馆藏：0060-0008-0001-9000-0007。会员人数和财产数目与实际有一定出入。财产未计入万县分社，不知是只登记重庆本社还是故意未计入。比较档案中所记皈依人数与会员人数，皈依人数远大于会员名册人数，不知是由于皈依与入会标准的差异导致还是故意未计入。但人民团体的会计账簿不健全，与会员人数无法确实掌握，一直是困扰国民政府却又无力改善的问题。

用三联收据，试图以此规范其募捐活动。第五，下令取缔该社的精神治疗活动。①

1944年改组之后大同慈善社的活动重心确实发生了变化。1945年1月至7月，大同慈善社仅施诊3260人，支出94000元，占总支出11.2%；送感化书人数2263人，支出149243元，占17.8%。而同一时期，大同慈善社补助红十字会设临时防疫诊疗医院开支250000元，此外还参加南岸赈委会的活动，施赈400人，花费100000元，两项合计350000元，占全部支出的41.6%。相比改组之前，参与官方组织的救济活动大幅增加，此类活动的支出占比近半；施诊人数则从此前上万人大幅下降到3000余人，此项支出占比也大幅下降。1945年8月，大同慈善社为申请拨给国际捐款呈上年度工作计划，其中施诊一栏已不见"精神治疗"的踪影。国民政府通过改组大同慈善社，暂时控制住了该社精神治疗活动的开展。

正如康豹教授所指出的，中国宗教团体和国家的互动往复曲折，又竞争又妥协。② 政府对迷信的诠释和行动，随着统治现实的变化而有不同的抉择。在全面抗战急需集合各类社会力量这一特殊的历史情境中，政府主管机关明知大同慈善社具有"迷信"的一面，但社会部并未如重庆市社会局公务人员所请直接将其查封，而是选择对其进行改组，保留并强化它作为慈善团体的一面。于国民政府而言，"慈善"既是改造大同慈善社的手段，也是目标。

尾　声

大同慈善社之所以投入战时慈善救济事业，除了受国民政府推动以外，还有着人际网络以及宗教因素的影响。但关于宗教对于慈善的意义，国民政府和社会团体方面有不同的理解。这尤其表现在国民政府对于"慈善"与"救济"的区分，以及政府与社团在"精神治疗"问题

---

① 《重庆市社会局、大同慈善社关于核查改进社务情形的呈、指令》（1944年3月），重庆市档案馆藏：0060-0008-00018-0000-018。

② 康豹：《当国家碰上地方——近代中国的寺庙破坏运动》，载康豹《中国宗教及其现代命运》，陈亭佑译，台北，博扬文化事业有限公司，2017，第17~62页。

上的拉锯。这是大同慈善社与国民政府关系隐而不显的张力所在。1943年底，两者间的紧张关系被点燃。大同慈善社同时被民众和重庆市社会局职员控告为"迷信"。仔细考察之后可以发现，这次控告其实由大同慈善社内部成员之间的矛盾所引发。但面对来势汹汹的"迷信"控告，国民政府没有采取取缔的方式，而是选择改组大同慈善社，禁止其中的"精神治疗"部分，力图将之改造为纯粹的"慈善团体"。1945年、1947年重庆市社会局的慈善团体清册中，"大同慈善社"均名列其中。[①] 这表明，大同慈善社已被明确定性为"慈善团体"，被纳入了国民政府监管下的社团体系之中。

而在公开的文件和活动中，大同慈善社也越来越向"慈善团体"靠拢，极力淡化自身的宗教色彩。该社1944年改组后的《章程》中这样定位自己的宗旨："阐发固有道德，奉行三民主义，促进世界大同，并从事慈善救济工作，协助政府福利民众。"改组后大同慈善社的业务范围包括：（1）奉行三民主义，弘扬大同学说，及阐发固有道德事项；（2）关于鳏寡孤独废疾者教养事项；（3）关于慈善教育事项；（4）关于医药保健救济事项；（5）关于救济物品筹募事项；（6）关于政府委托办理事项；（7）关于社员之进修互助及联络事项。"弘扬大同学说及阐发固有道德"云云，还能体现该社的历史渊源和初始宗旨，而从其余各条来看，该社已经俨然是一个标准的"慈善团体"。可以说，在应对外在力量赋予的"慈善团体"身份的过程中，大同慈善社其实也在一定程度上内化了这一要求。

在将自己阐释或"打扮"为慈善团体的过程中，大同慈善社内部的商人在人员结构中的占比逐渐增大。相比第三届职员，1945年5月改选的第四届15名董事中9名均为商人，比例从30%上升到60%；虽由立法院委员马晓军任董事长，但实际主持社务的则是副董事长、商人张森林。这是因为慈善救济事业对经费要求大，商人的加入有利于资金的筹措。但不久之后抗战胜利，流寓重庆的政商学各界纷纷"复员"，大同慈善社的成员也不例外。1945年8月，因经费支绌，大同慈善社

[①] 《重庆市社会局各慈善团体清册》（1945年），重庆市档案馆藏：0060-0001-0065-8000-0026；《重庆市社会局各慈善团体清册》（1947年），重庆市档案馆藏：0060-0008-0000-4000-0021。

向重庆市社会局申请拨款时说,"惟现值多数社员将复员东下,以后集资尤觉不易,非赖特别补助,则未然之善举无力扩充,已然之善举亦苦维持。"① 在内迁民众大量回迁、资金来源不能保证的情况下,大同慈善社在重庆的活动逐渐弱化,此后只是零星地参与赈济会的活动。大同慈善社虽然已被纳入正规的慈善组织体系,但没有了聚合在它周边的人群,慈善事业也难以维持,留下的只是一个空名。

---

① 《重庆市大同慈善社关于拨发国际捐款补助救济事业费上重庆市社会局的呈》(1945年8月),重庆市档案馆藏:0060-0008-00019-0000-016。

理论经纬

何谓"社会"[*]

——近代中西知识交汇与概念生成

李恭忠[**]

一 "社会"概念中国古已有之?

"社会"一词在古汉语中早已有之,但在现代汉语中,则是作为西文 society 的译词、作为一个现代概念而存在的。对于现代话语中"社会"概念的由来,特别是从西文 society 到汉字"社会"的语词转换和概念传播,学术界已经有了比较丰富的研究,取得了许多富有启发性的成果。语言学专家陈力卫提出,中文古籍里"社会"偶尔作为一个独立的词使用,这对明治日本学者采用"社会"一词对译西方 society 概念起到了决定作用;1866~1869 年在香港出版、后来在日本广泛使用的罗存德《英华字典》,将 society 译作"会、结社",这也可能是促成明治时期日本学者采用汉字"社会"与 society 对译的原因之一。[①] 思想史和观念史的研究则表明,甲午之后数年间,与 society 对译的"群"字曾经风靡一时,[②] 但日语中的"社会"(shakai) 这一汉字新词传入中国以后,与 19 世纪末 20 世纪初的政治、社会变革潮流相互激荡,很快取代"群"字成为 society 概念在汉语中

---

[*] 本文基本内容曾以《Society 与"社会"的早期相遇:一项概念史的考察》为题,刊载于《近代史研究》2020 年第 3 期。此稿在先前基础上做了一定的修订增补。

[**] 李恭忠,南京大学历史学院暨学衡研究院教授。

[①] 陈力卫:《词源(二则)·社会》,孙江、刘建辉主编《亚洲概念史研究》第 1 辑,生活·读书·新知三联书店,2013,第 194、198 页。

[②] 陈旭麓:《戊戌时期维新派的社会观——群学》,《近代史研究》1984 年第 2 期;王宏斌:《戊戌维新时期的群学》,《近代史研究》1985 年第 2 期。

的主导译语。① 还有学者着重从认知和实践的角度，讨论西方"社会"概念传入以后对中国现代性变革产生的影响。②

与此同时，学术界对古汉语"社会"的内涵及其与现代"社会"概念的关系，也存在着一些疑点和误解，而且从20世纪前期一直延续至今。疑点和误解主要来自一条流传上千年的文本资料。北宋儒学家程颐（1033～1107）为其兄程颢（1032～1085）撰写的《明道先生行状》，提到了程颢在晋城县令这一职位上的如下政绩："俗始甚野，不知为学，先生择子弟之秀者，聚而教之。去邑才十余年，而服儒服者，盖数百人矣。乡民为社会，为立科条，旌别善恶，使有劝有耻。邑几万室，三年之间，无强盗及斗死者。"③ 这段文字此后被朱熹《近思录》摘录，元初被收入《宋史·程颢传》，明代又被丘濬收入《大学衍义补》一书。④ 二程和朱熹是明清时期中国乃至东亚主流意识形态所推崇的对象，这条材料很容易为传统时代的读书人所知。问题在于，后世学者在利用这条材料时，大多不顾程颐原文中的时空背景和前因后果，只引用"乡民为社会、为立科条、旌别善恶、使有劝有耻"这四个短句，而且往往将其视为一件事情，甚或仅仅引用其中"乡民为社会"一句，由此产生不同程度的误解。

1915年，福建人萨端编译的《社会进化论》一书首次出版，开篇即说："英语之society，译为社会，不知始于何时。中国当宋时，已有

---

① 李博（Wolfgang Lippert）：《汉语中的马克思主义术语的起源与作用》，赵倩、王草、葛平竹译，中国社会科学出版社，2003，第113～117页；金观涛、刘青峰：《观念史研究：中国现代重要政治术语的形成》，法律出版社，2010，第180～214页；黄克武：《新名词之战：清末严复译语与和制汉语的竞赛》，《中央研究院近代史研究所集刊》第62期，2008年12月；黄克武：《晚清社会学的翻译——以严复与章炳麟的译作为例》，孙江、刘建辉主编《亚洲概念史研究》第1辑，第3～45页；冯凯：《中国"社会"：一个扰人概念的历史》，孙江、陈力卫主编《亚洲概念史研究》第2辑，生活·读书·新知三联书店，2014，第99～137页。
② 黄兴涛：《清末民初新名词新概念的"现代性"问题——兼论"思想现代性"与现代性"社会"概念的中国认同》，《天津社会科学》2005年第4期；黄兴涛：《新名词的政治文化史——康有为与日本新名词关系之研究》，黄兴涛主编《新史学（第3卷）：文化史研究的再出发》，中华书局，2009，第100～132页。
③ 《明道先生行状》，程颢、程颐撰《二程文集》，中华书局，1985，第149页。
④ 江永注：《近思录集注 二》卷9，上海书店出版社，1987，第27页；《宋史》卷427《程颢传》，中华书局，1977，第12714～12715页；丘濬：《大学衍义补》卷82《广教化以变俗》，崇祯壬申年石渠阁藏版，第19页。

社会二字。《近思录》卷之九,治法条下,有云:'乡民为社会,立科条,旌别善恶,使有劝有耻。'唯中国古代所谓社会者,盖不及一乡之大,其义过狭。如前汉书《五行志》注云:'旧制二十五家为一社。'社会之义,殆即本于此乎!"① 这里把程颐提到的"社会"与 society 联系在一起,但讲得比较清楚,此"社会"其实只是一种固定规模的古代乡民组织。

再往后的解释,则越来越显示出"以今度古"的倾向。1920 年,日本学者远藤隆吉的一部社会学教材被翻译成中文出版,其中明确说:"(个人)结合,即已有社会之意味。故《二程全书》中,有'乡民为社会'之句。"② 1926 年,东南大学教授柳诒徵在《学衡》杂志发表《述社》一文,详细考证了《礼记》关于"社"的记载以及后世的结社实践,意在证明如下论断:"'社会'一名,日人取《宋史·程颢传》语,以释英之 society 也。《宋史·程颢传》:'乡民为社会,为立科条。旌别善恶,使有劝有耻。'近人沿用,若吾故名。求之史策,'社'之一字,已含有团体组织之意。'社''会'骈称,于文为便。尝析其性。盖吾国人,自家族组织、国家组织之外,别有一种团体之组织,其始由于宗教,继则相于娱乐,又进而为学术、文艺、政治之集合,邃古迄今,相沿不改。研究吾国民族团体之生活者,不可忽此一事也。"③ 显然在柳诒徵看来,程颐所言"社会"与作为 society 译词的现代汉语"社会"内涵相通,二者有着内在的连续性。1931 年,《东方杂志》刊发同名文章,也表达了类似的见解:"社为人民结合之所,为饮食宴乐之资,则宗教性渐移入政治性,又渐移入社会性矣。汉氏以来,社为人民活动最有力之表现。始为社交团体,继为文艺结合,为乡里自卫组织,为自治机关。而其宗教性之本身,则演变而为土地神,为城隍神。斯亦三千年中人民生活演化中一大案也。"④ 这些说法都有相似之处,即倾向于将古汉语中的"社会"理解为一般性的民间结社,甚至认为

---

① 〔日〕有贺长雄:《社会进化论》第四版,萨端译述,商务印书馆,1927,第 1 页。
② 〔日〕远藤隆吉:《近世社会学》第四版,覃寿公译,泰东图书局,1924,第 181~182 页。
③ 柳诒徵:《述社》,《学衡》第 54 期,1926 年 6 月,第 1 页。
④ 兑之:《述社》,《东方杂志》第 28 卷第 5 期,1931 年 3 月 10 日,第 53 页。

它与作为society译词的近代"社会"概念在内涵上相通。

这样的理解，此后在中国学者当中，特别是在社会学界，一直延续了下来。李朴园完成于1930年的《中国艺术史概论》说，《二程全书》中有"乡民为社会"之语，"故中译Societas为'社会'二字"。① 雷通群初版于1931年的《教育社会学》一书也提到，"乡民为社会"之语，表明近代从日语传入的"社会"二字"断非创见"。② 徐宗泽出版于1934年的《社会学概论》一书，则基本照搬萨端编译的《社会进化论》中相关说法，认为程颐所言"社会"就是一般意义上的合群组织，只不过局限于狭小的一乡范围之内。③ 1984年，陈旭麓在一篇文章里指出，程颐所言"社会"一词"显然不是后来所称的社会"。④ 不过陈旭麓这一意见没有引起学界重视。当代一些学者仍然延续了上述理解，甚至更进一步。有的社会学教科书将程颐所言"社会"理解为"有一定联系的乡民形成的社会生活形式"；⑤ 有的高校教材提出，明治年间日本学者"认为程伊川所说的'乡民为社会'与'society'有许多相同之处，于是将'society'译为'社会'"。⑥ 另一部知名的社会学教科书中说，程颐所言"社会"，"是一个动名词，是村民集会的意思，指的是一定数量、规模的人群在一定空间范围内的结合。这时，它已经包含了许多现代社会概念的内涵和规定的萌芽"。⑦

无独有偶，1981年出版的《辞源》修订本，摘引明末冯梦龙《醒世恒言》中的几句话，即"大张员外在日，起这个社会，朋友十人，

---

① 李朴园：《中国艺术史概论》，武汉崇文书局，2015，第9页。
② 雷通群：《教育社会学》，福建教育出版社，2008，第1页。
③ 徐宗泽：《社会学概论》，上海土山湾印书馆，1934，第105页。该书正文共计285页，前面有一篇1934年5月徐宗泽撰于徐家汇圣教杂志社的序言。读秀学术搜索所链接的超星图书馆电子全文版，误将该书作者认定为李哲愚。可能是由于李哲愚有一部中央警官学校讲义，书名亦为《社会学概论》，不过仅有142页，见北京图书馆编《民国时期总书目（1911-1949）社会科学（总类部分）》，书目文献出版社，1995，第59页。
④ 陈旭麓：《戊戌时期维新派的社会观——群学》，《近代史研究》1984年第2期，第163页。
⑤ 成振珂、闫岑：《社会学十二讲》，新世界出版社，2017，第2页。
⑥ 许建兵、李艳荣、宋喜存主编《普通高等学校十二五规划教材·社会学十二讲》，吉林大学出版社，2016，第17页。
⑦ 徐祥运、刘杰编著《二十一世纪高等教育标准教材·社会学概论》（第四版），东北财经大学出版社，2015，第43页。

近来死了一两人,不成社会",以此证明古汉语中"社会"一词亦可指"志趣相同者结合的团体"。① 由于《辞源》一书的巨大影响力,这一释义又为不少学术论著和普及读物征引,用来证明古汉语中的"社会"一词"与我们现在所说'社会'已相近似",② 或者"基本上符合我们现在所说的'社会'的含义"。③ 近年,概念史领域的一部代表性著作也征引程颐所言"社会",并结合1981年版《辞源》修订本第三册中"社会"词条的相关释义,得出论断说古汉语中"社会"一词已经具有"志趣相同者结合的团体之义",因而"日本明治时代使用的'社会',正是中文的本来含义"。④

那么,作为society译词的"社会"概念与古汉语"社会"一词究竟有着何种联系?又有什么区别?本文尝试在学界先行研究的基础上,结合社会史、文化史、辞典史和新闻传播史多个维度,进一步辨析古汉语"社会"一词及19世纪society概念的内涵,进而探讨作为society译词的现代汉语"社会"概念如何在20世纪初得以确立,这一新式"社会"概念又兼容了哪些异质的,乃至相互矛盾的内涵。

二 古汉语"社会"一词的内涵

古汉语"社会"一词,原先指的是"社"日的迎神祭拜集会。所谓"社",古义为土地神、祭祀土地之所,延伸为春秋两季祭祀土地神的节日,具体日期原为立春、立秋之后的第五个"戊"日。⑤ 根据儒家经典《礼记》的构想,立"社"是统治集团的专利,自天子、诸侯、大夫以次,各有区别:"王为群姓立社曰大社,王自为立社曰王社。诸侯为百姓立社曰国社,诸侯自为立社曰侯社。大夫以下,成群立社,曰置社。"关于大夫以下,东汉郑玄注云:"大夫不得特立社,与民族居,百家以上则共立一社,今时里社是也。"唐代孔颖达进一步解释说:

---

① 《辞源》修订本第三册,商务印书馆,1981,第2263页。
② 方文:《新方志〈社会〉标目质疑》,李建英、杨俊科主编《中国地方志探论》,中国社会出版社,1991,第291页。
③ 王章留、张元福主编《社会学概论》,中州古籍出版社,2007,第17页。
④ 金观涛、刘青峰:《观念史研究:中国现代重要政治术语的形成》,第181页。
⑤ 《康熙字典》午集下,康熙五十五年内府刊本,第29~30页。

"大夫北面之臣,不得自专土地,故不得特立社。社以为民,故与民居百家以上,则可以立社……虽云百家以上,唯治民大夫,乃得立社。"①官府努力将"社会"置于自己的有效控制之下。《汉书·五行志》记载,西汉元帝建昭年间,兖州刺史曾禁止民间私自立社。唐玄宗开元十八年(730),"礼部奏请:'千秋节休假三日。及村闾社会,并就千秋节,先赛白帝,报田祖,然后坐饮。'从之"。② 如前所述,宋儒程颐为其兄程颢撰写的行状内提及"乡民为社会,为立科条"。细审文意,程颐该文旨在表彰其兄担任晋城县令期间的各项施政措施及其效果,包括选择优秀学子亲自施教,规范乡民的"社"日集会活动("乡民为社会,为立科条"),开展道德教化活动("旌别善恶,使有劝有耻"),等等。文中所说的"社会",仍然专指土地神祭拜集会,而不是指名目繁多、有好有坏的一般性集会结社。程颢为其"立科条",同样体现了官府的控制意图。

值得注意的是,"社会"逐渐突破了官方设定的土地神祭拜形式。随着中古时期佛、道两教和民间信仰活动的兴起,"社会"的依托对象不仅限于乡土性的里社,也扩展到各种地域性和跨地域性的信仰载体,比如城隍、山神③、东岳大帝④,等等。"社会"的日期,不仅限于立春和立秋后第五个"戊"日,而是前后有所伸缩,并且容纳了更多的节庆日,比如上元日⑤、中元日和一些神佛诞日。"社会"的内容,也与形态各异的信仰活动和丰富多彩的集体娱乐结合在一起,发展为更加多样的酬神赛会。

前引明末冯梦龙《醒世恒言·郑节使立功神臂弓》所言"社会",即属于民间跨地域的酬神赛会:"大张员外在日,起这个社会,朋友十人,近来死了一两人,不成社会。如今这几位小员外,学前辈做作,约十个朋友起社,却是二月半,便来团社。"⑥《郑节使立功神臂弓》这篇

---

① 《礼记注疏》第46卷,"祭法第二十三",哈佛燕京图书馆藏明隆庆二年重修刊本,第16页。
② 《旧唐书》第8卷,"本纪·玄宗上",中华书局,1975,第195页。
③ 参见陈宝良《中国的社与会》,浙江人民出版社,1996,第394页。
④ 参见叶涛《泰山香社起源考略》,《东岳论丛》2004年第3期,第144~145页。
⑤ 参见陈宝良《中国的社与会》,第396页。
⑥ 程毅中辑注《宋元小说家话本集·郑节使立功神臂弓》,齐鲁书社,2000,第5页。

小说，系南宋时期话本《红白蜘蛛》的改编本。文中"团社"两个字以及整篇小说的内容，都清楚地表明，大张员外所起的"社会"，其实就是围绕泰山东岳庙进香活动而形成的香社。这种香社兴起于唐末五代，两宋时期趋于成熟，围绕农历三月二十八日东岳大帝诞辰日，形成了每年一次的仪式化的进香活动。① 如同泰安市博物馆收藏的一份北宋元丰三年（1080）香社碑记拓片所言，这种香社的功能就是"集社聚缗，岁赛于祠下，睹其神像，虔启愿心"，② 仍然不脱传统酬神赛会的性质。这一事例，很难作为古汉语"社会"一词与现代"社会"概念内涵相通或者近似的证据。

"社会"的形式变得更加复杂多样的同时，也逐渐逸出了官府的控制范围，由此招致官绅阶层的鄙夷乃至不安。北宋末年李元弼的《作邑自箴》，记录了两份知县劝谕庶民榜文的范本，其中一份提道："民间多作社会，俗谓之保田蚕、人口，求福禳灾而已。或更率敛钱物，造作器用之类，献送寺庙，动是月十日，有妨经营……愚民无知，求福者未必得福，禳灾者未必无灾。汝辈但孝顺和睦，省事长法，不作社会献送，自然天神佑助，家道吉昌。"另一份也有类似的表述："所在作社会，祈神祷佛，多端率敛，或为奇巧之物，贡献寺庙，动经旬月，奔走失业，甚则伤财破产，意在求福禳灾而已。"③

在官方看来，"社会"的活跃甚至隐然构成了对于秩序的威胁。北宋真宗大中祥符三年（1010），"诏：访闻关右民每岁夏首，于凤翔府岐山县法门寺为社会，游惰之辈昼夜行乐，至有奸诈伤杀人者，宜令有司量定聚会日数，禁其夜集，官司严加警察"。南宋孝宗淳熙三年（1176），"中书门下省言：'访闻乡民岁时赛愿迎神，虽系土俗，然皆执持真仗，立社相夸，一有忿争，互起杀伤，往往致兴大狱，理宜措置。'诏诸路提刑司行下所部州县，严行禁戢，如有违戾，重作施行"。淳熙八年（1181），"臣僚言：'愚民吃菜事魔，夜聚晓散。非僧道而辄置庵寮，非亲戚而男女杂处。所在庙宇之盛，辄以社会为名。百十成

---

① 叶涛：《泰山香社研究》，上海古籍出版社，2009，第64~75页。
② 转引自叶涛《泰山香社研究》，第69页。
③ 李元弼：《作邑自箴》，《四部丛刊续编（四八）》，上海书店影印版，1984，第6卷，第31页；第9卷，第46页。

群，张旗鸣锣，或执器刃横行郊野间。此几于假鬼神以疑众，皆王制所当禁。'诏诸路提刑司严行禁戢，州县巡尉失于觉察，并真典宪"。① 南宋末年思想家、浙江慈溪人黄震担任广德军通判，也留下了一份关于禁止"社会"的公文："照得本军有祠山春会，四方毕集，市井虽赖之稍康，风俗实由之积坏……起四月，止八月，尽用枪刀为社，自安吉暨宜兴，率以千百为群……盖千百其人者，扰之端；枪刀其器者，凶之事。宜兴安吉相连而至者，又皆江湖出没之徒，蔓则难图，渐不可长。"②

明清时期，民间的社祭、赛社活动不断见诸史籍记载，源于社祭的庙会活动则更加兴盛。③ 直至19世纪末、20世纪初，旧式"社会"一词仍然频繁地见诸新式中文媒体，并且往往跟奢靡、色情、赌博、盗窃、抢劫等众多负面意象相连。作为新式媒体之代表，1872年创刊的上海《申报》提供了不少这方面的信息。

首先，"社会"与奢靡相连。1875年，一则关于南京中元节的报道这样描述："善男信女，每届此节，延请高僧设坛施食，诵瑜伽焰口经，名曰'斋孤'……其荒僻处，捐款不多，不过焰口一二台而已。至若大街，铺面极多，人烟稠密，捐数较大……备极繁华，而斋孤之名，易曰'社会'。于是游人之纷至沓来，妇女之遗簪堕珥，奇闻种种，故事重重。"④ 针对此弊，有人倡议将"社会"所筹集资金移用于赈灾。1878年，署理浙江布政使衙门佐杂人员季考，一名七品官员在答题中批评"杭俗崇信神佛，于社会、佛诞等日，趋之若鹜，不惜输财"，劝告杭州人将花费在"社会"上的钱财转用于赈济华北地区的灾民。⑤ 1889年秋浙江发生水灾，绍兴府绅士发起赈捐活动，制定相关章程，其中包括如下条款："拟禁止各城镇演唱神戏，如有各社会经费充裕者，劝其酌提一半助赈。"⑥ 还有人提出更加激烈的"社会移赈"建议："凡

---

① （清）徐松辑录《宋会要辑稿·刑法二》，刘琳等点校，上海古籍出版社，2014，第8287、8347、8348~8349页。
② 黄震：《申诸司乞禁社会状》，《黄氏日钞》第74卷，《景印文渊阁四库全书》子部第708册，台北商务印书馆，1986，第746~747页。
③ 陈宝良：《中国的社与会》，第394~408页。另参见赵世瑜《狂欢与日常：明清以来的庙会与民间社会》，生活·读书·新知三联书店，2002。
④ 《闹社会》，《申报》1875年9月8日，第2版。
⑤ 《拟募捐晋豫赈银赈米疏》，《申报》1878年11月4日，第3版。
⑥ 《筹办山、会、萧三县赈捐绅董公启》，《申报》1889年11月3日，第2~3版。

赛会伤财，本属无谓。值此灾荒，应破除习俗，请官示禁，将本年及来年各会经费提助赈款。如本无存项，临时募集者，亦请临时改募会为募赈，定邀神灵福佑。推之，祝寿、生子，如宴会，皆可移赈。"①

其次，"社会"与色情、赌博、盗窃、抢劫等违法犯罪行为相连。1879年宁波府的一份通告说："迎赛社会，理宜诚敬，不得再雇青年女子、流娼，扮纱船台阁，亦不得摊拢聚赌，酗酒滋闹。自饬之后，如敢仍前抗违，一经访闻，或被指告，定提为首人等，照律惩办，决不宽贷。"② 1883年宁波府再次发布禁令："宁郡都神会，奢侈异常，晦娼晦赌，举国若狂。闻所费几及巨万……自后都神各社会永远禁止……各行各业如有捐存会费，另作别项济人善举，永不准再蹈奢靡积习，违者提案惩办。"③ 1887年，宁波府又一次重申了1879年对"社会"的约束措施。④ 直至1895年，鄞县知县仍在重申类似的禁令。⑤ 宁波地区的迎神"社会"，看来风习颇为深厚，以至地方官员需要三令五申加以约束。

宁波地区并非孤例。1881年一则关于南昌的报道说："城厢各庙社会……名为敬神，而实借以聚赌也。兹于月之初八日，黄司空殿居然首先违制，雇用鸿林班开演，观者倍形热闹，生意之旺、赌博之盛，自可获利十倍。"⑥ 1901年，安徽宁国府繁昌县令发布禁令说："时届社会，赛会演戏，原属四乡农民借伸春祈秋报之意，故为例所不禁。惟现值时事多艰，各处会匪游勇，纷纷蠢动。凡有赛会演戏之处，必人烟稠密，土客纷纭，更有开场聚赌、打降逞凶，一若以酬神为名，肆无忌惮。其中良莠不齐，匪徒最易混迹，贻害闾阎，莫此为甚……自示之后，务各勤理农事，不准赛会演戏。"⑦

另外，让官绅阶层忧虑的是，"社会"还可能与"邪教"相连。1873年《申报》刊登一封宁波士人的来函："前月贵馆《申报》中，刊有劫后冷眼人论邪教惑人事……余家浙之四明……忆数年前，曾见烧

---

① 《浙赈刍己议》，《申报》1889年12月9日，第3版。
② 《禁扮纱船台阁示》，《申报》1879年4月17日，第3版。
③ 《永远禁都神会告示》，《申报》1883年5月14日，第2版。
④ 《鄞县示谕汇录》，《申报》1887年5月14日，第12版。
⑤ 《禁止神会》，《申报》1895年4月30日，第2版。
⑥ 《违制演戏》，《申报》1881年7月16日，第2版。
⑦ 《禁赛神会》，《申报》1901年8月21日，第2版。

蜡一事。首事者贿申差甲，借梵院以建社会……男妇杂沓而至……现闻郡侯边公，饬禁妇女入寺念佛。各兰若恪遵在案，想此等邪教名目，闻之定当铩羽。加以当道者随时察夺，岂有燎原之虑乎！"①

由上可见，从中古时期直至光绪年间，中文里旧有的"社会"一词不是用来指称一般意义上的人群组合、人际互动形态，而是指民间的各种迎神赛会。这种结社集会摆脱了官府的支配，通过民间的机制自主运行，呈现出与官府极力维持的伦理秩序隐然对立的格局。因此，在主流官绅阶层的经验中，旧的"社会"不仅劳民伤财，而且有碍治安，需要加以治理、管制，甚至暂时禁止。前引南宋末年黄震禁令中提到的"社会"与"江湖"的联系，尤其具有深意。在传统帝制时代，"江湖"一词可以指士大夫对于主动或者被迫远离权力中心的边缘状态的自况，既包含着某种对自由的浪漫向往，也包含着权力竞逐未遂的失意和无奈。与此同时，"江湖"的最主要内涵，还是指一种疏离于政权体制之外乃至与主流秩序分庭抗礼的生存环境和行为模式，往往与流动人口、商业贸易和各色行当，特别是与下层流民及其"灰色"活动相连。宋代以来，随着商品经济的发达和人口流动的频繁，"江湖"所涵括的内容愈加纷繁复杂，"三教九流"充斥其中。酬神祈福的"社会"如果与"江湖出没之徒"联系在一起，自然会引起统治者的警惕。清中期以后，一种更加引人注目的"江湖"现象愈益滋长，即通过虚拟血缘关系、秘密结拜异姓兄弟方式形成的民间组织的蔓延，以及相应的亚文化的隐秘传播。② 天地会（又称三合会）、哥老会，即为这方面的代表。③ 这类民间组织的蔓延，加剧了"江湖"的混沌色彩和躁动气息，对于王权秩序而言更是一种直接的威胁。在官府眼里，天地会、哥老会等民间组织被视为"会党"，与刑事犯罪乃至政治反叛直接相连，因而一直遭到严厉惩处乃至全力镇压。④ 总之，民间自发色彩、与"庙堂"隐然

---

① 四明山烂柯樵子：《论邪教点蜡事》，《申报》1873 年 6 月 30 日，第 1 版。
② 参见李恭忠《"江湖"：中国文化的另一个视窗——兼论"差序格局"的社会结构内涵》，《学术月刊》2011 年第 11 期。
③ 参见蔡少卿《中国近代会党史研究》，中华书局，1987；秦宝琦《清前期天地会研究》，中国人民大学出版社，1988。
④ 秦宝琦：《清律中有关惩处秘密会党的条款及其演变》，《历史档案》2009 年第 1 期，第 31、33、35、36 页。

分立，以及官方或者精英居高临下的视角和轻蔑贬抑的态度，构成了古汉语"社会"一词的基本内涵。这也是19世纪以来西方society概念在中国传播和现代汉语中"社会"概念成长的基本语境。

三 society概念与"会""社"的对接

英文society根源于拉丁文socius，后者原意为"同伙"。到了18世纪末19世纪初，society已经成为一个具有公共认知度的概念。① 这一概念包含了两层基本内涵：既指单数、整体意义上的人群集合形态，也指复数、个别意义上的结社组织。

1771年初版的《不列颠百科全书》这样解释："society，一般来说，是指一些人为了相互帮助、相互保障、相互利益或者相互娱乐而团结在一起。"② 然后简要介绍了一些主要社团的情况，比如皇家学会（Royal Society）、工艺、制造及商业促进会（Society for the Encouragement of Arts, Manufactures, and Commerce）、移风易俗会（Society for the Reform of Manners），等等。该书同时收录了Community一词，将其解释为"a society of men living in the same place, under the same laws, the same regulations, the same customs"，③ 意即共同空间和法律、法规、习俗因素所支撑起来的人群共同体，强调其指向一种单数集合体的概念内涵。到了1797年第3版的《不列颠百科全书》，则将单数集合体的society和复数、个别意义上的societies区分开来。Society被简洁地定义为"一些理性的、有道德的人出于共存和幸福而结合在一起"。词条撰写者强调"文明状态"相比于"野蛮状态"的优越性，自居于"文明开化社会（civilized and enlightened society）之成员"，认为与"周围的野兽

---

① 近代"社会"概念在欧洲的形成过程颇为复杂，简要的论述可以参见雷蒙·威廉斯《关键词：文化与社会的词汇》，刘建基译，生活·读书·新知三联书店，2016，第492~499页；Manfred Riedel, "Gesellschaft – Gemeinschaft", Otto Brunner, Werner Conze, Reinhart Koselleck (hg.), *Geschichtliche Grundbegriffe: Historisches Lexikon zur politisch – sozialen Sprache in Deutschland*, Bd. 2, Stuttgart: Klett – Cotta, 1975, pp. 801 – 862.
② *Encyclopaedia Britannica; or, A dictionary of arts and sciences, compiled upon a new plan*, 1st edition, vol. 3, Edinburgh: A. Bell and C. Macfarquhar, 1771, p. 614.
③ *Encyclopaedia Britannica; or, A dictionary of arts and sciences, compiled upon a new plan*, 1st edition, vol. 2, Edinburgh: A. Bell and C. Macfarquhar, 1771, p. 242.

(brutes)"或者"处于更早、更粗鲁的社会生活阶段的野蛮人(savages)"相比,自己所处的状况更加高级、更加优越:"当我们看到文明社会(cultivated society)的秩序,想到我们的制度、艺术和礼仪——我们就会为自己优越的智慧和幸福而庆幸。"① 为此,作者用了长达上万字的篇幅,结合不同理论家们的说法,勾勒了"社会从粗鲁(rudeness)到精致(refinement)再到衰朽(decay)的历程中所呈现出来的几个阶段",描绘人类从"幼稚、天真、青春到成熟"的整体形态,由此标示出"野蛮与精致之间的尺度"。② 这种单数集合体的society概念,与当时的community概念在内涵上具有相当程度的交叠,即"men living in the same place, under the same laws, the same regulations, the same customs"。③ Societies则被定义为"一些个人(individuals)为了促进知识、产业或者德行而自愿形成的团体(associations)",具体可以划分为三类,一类致力于增进科学和文艺,另一类致力于促进工艺和制造,还有一类旨在传播宗教和道德,或者帮助人们缓解压力。作者并且明确宣称,"为了那些有价值的目标而筹划和成立社团(societies),乃是现时代(modern times)的荣耀"。④ 此后三个版本的《不列颠百科全书》,从1810年第4版到1823年第6版,都延续了第3版中society和societies的内容。显然,这样的society概念,既体现了欧洲启蒙运动之后的文明进步史观,也带有西方中心论的意涵。

进入19世纪初,society概念与文明进步观念之间的内在联系得到了更加清楚的阐述,法国人基佐(François Guizot, 1787~1874)的《欧洲

---

① 作者这样铺叙:"当我们听说印度人衣不蔽体,在树林里游荡,他们艺术贫乏,不善耕作,缺乏道德区分能力,毫无宗教情感,对于优越的权力有着最荒谬的观念,以猎食动物般的方式勉强获得维持生活所需——我们会怜悯地俯视着他们的状况,或者惊恐地把目光移开。当我们看到文明社会(cultivated society)的秩序,想到我们的制度、艺术和礼仪——我们就会为自己优越的智慧和幸福而庆幸。"*Encyclopaedia Britannica: or, A dictionary of Arts, Sciences, and Miscellaneous Literature*, 3rd edition, vol. 17, Edinburgh: A. Bell and C. Macfarquhar, 1797, p. 568.
② *Encyclopaedia Britannica: or, A dictionary of Arts, Sciences, and Miscellaneous Literature*, 3rd edition, vol. 17, p. 575.
③ *Encyclopaedia Britannica: or, A dictionary of Arts, Sciences, and Miscellaneous Literature*, 3rd edition, vol. 5, Edinburgh: A. Bell and C. Macfarquhar, 1797, p. 221.
④ *Encyclopaedia Britannica: or, A dictionary of Arts, Sciences, and Miscellaneous Literature*, 3rd edition, vol. 17, p. 575.

文明通史》一书即为代表。基佐认为构成"文明"概念的首要事实就是"社会"（société）及"个人"（individuelle）的"进步"（progrès）和"发展"（développement）；"文明"由两方面的条件综合构成，既包括"社会之进步""社会关系、社会权力和福利之完善"，也包括"人性之进步""个体生活、内心生活之发展，人类自身各种能力、情感和思想之发展"。[1] 基佐该书以"社会的进步"为主线，讲述从罗马帝国灭亡直至法国大革命的欧洲历史，尤其侧重于制度史方面的内容。这部书产生了广泛而持续的学术影响，长期被用作欧美大学历史教材，[2] 明治维新以后还被翻译为日文。

19世纪初欧洲的近代society概念，随着来华西人特别是传教士的步伐逐渐传入中文语境。由于直至1860年第二次鸦片战争结束，天主教、基督教在中国的传播一直受到清朝政府的限制，传教士主要在东南亚及华南地区的华人下层群体中开展活动。在此过程中，他们对于普通中国人日常生活中的具体结社现象，包括在官绅眼里不无负面观感乃至异端色彩的结社，也逐渐有了经验层面的了解。在此过程中，society概念中作为复数的、意指具体结社的内涵，逐渐与中国人日常生活中的人际结合形态"会""社"对接起来。传教士们编纂的一系列英汉双语词典保留了这方面的具体痕迹。

1819年，英国来华传教士马礼逊（Robert Morrison）编纂的首部《华英字典》第二部分（汉英辞典部分）出版，其中采用音译方式，将中文"社"字转写为Shay，并且注意到："古代二十五户构成一'社'，有一祭坛；现在每条街道、每个村庄都有一个，它们被称为'私社'（private or local altars），一度被禁止。"[3] 此时马礼逊尽量使用中国的概念而非西方的概念来描述中国的现象。三年以后，当这部字典第三部分

---

[1] M. Guizot, *Histoire Générale de la Civilisation en Europe*, Paris: Pichon et Didier Éditeurs, 1828, pp. 16, 18, 19.

[2] 该书1840年即有英译本在纽约出版。直至19世纪末，还有美国的大学历史学教授为该书添加评注，予以再版：François Pierre Guillaume Guizot, *General History of Civilization in Europe*, edited with critical and supplementary notes by George Wells Knight, New York: D Appleton and Company, 1896.

[3] Robert Morrison, *A Dictionary of the Chinese Language*, Part 2, Vol. 1, *Chinese and English Arranged Alphabetically*, Macao: East India Company's Press, 1819, p. 732.

（英汉辞典部分）出版时，情况则发生了变化。辞典里对于 society 给出如下举例释义：（1）联名签题会（of persons who voluntarily unite their names and subscribe money for some public concern）；（2）值事的各人（committee of management）；（3）司库（treasurer）；（4）书记（recording secretary）。① 马礼逊在这里特意点明 society 与"会"之间的相通之处，即出于某些共同目的而形成的自愿结合。这体现了他对于当时欧洲 society 和中国传统"社会"的基本构成机制的认知。不过，social、association 两词尚未收录，仅收录了动词 associate，释义为"相交，与人家有往来"。与此同时，词典中还有 Brotherhood 这个词条，并且解释说，在中国有许多"秘密结社"（secret associations）的人形成"兄弟结拜"（brotherhood），其中有天地会、三合会、天理会等名目；他们"发誓相互帮助、相互防御坏官员的压迫"，有的也为了"系统的抢劫和叛乱"而结拜。② 这表明，马礼逊已经注意到了华人当中的异端结社，并且对此有一定了解。

如果说马礼逊对 society 的释义在一定程度上涉及该词的抽象内涵（自愿结合），那么后来一些代表性的英汉双语词典中的相关释义，则侧重于指向经验层面复数、个别意义上的结社。英国传教士麦都思（Walter Henry Medhurst）编纂、1847~1848 年间出版的《英华字典》，对于 society 举例释义如下：（1）会、结社；（2）主会（a society for the maintenance of religious services）；（3）白莲社、白莲会（the white lotus society）。③ 此处的"白莲"，本来是指东晋时期慧远等人在庐山东林寺结为莲社这一著名的佛教史典故，但也容易使人联想到元代以后影响极大、但又不无异端色彩的白莲教。对于 association，麦都思将它释义为：（1）会（society）；（2）党羽（intercourse）、交际、交亲。另外，他还将 brotherhood 解释为一种"秘密结社"（secret associations）、"通常与

---

① Robert Morrison, *A Dictionary of the Chinese Language*, Part 3, *English and Chinese*, Macao: East India Company's Press, 1822, p. 398.
② Robert Morrison, *A Dictionary of the Chinese Language*, Part 3, *English and Chinese*, pp. 31, 54.
③ W. H. Medhurst, *English and Chinese Dictionary*, Vol. 2, Shanghae: The Mission Press, 1848, p. 1189.

非法的目的相连"。① 显然，麦都思与马礼逊一样，都很留意中国传统的带有异端色彩的民间结社，特别是华南地区的天地会。

来华西人有关华人结社知识的近半个世纪积累，在1866~1869年出版的罗存德（Wilhelm Lobscheid）《英华字典》中得到集中反映。这部辞典被认为"代表了19世纪西人汉外辞典编纂的最高成就"，对中日两国的近代英汉、英日辞典编纂和译词形成都产生了极大影响。② 该书对society一词举例释义如下：（1）会、结社；（2）三合会（the Triad Society）；（3）白莲会、白莲社（the White Lotus Society）；（4）福音会（an Evangelization Society）；（5）福汉会（the Chinese Evangelization Society）；（6）公会（a public society）；（7）入会（to enter a society）；（8）拜会（ditto a secret society）；（9）会友（a member of a society）；（10）会兄弟、会友（members of a society）；（11）见Association和Club。Social一词，则解释为"五伦的、交友的、好相谈、好倾、好叙"。③ 同时，该书对于association的举例释义也很详尽：（1）会合、相投、投合、聚会、聚首、畅聚（the act of associating）；（2）会（a society or club）；（3）开会、设会（to form an association）；（4）入会、联会、做会、拜会（to join an association）；（5）银会［a private association（similar to a savings bank）］；（6）长生会（the Longevity Association）；（7）文会（a literary association）；（8）诗会（the poet's association）；（9）保良会（the association for mutual protection）；（10）规矩会（the Masonic Association）；（11）会规（rules of an association）；（12）交亲、交接、交际、交结、党与、密交（intercourse）。尤其值得注意的是，其中第四条释义中的"拜会"一词，还添加了一则英文脚注："这个术语仅适用于加入一个出于革命或者其他不合法目的而形成的社团，它的一丁点声

---

① W. H. Medhurst, *English and Chinese Dictionary*, Vol.1, Shanghae: The Mission Press, 1847, pp.80, 170.
② 沈国威：《近代中日词汇交流研究：汉字新词的创制、容受与共享》，中华书局，2010，第125、131页。
③ W. Lobscheid, *English and Chinese Dictionary*, Part 4, Hong Kong: The "Daily Press" Office, 1869, p.1628.

音都会吓着中国官员,因而即便在交谈中使用起来也应该极为慎重。"① 对 brotherhood 一词的处理方式也差不多,把它翻译为 "a fraternity or association 会""为兄弟""当兄弟""系兄弟""当真兄弟""同行兄弟""a guild 行",举出的例子则有"三合会(the Triad Brotherhood)""天地会(the Universal Brotherhood)""上帝会(the Shang ti Brotherhood)""白莲会(the Pehlien Brotherhood)""耶稣圣教会(the Christian Brotherhood)""拜会(to become a member of one of the secret brotherhood)""入规矩会(to become a member of the Masonic Brotherhood)"。其中提到的"三合会""天地会""上帝会",都有一条相同的英文脚注说,它们仍然存在,是"社会的害虫"(the pest of society),任何一个"心地善良的当地人"都对它们感到恐怖;关于"白莲会",则有另一条英文脚注,说它创立于明朝末年。② 由此可见,罗存德的处理方式与20年前麦都思的做法类似,均未涉及 society 的抽象内涵,只是举出了更多的具体用例来加以说明。

从罗存德字典里的举例释义来看,他眼中的华人结社大体有三类:一是日常普通结社,二是宗教结社,三是反叛性的秘密结社。这显然跟辞典编纂者本人的经历和认知密切相关。学术界已有的研究表明,罗存德来自德语地区,1848~1850年由礼贤会派至香港担任郭士立的助手,此后一度回国,1853~1857年又作为福汉会(the Chinese Evangelization Society)的传教士,在香港及附近地区从事传教和文化出版活动,1857年以后曾经担任过香港政府的视学官,后来致力于著述和辞典编纂工作。③ 罗存德编纂这部辞典时,采用美国的韦伯斯特英语辞典作为底本(很可能是1847年版)。④ 但与此同时,作为长期在华南地区工作生活、对中国语言和文化颇有研究的传教士,罗存德也记录了中国人日常生活中的人际交往和具体结社形态,并且援引它们来解释 society 一词。特别是对"拜会"的注释,表明他很清楚这种结社在中国官方视野中的异端形象。

---

① W. Lobscheid, *English and Chinese Dictionary*, Part 1, Hong Kong: The "Daily Press" Office, 1866, p.102.
② W. Lobscheid, *English and Chinese Dictionary*, Part 1, 1866, p.264.
③ 沈国威:《近代中日词汇交流研究:汉字新词的创制、容受与共享》,第128~129页。
④ 熊英:《罗存德及其〈英华字典〉研究》,博士学位论文,北京外国语大学中国海外汉学研究中心,2014年,第56~58页。

与 society 在内涵上具有很大交叠而且抽象色彩更加明显的 community 一词，其翻译情况也值得留意。马礼逊字典没有收录 community 一词。罗存德字典收录了 community 一词，将其解释为：（1）通用、共用者、均用者（common possession or enjoyment）；（2）大众、大家、齐家、众人（a society of people, having common rights and priviledges）。他还举了几个用例："一门和尚（a community of Buddhist monks）"；"百物之通用，通用百物者，均用物业（community of property）"；"关属大众，总属大众（community of interests）"；"住埋一处（living in a single community）"。① 由此可见，罗存德努力解释 community 与 society 这两个概念共同包含的抽象内涵，英文内容比较清楚，但中文译词尤其是第二条释义，却难以传递英文中的抽象内涵，给人一种词不达意之感。

传教士编纂的双语词典对 19 世纪中后期的中西知识和文化沟通起到了基础性、工具性的作用，产生了深远的影响。这方面的一个典型例子，就是傅兰雅和应祖锡合作翻译、江南制造总局 1885 年首次出版、此后二十年间广为流传的《佐治刍言》一书。孙青仔细比对了该书英文底本、江南制造局译本以及白话演绎本对原文一些核心概念的处理情况，发现译本"采用傅兰雅惯用的'会'一词来对应'society'"，却有意淡化了这一概念的抽象内涵及与 individual、regulation、law 等概念之间的逻辑联系，结果导致"原文所述在一个社会中个人要让度自由，这样一种个人、社会、自由的递进关系，在译本中简化为一个特定组织'会'中的和睦之道"。② 而傅兰雅之所以习惯用"会"一词来对应 society，显然不是他自己的发明，只是沿袭马礼逊以来的习惯而已。

如果说从马礼逊到罗存德编纂的双语词典主要出自外国人之手、服务于外国人学习中文的话，那么稍后出版的邝其照编纂的英汉双语《字典集成》（1868）及其修订版《华英字典集成》（1887），则是出自中国人之手，出版以后在中国人中产生了广泛而深远的影响。③ 这部字典中的相关词条和释义如下："Association 会，党羽，交际，相投"；"Social 交友

---

① W. Lobscheid, *English and Chinese Dictionary*, Part 1, p. 439.
② 孙青：《晚清之"西政"东渐及本土回应》，上海书店出版社，2009，第 172～181 页，尤其是第 177 页。
③ 司佳：《近代中英语言接触与文化交涉》，上海三联书店，2016，第 107～114 页。

的，伦类的，好交友的"；"Society 会，结社，签题之会；the good society of this city 本城上等人家；members of a society 会友"；"Brotherhood 为兄弟，当兄弟""adopted brothers 结拜兄弟"；"community 众人，大众，通用者"。① 当然，邝其照这部辞书以"字典集成"作为书名，相关译法（包括"党羽"这一释义）也确实体现了马礼逊以及罗存德的影响。

从马礼逊到罗存德，来华传教士们在双语语言研究方面堪称专家，他们在中西语言、词汇乃至概念之间的沟通中扮演了重要的中介角色。但他们毕竟不是政治思想、社会理论方面的专家，他们对 society（包括 community）的翻译，重心不在于完整、准确地传播其作为抽象概念的内涵，而在于使其跟中国人日常生活层面直接的、具体的人际交往和结社形态对接。并且，作为 19 世纪的西方来华传教士，一方面他们本来就有"拯救者"的文化优越感，另一方面也很难不受当时西方的文明进步史观的影响。由此，他们所呈现出来的 society 概念，体现出明显的居高临下视角、民间路径和异端色彩，这与汉语中旧式的"社会"一词正好有着异曲同工之处。

四 现代汉语中"社会"概念的生成

19 世纪中期，随着第一次工业革命的完成和工业社会的到来，society 作为一个抽象的近代概念在欧洲逐渐成形。一方面，社会学开始起步，继孔德（Auguste Comte，1798~1857）正式提出"社会学"这一名称之后，马克思（Karl Marx，1818~1883）和斯宾塞（Herbert Spencer，1820~1903）分别构筑了各具特色的理论体系，推动 society 作为一个基石性的抽象概念范畴，进入日益精细复杂的政治和社会理论领域的中心地带，而且逐渐产生越来越大的国际性影响。另一方面，作为实体现象的 society 更加常见，与普通人日常生活的关系变得更加密切。当时英国另一部著名的大型工具书《英语百科全书》，在 societies 和 associations 这一并列词条下说："身在欧洲和居留在世界其他地方的欧洲人，目前都有一个特点，即出于各种目的之 societies 或者 associations 的大幅增加……它们都有其特定的目标，确实建立在、并且存在于

---

① 邝其照：《华英字典集成》，光绪十三年重镌本，第 23、70、344 页。

其成员们个人的一致同意基础上……一般而言，在这个国度里，可以说任何数量的个人均可获准拿出自己的金钱和个人热情，用于任何未被法令明确禁止的，或者是该社团的合法性问题一旦提交给法庭时不会被宣布为非法的目标。"① 这些释文体现了一种明显的兴奋、自信和自豪感，结社的自愿原则、个人的结社自由，以及结社给人们生活带来的变化，在这里得到了明白无误的强调。与此同时，一种文明优越感，或者说欧洲中心论，也表现得非常明显。

正是在这种背景下，1860年代以后，中、日两国向西方进一步打开国门。日本的一批改革派精英主动学习、接受西方的文明进步观念，以此为依据反观自身和邻邦，进行共同体的自我改造，也就是所谓的"脱亚入欧"。在此过程中，西方的society概念在东亚语境中真正落地。一般认为，1873年，福泽谕吉、加藤弘之等新式知识精英成立明六社，标志着市民结社理念开始在日本付诸实践。② 1875年，加藤弘之翻译的《各国立宪政体起立史》第一册出版，该书绪论中论述立宪政体的由来，提及"群众社会""政治社会""社会公共事务"等新的术语。③ 同一年，"社会"一词作为society的译词，首次出现于《东京日日新闻》，随后在新闻媒体中迅速普及，并与公共领域和市民社会的意涵紧密联系在一起。④ 1881年，井上哲次郎编纂的《哲学字汇》采纳"社会"作为society的日文译词。⑤ 他还对罗存德编纂的《英华字典》进行增订，在日本刻印出版。英国社会学家斯宾塞等人的著作和学说，也纷纷被译介至日本，比如乘竹孝太郎翻译的《社会学之原理》、有贺长雄撰著的《社会学》等，都用"社会""社会学"对译society和sociology。⑥

---

① Charles Knight, *The English Cyclopaedia: A New Dictionary of Universal Knowledge, Arts and Sciences*, Vol. 7, London: Bradbury and Evans, 1861, p. 641.
② 参见木村直惠《"社会"概念翻译始末——明治日本的社会概念与社会想象》，顾长江译，孙江、陈力卫主编《亚洲概念史研究》第2辑，第142~152页。
③ ビーデルマン (Friedrich Karl Biedermann) 著、加藤弘之譯『各國立憲政體起立史』第一冊、谷山樓、1875、第10~12頁。
④ 参见木村直惠《"社会"概念翻译始末——明治日本的社会概念与社会想象》，孙江、陈力卫主编《亚洲概念史研究》第2辑，第142~152页。
⑤ 陈力卫：《词源（二则）·社会》，孙江、刘建辉主编《亚洲概念史研究》第1辑，第195~198页。
⑥ 〔日〕加田哲二：《近世社会学成立史》，张资平译，上海乐群书店，1930，第7页。

东京大学开设了专门的"社会学"课程,从欧美留学归国的外山正一担任"社会学"之讲座教授。① 1882年,宍户义知翻译的《古今社会党沿革说》,第一卷第一章,标题就是"古今社会主义的解释及性质"。此后,"社会主义"概念也逐渐在日本传播开来。② 这样,从古汉语借用过来的日语"社会"一词,变成了一个全新的基石性概念,嵌入了一套从西方传来,而且逐渐变得体制化的近代政治和社会理论话语之中,向人们提示着时代变革的不同的新方向。20世纪初,日本文部省制定的学校德育科目,将国民道德划分不同的层次:"对于自己、对于家族、对于社会、对于国家、对于人类、对于万有。"③ 在这种层次分明的道德结构中,作为抽象的"近代性"的标志性术语之一,"社会"的正面意义不言而喻。当然,需要注意的是,"脱亚入欧"过程中确立的新式"社会"概念,既承载着鲜明的文明进步观念,也有着西方中心论和文明优越论的深层内涵。

中国的改革派精英也对西方的 society 颇为关注。首任驻英使节郭嵩焘 1877 年初抵达英国以后,对英国的 society 和 association 产生了深刻印象,其日记中留下了不少关于这两个英文单词的中文音译词,并且具体解释说:"凡会皆名苏赛意地","苏赛意地者,会也,英国凡学皆有会";"苏士尔申,译言会也"。通过各种各样的"会",郭嵩焘看到了"英国学艺、经纪之盛"。④ 不过,郭嵩焘对 society 的认知仍然停留

---

① 三上参次:『外山正一先生小傳』三上参次発行、1911、第29頁。日本国立国会图书馆藏, http://dl.ndl.go.jp/info: ndljp/pid/781779。
② 参见陈力卫《词源(二则)·社会主义》,孙江、刘建辉主编《亚洲概念史研究》第1辑,第 199~200 页。
③ 《会奏立停科举推广学堂折书后》,《申报》1905 年 9 月 12 日,第 2 版。
④ 郭嵩焘:《伦敦与巴黎日记》,钟叔河、杨坚整理,岳麓书社,1984,第 146、150、276~277 页。郭嵩焘日记中记载的音译词包括:罗亚尔苏赛意地(Royal Society)、奇约喀剌非科尔苏赛意地(Geographical Society)、布里地史安得莆尔林裨布洛苏赛尔得(British and Foreign Bible Society)、苏赛尔得阿甫费林得斯(Society of Friends)、毕斯苏赛尔得(Peace Scoiety)、阿博尔立真理斯卜罗得克升苏赛野得(Aborigines Protection Society)、布利谛斯苏士尔申(British Association),等等。郭嵩焘不会英文,这些语言知识,都是通过询问身边熟人而获知的,包括威妥玛(Thomas Wade)、马格里(Macartney Halliday)、傅兰雅(John Fryer)、理雅各(James Legge)等颇通中文的英国人。郭嵩焘驻英期间,还曾经见过马礼逊的儿子,由此得知马礼逊编纂英华字典的事迹及其影响:"(罗伯马里森)留粤数年,依《康熙字典》翻译西洋文字为字典,西人传诵之。"郭嵩焘:《伦敦与巴黎日记》,第 191 页。

在结社实体的现象层面。而且，根据钟叔河的研究，郭嵩焘的日记文字传回中国以后，遭到统治集团几乎众口一词的非议和封杀，没能产生实际影响。①

中国知识人如同日本人那样直接沟通东西方知识体系，从学理层面开展对于 society 概念的自觉探讨，则要等到 20 多年以后。比如严复，也直接从斯宾塞的英文著作入手，将其理论作品翻译成中文出版。然而到了那个时候，中国人学习仿效的主要对象已经从欧洲变成了日本。经过日本人翻译的欧洲政治思想和社会理论，包括 society 概念在内，成为中国人新知识的重要来源。在此情况下，严复经过深思熟虑选定用来对译 society 概念的"群"虽然一度风行，但其使用频度不久即被从日语传入的新式"社会"一词超过。关于具体的翻译和传播过程，以及严复、梁启超、章太炎、康有为、吴稚晖等重要思想家对于"社会"概念的不同理解和实践，本文前言中提及的先行研究，特别是陈旭麓、李博、黄兴涛、黄克武、金观涛、刘青峰、冯凯等人的成果，已有充分的揭示。此处不拟赘述，仅就新式"社会"概念传入中国之初的概貌做一大致勾勒。

从日语传入中国的新式"社会"，与兼有名词和动词属性的"群"字不同，只有名词属性，其内涵既指复数、个别意义上的社团组织，也指总体意义上、更具抽象色彩的人群集合体形态。② 1895 年秋冬首次刊行的黄遵宪《日本国志》给出了"社会"的定义："社会者，合众人之才力、众人之名望、众人之技艺、众人之声气，以期遂其志者也。"随后列举一些政治类、学术类、法律类、宗教类、医术类、农业类、商业类、艺术类、游戏类、人事类"社会"的名称，最后总结说"凡日本人，无事不有会，无人不入会"。③ 黄遵宪此处所说"社会"，仍为个别

---

① 钟叔河：《论郭嵩焘》，郭嵩焘：《伦敦与巴黎日记》，"叙论"，第 2~3、42~45 页。
② 黄兴涛用"小社会"和"大社会"来表述此时中文"社会"概念的这两层内涵。见黄兴涛《清末民初新名词新概念的"现代性"问题——兼论"思想现代性"与现代性"社会"概念的中国认同》，《天津社会科学》2005 年第 4 期，第 136 页。
③ 黄遵宪：《日本国志》第 37 卷，"礼俗志"四，浙江书局 1898 年重刊本，第 20~22 页。《日本国志》虽然撰成于 1887 年，但迟至 1895 年甲午战争结束几个月之后才初次刊行，内中原因，见李长莉《黄遵宪〈日本国志〉延迟行世原因解析》，《近代史研究》2006 年第 2 期。

意义上的社团组织。1897年初，梁启超主笔的《时务报》分两次转载《大阪朝日新闻》的文章，介绍了日本人如何运用"社会"这一新概念来剖析日本的现状和未来："野蛮之地，无社会者焉。及文明渐开，微露萌蘗，久之遂成一社会。然则所谓社会，盖以渐积成者也。抑社会二字，本非我国古来惯用之熟语，而社会之实形，自古已有……至近古与欧美相交，又大有变化……社会之进化于善，亦当常求之于变化之中也……然则日后我社会果为如何变化乎？则又不可不讲求变化之方也。"① 文中提到的具体变化之方，就是打破"学人社会""俗客社会""文艺美术之社会""宗教道德之社会""股分市情之社会""格致博物之社会"之间互不相容，乃至互相排斥攻击的局面，"推广社会之容量，而包含异种异样之事物"，从而达到"社会日进化于美境"的效果。

1898年6月，维新派在日本神户出版的中文报纸《东亚报》，刊载了英国斯配查（即斯宾塞）原著、日本人涩江保编译、广东番禺人韩昙首转译成中文的《社会学新义》第一节"论社会大义"，其中介绍了"社会"一词的抽象内涵："人类群居，互相交，互相依，互相生养之道，曰社会……社会与国家异，又与国民异，不可混同。国民者，谓有一定土地、在一定政体之下者也。国家者，即合一定土地与一定人民而言之……社会则比其意义为更广，不论土地、人民政体一定与否，凡人多群居而为一团者，总称为社会焉。"② 1900年4月，与维新派关系密切的日本人在上海出版中文报纸《亚东时报》，该报刊载了日本学者有贺长雄演讲稿《论国家社会之干系》的中文译文，其中对于"社会"的界定，更加接近于一般意义上的人群集合体："人群相集，各遂其生，于是有社会焉，有国家焉。"有贺长雄还特别提醒："国家，英语state之谓，与支那'国家'义别，勿混视。社会，英语social之谓，支那学者译以'群'字，似不妥，姑从日本译名。"③

---

① 《论社会》（译大阪朝日报西十二月初十），《时务报》第17期，1897年1月13日，第23~24页。
② 《社会学新义·论社会大义》，《东亚报》第1期，1898年6月29日，第1页。
③ 〔日〕有贺长雄：《论国家社会之干系》，《亚东时报》第21期，1900年4月28日，第14、15页。

1904年，梁启超主持的《新民丛报》设立新名词解释专栏，采译日本学者健部遁吾的《社会学序说》及日本教育学术研究会编纂的《教育辞书》里的相关内容，对"社会"概念做出更清晰、更完整的理论界定："社会，英Society，德Gesellschaft，法Societe。社会者，众人协同生活之有机的、有意识的人格之混一体也。"并对"协同生活""有机体""有意识""人格""混一体"五个要点逐一进行解释，最后总结说："合此五者，则'社会'之正确训诂，略可得矣……中国于此字无确译，或译为'群'，或译为'人群'，未足以包举全义。今从东译。"① 至此，"社会"作为汉语中的一个新生概念，其内涵已经很明晰，所指范围大小有区别，或者是在复数、个别意义上，或者是在单数集合体意义上，但都是指出于相互依存、基于相互交往而形成的具有内在凝聚力的人群结合形态。

1908年，颜惠庆等人编辑的《英华大辞典》出版，其中对于society释义如下：（1）交际、交接、应酬、恳亲（The relationship of men to one another when associated in anyway），周旋、友伴（companionship）；往来、通往来（fellowship）；（2）会、协会（A number of persons associated for any temporary or permanent object），社、互助会、辅仁会、同谋公益之公会、公社、讲求公益之会社（an association for mutual or joint usefulness, pleasure or profit），如文学会、文学社（as, a literary society）；入会（to enter a society），入私会（to enter a secret society）；会员、会友（a member of a society）；（3）社会、居民、邑民（The persons, collectively considered, who live in any region or at any period）；（4）互相应酬之绅士、上流社会、绅家、缙绅（Those who mutually give and receive formal entertainments）。Brotherhood，被译为"a guild 公司、行、会馆""同行兄弟""会，比如三合会、耶稣圣教会、规矩会""为兄弟、系兄弟、嫡亲兄弟、友爱之谊"。Community一词则解释为：（1）国民，百姓，万民（the public or people in general）；（2）同邑之居民，有同一权利或同一法规之社会（a society of people having common rights and priviledges, or

---

① 《新释名一·社会》，《新民丛报》第50期，1904年7月13日，"附录"，第1～3页。此处所说的"人格"，"与法律上、伦理上之所谓人格者不同"，"即在宇宙万有中特具之所以为人之性质条件者是也"。

common interests, or living under the same laws amd regulations);（3）保守同一教道及纪律之会（an association, especially of persons maintaining the same religions, tenets and discipline）;（4）共享，共用，共有（common possession）;（5）公共之品格（common character）。① 颜惠庆这部辞典集合了两条线索的知识资源和观念要素，一是19世纪西方传教士编纂的双语词典，二是19世纪末、20世纪初从日本传入的新知识、新名词。由此，society和community的抽象内涵得到了明确表达，并且逐渐凝结在"社会"这一外来新名词身上。与此同时，society这一西方概念仍然与形形色色的具体结社形态相连，既包括正面色彩的各种"会""公会"，也包括异端色彩的"私会"。

五 新式"社会"概念之暧昧

新式"社会"概念逐渐在20世纪初的中文语境里流行开来，但其内涵却颇为复杂。严复、梁启超等人提倡的"群"，与明治时期日本的"社会"一样，乃是中国的新知识人在新旧秩序转变之际所构想和追求的一种"根本和终极的原则""根本性的社会团结",② 因而是一个充满正面色彩的概念。但与近代日语中的"社会"不同，也跟严复等人推崇的"群"不一样，中文里新兴的"社会"概念，却没有摆脱旧式"社会"一词背后那种官方或者精英居高临下的视角和轻蔑贬抑的态度，也没有甩掉罗存德英华字典里society一词的部分中文释义所关联的另类意象。由此，新式"社会"概念在内涵和观感上都不无暧昧之处，主要体现为理论与现实之间的背离、变革与秩序之间的张力。

首先，新的"社会"概念指向的是一种理论上的目标，被视为代表着时代变革的不二方向，而且与"国家"紧密联系在一起，承载着国运兴衰的重任。1902年，江苏盐城一位士绅提出救时建议："非效东西各国，多立社会不可。社会者，所以合众人之才力、心思、议论而为

---

① 颜惠庆等编辑《英华大辞典》，商务印书馆，1908，第260、428、2129页。
② 冯凯：《中国"社会"：一个扰人概念的历史》，孙江、陈力卫主编《亚洲概念史研究》第2辑，第113页。

一事，以免势涣力薄之患者也。"[1] 一批新知识人认识到，"社会为个人之集合团也"；[2] "社会者国家之母也，则社会改良，国家自能变易面目"；[3] "健全之国家，必无萎败之社会；而萎败之社会，决不能造健全之国家"；[4] "国家者社会之集合体也，故有新社会，斯有新国家；有爱群之公德，斯有社会"；[5] "欲争自存、争独立，莫善于集合团体，以求全社会之幸福"。[6] 更有人提出："从来国运之升降，恒视社会之变迁以为标准。盖积人民而成社会，积社会而成国家。国家之文明，实萌芽于社会。"[7] 沿着这样的思路，"社会"自然是应该大力提倡、正面建设的目标。

其次，新知识人用"社会"这个新概念去指涉中国实际状况的时候，又延续了传统时代官方或者精英居高临下的视角，同时自觉不自觉地受到了社会进化论和文明进步史观的影响，把自古以来的中国"社会"描述为无德无能、腐败落后的形象。由此，这个新的概念往往指向过去的旧包袱，增添了负面的意涵。官绅阶层和一些新式知识人以"上流社会""上等社会"自居，对"下流社会""下等社会"多有鄙夷、责难。有人批评"我国中等社会以下之风俗，本已习为卑恶陋劣"。[8] 有人指责"下等社会""无爱国思想，故惟利是图，甘为奴隶牛马而不惜"。[9] 当然，也有人批评"吾国之上等社会，亦惯于罔利营私，而不顾公家之利害"。[10] 甚至整体的"中国社会"，在不少人看来都极其糟糕。改革派人士汪康年主持的上海《中外日报》刊载文章，批评中国"一国之中分为无量数之社会，各有团体，各有利害……不能知公德之社会，实占众社会中多数"。[11] 1904年，《杭州白话报》连载浙江籍留

---

[1] 《盐城陈惕庵孝廉拟敬陈管见折》，《申报》1902年12月10日，第1版。
[2] 《中国之改造》，《大陆》第3期，1903年2月，第4页。
[3] 飞生：《近时二大学说之评论》，《浙江潮》第8期，1903年10月，第28页。
[4] 大我：《新社会之理论》，《浙江潮》第8期，1903年10月，第10页。
[5] 觉佛：《墨翟之学说》，《觉民》第7期，1904年6月，第9页。
[6] 《金山县泖湾创设乡团缘起并规章》，《申报》1905年3月21日，第9版。
[7] 《论中国社会之缺点》，《东方杂志》第4卷第8期，1907年10月2日，"社说"第151页。
[8] 《观模范运动会》，《申报》1905年11月10日，第2版。
[9] 《论吾国人无爱国思想》，《申报》1905年3月9日，第2版。
[10] 《论吾国人无爱国思想》，《申报》1905年3月9日，第2版。
[11] 《论中国宜注意下流社会（录上海中外日报）》，《选报》第33期，1902年11月，"论说"第6页。

日新知识人孙翼中的长篇文章《论中国社会的腐败》，从"龌龊不爱干净""懒惰""迷信鬼神""俗礼""怕罪过""人心的坏处"，乃至"身材面貌，以及举动言语"等方面，批评"中国社会""腐烂""败坏"至极，却"昏昏梦梦"不自知，而且"这腐败的根苗"由来已久，秦汉以来换一次朝代便加一层弊病。作者署名为"医俗道人"，写作意图很直接，"无非是要社会改良的意思"。①《东方杂志》也频繁转载其他报刊发表的评论文章，指出"今日之社会，一往者极腐败之社会也……成事不足，而败坏有余"；②"我中国之社会，无公德、无实力、无学问、无思想，其凌杂污下，久不足当世界之品评"；③"中国社会"的现状被视为"芜秽浊乱""庸恶陋劣"。④"改良社会"于是成为一种颇具影响力的公共声音。

再次，值得注意的是，新的"社会"概念还指向一种新的变革方向，即以"社会"分层为基础的集体冲突——"革命"，以及关于这种冲突的高级理论形态——"社会主义"。有人从经验层面感觉到了这种集体冲突的可能性，担心"下流社会易于酿事"。⑤湖广总督张之洞也认为，"欲行立宪，当先开通下流社会知识，庶政方无紊乱破坏之虑"。⑥激进的知识人则很快认识到了这种集团冲突的正面意义，认为"下流社会，实为支那动力之原"，只不过还处于"酣然未醒"的状态。⑦他们借用日本人之口说："下等社会者，革命事业之中坚也；中等社会者，革命事业之前列也。"⑧湖南人杨毓麟出版风行一时的小册

---

① 医俗道人：《论中国社会之腐败》，《杭州白话报》第3卷第2期，1904年，"论说"第1页。据陈玉堂《辛亥革命时期部分人物别名录》（《辛亥革命史丛刊》第5辑，中华书局，1983，第216页），医俗道人是孙翼中的笔名。
② 《论社会冲突之为害》，《东方杂志》第1卷第8期，1904年10月4日，"社说"第173~174页。
③ 《论现时社会之所谓进步》，《东方杂志》第1卷第12期，1905年1月30日，"社说"第287页。
④ 《论中国社会之现象及其振兴之要旨》，《东方杂志》第1卷第12期，1905年1月30日，"社说"第279页。
⑤ 《镇江商人胡镕等致曾少卿函（为抵制禁约事）》，《申报》1905年7月14日，第2版。
⑥ 《张香帅再陈立宪办法》，《申报》1905年8月14日，第3版。
⑦ 《论中国宜注意下流社会（录上海中外日报）》，《选报》第33期，1902年11月，"论说"第9页。
⑧ 《民族主义之教育》，《游学译编》第10期，1903年9月，第7页。

子《新湖南》①,倡言"提挈下等社会,以矫正上等社会",②鼓吹湖南人起来排满独立。"社会"与"革命"相互结合,日益成为时兴话语。与此同时,社会主义思想也开始传入,"社会主义"这一术语屡见于中文媒体。梁启超1902年就在文章里提到过"麦喀士"和"社会主义",并且介绍说:"麦喀士,日耳曼人,社会主义之泰斗也。"③ 1903年,梁启超游历北美,在加拿大维多利亚、美国纽约等地,与"社会党"成员分别有过四次会面,还从纽约的《社会主义》杂志总编辑哈利逊那里获赠该刊杂志数十册,以及关于该党主义、纲领的小册子。他们都对梁启超鼓吹说,中国要想改革,必须从"社会主义"着手,实行"均之改革","与旧社会之现状战"。他们希望与梁启超一派合作,以内地或海外的华文报纸作为机关报,将社会主义传入中国。经过一番接触和了解,梁启超意识到,"社会主义为今日全世界一最大问题"。在纽约,他看到了所谓"文明国"严重的贫富分化现象,特别是纽约的贫民窟,让他感到"社会主义之万不可以已也","社会之一大革命,终不能免"。④ 梁启超介绍的"社会主义",虽然对于当时绝大多数中国人而言还很陌生,但这种新的"社会"意象,也就是抽象意义的"社会"与"主义"的结合,用德国概念史专家科塞勒克的话来说,已经为中国人勾勒出了"未来的地平线",若干年后将成为主导性的意识形态,此乃后话。

含义多样的"社会"概念及其指向的实践行动,在官方眼里可能对统治秩序构成潜在威胁,因而需要予以约束限制。官方严加防范,禁止学生"私设社会""摇惑人心"。⑤ 也有人配合官方做法,在《申报》撰文宣称"演说、社会之事……适足坏民心而蠹国脉"。⑥ 清廷后来发布上谕,严禁学堂学生"干预国家政治,及离经叛道,联盟纠众,聚会

---

① 饶怀民、李日:《蹈海志士杨毓麟传》,岳麓书社,2011,第109页。
② 湖南之湖南人:《新湖南》,引自张枬、王忍之编《辛亥革命前十年间时论选集》第1卷下册,生活·读书·新知三联书店,1960,第615页。
③ 中国之新民:《进化论革命者颉德之学说》,《新民丛报》第18号,1902年10月16日,第18页。
④ 饮冰室主人:《新大陆游记》,新民丛报临时增刊,1904年2月,第58~62页。梁启超对社会党人的"热忱、苦心"留下了深刻印象,但他觉得美国的社会党人不了解中国之"内情",婉言谢绝了他们的建议。
⑤ 《禁约学生》,《申报》1903年6月3日,第2版。
⑥ 《论安庆府桂太守禁止演说》,《申报》1903年6月20日,第1版。

演说",① 并要求各级管学衙门、各学堂将此上谕抄录一通悬挂堂上,各学堂的毕业文凭内亦须刊印此上谕中的禁令内容。清政府宣布预备立宪之后,一时间"中外庶僚从政之余,多有合群讲习之事"。这种情况引起高层统治者的担忧,后经宪政编查馆奏准,规定现任官吏在本职之外"亲莅各社会研究政治、学术",必须报请自己的长官批准,否则予以惩处。②

新式"社会"概念的暧昧特征,在清末《结社集会律》的制定过程及相关条文中得到了集中体现。鉴于立宪运动中各地结社集会之活跃,清廷"深恐谬说蜂起,淆乱黑白,下陵上替,纲纪荡然",遂于1907年冬明发上谕,要求宪政编查馆会同民政部,"将关于政事结社条规,斟酌中外,妥拟限制,迅速奏请颁行。倘有好事之徒,纠集煽惑,构酿巨患,国法俱在,断难姑容,必宜从严禁办"。③ 显然,清政府从一开始就对"社会",特别是实体性的政治类"社会"的活跃,心怀戒备和不满。可是几天以后,监察御史赵炳麟上奏说:"开会结社,未可一概禁止,请分别办理。"④ 于是,宪政编查馆最终会同民政部拟订了《结社集会律》,奏请朝廷审议,其思路和要旨为:"稽合众长,研求至理,经久设立则为结社,临时讲演则为集会。论其功用,实足以增进文化,裨益治理。然使漫无限制,则又不能无言庞事杂之虞……《结社集会律》三十五条,除各省会党显干例禁,均属秘密结社,仍照刑律严行惩办外,其余各种结社集会,凡与政治及公事无关者,皆可照常设立,毋庸呈报。其关系政治者,非呈报有案,不得设立。关系公事者,虽不必一一呈报,而官吏谕令呈报者,亦当遵照办理。如果恪守本律,办理合法,即不在禁止之列。若其宗旨不正,违犯规则,或有滋生事端、妨害风俗之虞者,均责成该管衙门认真稽察,轻则解散,重则罚惩。庶于

---

① 光绪三十三年十一月二十一日上谕,中国第一历史档案馆编《光绪朝上谕档》第33册,广西师范大学出版社,1996,第300页。
② 《宪政编查馆奏现任职官亲莅社会必须呈准片》,《政艺通报》第7年第2号,1908年3月,第12页。
③ 光绪三十三年十一月二十日上谕,《光绪朝上谕档》第33册,第298~299页。
④ 光绪三十三年十一月二十七日上谕,《光绪朝上谕档》第33册,第305页。

提倡舆论之中，不失纳民轨物之意。"① 由此可见，统治集团一方面认识到并且承认"社会"的正面意义，另一方面仍然延续了传统时代对于"社会"，特别是政治类结社集会之潜在威胁的担忧、防范和管制。并且，这种担忧、防范和管制上升到全局高度，以近代法律条文的形式明确下来。

进入民国以后，政府对于"社会"，特别是实体社团的防范基调依然延续下来。1912年9月，袁世凯领导的北京政府内务部基于"结合原听自由而保护属在官吏"的指导思想，制定了结社集会专项调查表，其中包括名称、宗旨、会所、发起人及首事人姓名、职业、在会人数、成立日期、批准立案日期等栏目，要求各省据此开展详细调查，汇总之后呈报内政部备案，并且要求以后每三个月呈报一次有关新设、解散或者更改名称的情况。② 1914年3月，袁世凯当局又公布实施《治安警察条例》，明确赋予各级行政机关对当地"社会"的治安警察权，举凡政治和公共事务方面的各种结社集会、屋外集合，以及公众运动游戏，均需向所在地之警方呈报，行政机关如果认为其"有扰乱安宁秩序或妨害善良风俗之虞"，以及对于秘密结社，均可命令其解散；举行活动时，警方可以派出穿着制服的警察官吏"监临"现场。③ 这样的"社会"管制，在南京国民政府建立以后依然没有实质性的变化，直至1931年12月，国民党召开四届一中全会，李烈钧等11名中央执行委员还要联名郑重提出"切实保障人民实行集会、结社、言论、出版、居住、信仰之自由权"。④ 这条提案虽然得到大会通过，但实施起来仍然道阻且长。

结　语

总的来看，现代汉语中"社会"概念在20世纪初的确立，经历了

---

① 《宪政编查馆会同民政部奏拟订结社集会律折》，《东方杂志》第5卷第4期，1908年5月24日，"内务"第228~230页。
② 《内务部通行各处请将各项集会结社详细调查列表送部文》，《政府公报》第146期，1912年9月23日，第3~4页。
③ 《治安警察条例》，《内务公报》第7期，1914年4月15日，"法规"第110页。
④ 《中国国民党第四届中央执行委员会第一次全体会议·会议纪录》，中国第二历史档案馆、海峡两岸出版交流中心编《中国国民党历次全国代表大会暨中央全会文献汇编》第11册，九州出版社，2012，第48页。

中、西、日之间、古今之间的知识交汇和观念调和过程，既体现了外来近代性的辗转输入，也体现了19世纪西方文明居高临下视角与中国传统官方控制视角的结合。

一方面，古汉语中的"社会"一词虽然由来已久，直至19世纪晚期仍然见诸日常生活，但它主要指脱离官府支配、不无异端色彩的民间酬神赛会，并且往往与官方或者精英阶层居高临下的管控立场和轻蔑贬抑态度联系在一起。另一方面，19世纪以后society概念逐渐成为西方政治和社会理论的基石之一，在不同理论流派中扎下根来，并随着欧洲文明的扩展而在世界其他地区传播开来，日益成为一种具有普遍意味的新知识，乃至新常识。

在全球知识互动过程中，19世纪前期来华的西方传教士率先将society与中国本土的"会""社"对接起来，但他们的工作不仅没能完整、准确地传达society概念的抽象内涵，而且体现出明显的居高临下视角、民间路径和异端色彩，这与古汉语中的"社会"一词正好有着异曲同工之处。19世纪中后期，日本"脱亚入欧"，引入society概念以及相关的理论体系，以此为依据进行共同体的改造。在此过程中，借用古汉语字形的"社会"逐渐成为日语中一个新的基本概念，它既承载着鲜明的文明进步观念，也有西方中心论和文明优越论的深层烙印。

19世纪末、20世纪初，中国也开始大规模的共同体再造，主要通过日本途径引入了新的"社会"概念。在此过程中，西方近代文明和中国传统官方双重居高临下视角相互杂糅，导致最终在中国落地的现代"社会"概念的内涵变得相当复杂暧昧。从理论上说，它与"国运"升降的宏大追求紧密相连，承载着文明进步的近代意涵，指向时代变革的新方向。但在经验和实践层面，它又与古汉语中"社会"一词关联的经验、体验相互混杂，仍旧带有令人不屑、不满的特征，而且仍被官方视为对政治秩序的潜在威胁。这种"社会"认知，也隐约提示着20世纪以降"国家－社会"关系以及"政治－社会"关系的构建方向。

作为参照系的身体与心灵

——历史人类学试论

〔日〕二宫宏之 撰　王瀚浩 译[*]

  历史人类学的重大课题，在于针对过去的某个时代、某个社会进行深层解读。此项工作与文化人类学者及民族学家有很多重合，即在通过将某种文化作为对象进行野外调查，以此领会潜藏于文化深层的意义关联方面。确实，历史学家研究的对象属于过去的世界，而并非如文化人类学家一般，以眼前活生生的世界作为研究对象，无法以真实存在于此社会中的形式进行参与式观察。但是，历史学家通过考察档案（documents）或是古代遗物（monuments）等残留史料对过去进行重构，这样的工作几乎与文化人类学者赶赴现场，向当地人（imformant）进行询问的工作相重合。在此意义上，文化人类学者与历史学家都将领会异质文化作为课题，如果说前者是面对空间轴上的异质文化，那么后者则可以说是面对时间轴上的异质文化吧。[①]

  如此一来，可能立刻会引起反驳，认为历史学是关变化的学问，历史学家的职责应该是探寻时间长河中变化的痕迹！确实，既然对于历史

---

[*] 二宫宏之（1932~2006），东京外国语大学名誉教授；译者王瀚浩，南京大学政府管理学院博士研究生。

[①] 关于历史学与文化人类学、民族学的关系，可参考以下论文。André Burguièreù，"Anthropologie et Sciences historiques dans I'étude des sociétés européennes," in L' anthropologie en France: situation actuelle et avenir, Ed. du. C. N. R. S., 1979（二宫宏之訳「ヨーロッパ社会の研究における人類学と歴史学」ジャック・ルゴフ（Jacques Le Goff）ほか著、二宫宏之編訳『歴史・文化・表象：アナール派と歴史人類学』、岩波書店、1992）; Id., "L'anthropologie historique," in La nouvelle histoire, Retz, 1978; Id., "Anthropologie historique," in Dictionnaire des Sciences historiques, P. U. F., 1986; Jean Cuisenier et Martine Segqlen, Ethnologie de la France, P. U. F., 1986. ジャック・ルゴフ（Jacques Le Goff）：「歴史学と民族学の現在」（二宫宏之訳）『思想』第 630 号、1976 年 12 月（収入『歴史・文化・表象：アナール派と歴史人類学』）; E. P. トムソン（Thompson）「民俗学・人類学・社会史」（近藤和彦訳）『思想』第 757 号、1987 年 7 月；山本秀行「社会史と人類学の手法」『お茶の水史学』第 30 号、1987 年 4 月。

来说时间是基本的构成要素，这样的主张自然是理所当然的。但是，所谓追溯历史上的时间，并非是把现代投射于过去，探索其所发生的痕迹，只有拥有将过去作为异质文化的眼光，才能探寻真正的历史性变化。否则，便将终止于历史版的民族中心主义（自我文化中心主义）。

那么，作为历史学家，在理解过去的异质文化之时，究竟从何处用力才好呢？提问的方法，当然因对象社会的性格之不同而多种多样。勒高夫（Jacques Le Goff）与诺拉（Pierre Nora）编著的论文集《历史的创作法》，鲜明展现出法国"新史学"那种明显的历史人类学导向的问题意识，此书第三卷，讨论的正是"新的研究对象"。其中提及的主题，有气候、无意识、神话、心态、言语、典籍、青年、身体、食物、舆论、图像、祝祭这样十二个条目。① 与其说这是基于某个体系而挑选出的主题，不如将之视为反映了法国研究在1970年代初期这一节点的状况。即使仅看这张清单，也能清楚地发现其大大超出了历史学传统的关注领域。在此之后，历史学者的关注点进一步扩展，家庭、儿童、性、死亡、妖术、疾病、犯罪等，仿佛只要能成为问题的问题就要接受下来一般。这一法国史学的情况，有时被人称为"全方位的历史"（histoire tous azimuts），有时则被人批评为"碎片化的历史"（histoire en miettes）。

这样一来，面对看上去不断扩散、无处不在的多样化的问题史（histoire-problème），如何才能使之相互关联，统合在一个共通的问题意识之下呢？在此必须事先考虑到的是，上面所列举的问题群无论哪个也只不过是人类生活的一个侧面而已。因此，历史学家若是想要整体把握某一时代、某一社会，必须把这些问题群一次性回归到作为出发点的人类本身。如此一来，单个问题对于人类而言到底拥有什么意义，答案才会豁然开朗。

本文所要做的便是将各式各样的问题群回归到人类之下，试着以"身体"与"心灵"两条轴线为中心进行整合。之后，必须从"身体"与"心灵"的实际情况出发，探寻联结人与人的"纽带"究竟是何种

---

① *Faire de l'histoire*, sous la direction de Jacques Le Goff et Pierre Nora, t. III: *Nouveaux objets*, Gallimard, 1974.

性质之物。因为这种联结样式，正是形成特定社会独特性格之物。只有经过了这样的探讨，才有可能谈论社会集团。

把人类限定在"身体"和"心灵"两个方面的观点，可从罗伯特·芒德鲁（Robert Mandrou）所著《近代法国序论——历史心理学的尝试》中了解。芒德鲁在尝试整体理解16~17世纪中叶的法国社会时，在第一部分"人类的尺度"中选择了"作为身体的人类"（homme physique）与"作为心灵的人类"（homme psychique）两个角度。在经过第一部分的分析之后，他在第二部分"社会环境"中讨论了社会性结合（solidarités）的基本形态以及其变态。

马克·布洛赫（Marc Bloch）的《封建社会》一书虽然没有芒德鲁如此明显，但也同样能读出相同的结构。布洛赫在第一卷第一部分"环境"的第一篇中讨论了伊斯兰、匈奴及日耳曼的入侵，在其中研究了因如此大规模迁徙而造成的混乱，究竟给时人的身体与心态造成了多大的影响，在第二部分中作者进一步从正面分析了身体与心态的情况。在此基础上，第二部分进而论述了人与人之间的联结纽带。布洛赫与芒德鲁这样的构思给予以下的讨论以极大的启示。①

为了避免误会，在此要再说几句。以下的尝试，绝不是社会构造的一般理论，而只是作为一个专攻法国封建时期的历史学家，在考察史料之时应该时常记挂在心的一个示意图。用文化人类学来比喻的话，就像田野调查时的问题表一样，无论如何，无外乎是根据作为对象的时代与地域、根据利用的史料而编就的问题表。如果不根据史料的情况而列举问题项，这张表可以有多长便编多长，但对于实际的历史研究而言，这样的问题表几乎没有什么价值。②

下面，首先是"身体"，其次是"心灵"，针对围绕它们的问题群进行考察，最后略述"纽带"或者说"羁绊"的问题。

---

① Robert Mandrou, *Introduction à la France moderne, 1500 – 1640. Essai de psychologie historique*, Albin Michel, 1961; Marc Bloch, *La société féodale*, 2 vol., Albin Michel, 1939~40（堀米庸三監訳『封建社会』岩波書店、1995）.
② 例如Murdok等人制作的由888项问题组成的调查表，因为过于网罗而没有什么实用性（George P. Murdock er al., *Outline of cultural Materials*, 3rd Revised Edition, Human Relations Area Files, 1950）。在此点上不如参考柳田国男的口述笔记「民俗資料の分類」（收入柳田国男『郷土生活の研究』』筑摩書房、1967）。

一　身体

首先，虽然从"身体"的问题入手，但我认为历史学至今为止，都完全把人类当作一个脱离实际的存在进行理解。创造历史的人类，仿佛忘记了与生俱来的身体的存在。说起关于身体之事，研究者曾将因鼠疫流行而引发的黑死病视为历史上的重大事件而对此有不少的投入。但是，如果这次我们回归到活生生的人类，在此立场上进行思考就能明白，身体问题的提出对于人类来说有多么重要。正因为如此，进一步而言"身体"的复权对于历史学来说可谓当务之急。[1]

在此，也浮现出各种各样的问题群（图1），第一个问题便是所谓的"身体"到底处在怎样一个状态之中？这确实是和自然人类学相毗连的一个领域，历史学家有必要重新回忆起人类乃是人这一事实。众所周知，通过考古挖掘对人骨进行分析能给史前史学以强有力的帮助，但实际上，对于所谓的历史时代而言，这种与生物外形及实质有关的知识也具有重要的意义。人骨之中，烙刻着营养状态、疾病、劳动情况甚至是那个时代的举止态度的种种痕迹。

对于历史学家而言，应更着眼于使用熟悉的档案史料，在这方面可以举出让-保罗·阿龙（Jean-Paul Aron）与勒华拉杜里（Emmanuel Le Roy Laduire）针对征兵检查制度的分析这个例子。[2] 基于1819~

---

[1] Jean-Pierre Peter et Jacques Revel, "Le corps: L'homme malade et son histoire," in *Faire de l'histoire*, t. III, Gallimard, 1974. 关于最近的研究动向，参见 André Rauch, "Le corps, objet et territoire actuels de l'histoire (1972-1985)," *Ethnologic Française*, 1986, No. 4. 作为由民族学的观点出发的身体论，有 Françoise Loux 十分优秀的作品，Françoise Loux, *Le corps dans la société traditionnelle*, Berger-Levrault, 1979（藏持不三也・信部保隆訳『肉体：伝統社会における慣習と知恵』マルジュ社、1983）。此外，作为具体的研究案例，可参照 Stephen Kern, *Anatomy and Destiny. A cultural History of the Human Body*, 1975（喜多迅鷹・喜多元子訳『肉体の文化史』文化放送、1977）; Edward Shorter, *A History of Women's Bodies*, Basic Books, 1982.

[2] Jean-Paul Aron, Paul Dumont et Emmanuel Le Roy Laduire, *Anthropologie du conscrit français*, Mouton, 1972. 同样让人感兴趣的是，有19世纪初期迪弗当日城的统计。Adolphe d'Angeville, *Essai sur la statistique de la population française, considérée sous quelaues-uns de ses rapport physiques et moraux*, Bourg, 1836; N^lle éd. avec l'Introduction d'Emmanuel Le Roy Laduire, Mouton, 1969.

1826 年的检查记录，作者整理了每一县身高、身体残疾、慢性疾病，甚至是职业分布特色及阅读能力的数据，并成功对此进行对照比较。如此一来，就能明了以圣马洛与日内瓦连线为界的法国东北部与法国西南部之间在身高上存在鲜明的对照，疾病以及某种身体残疾与职业分布有着密切的联系。这份统计通过将身体特征与社会情况进行对比，鲜明地揭示出人类的身体的确无非是社会性的身体这一事实。

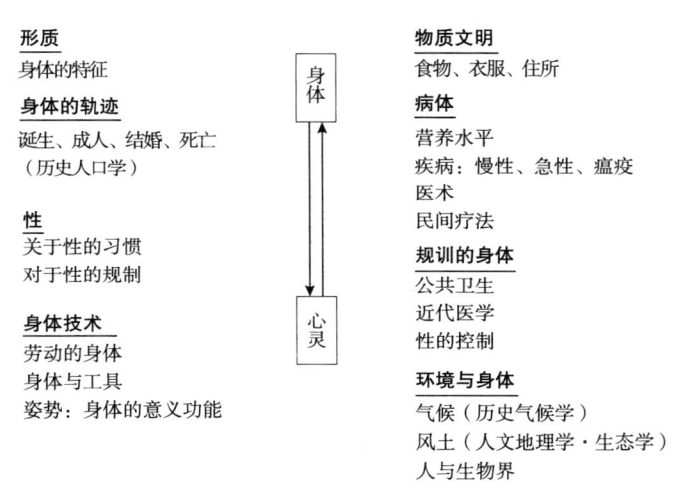

形质
身体的特征

身体的轨迹
诞生、成人、结婚、死亡
（历史人口学）

性
关于性的习惯
对于性的规制

身体技术
劳动的身体
身体与工具
姿势：身体的意义功能

身体 ↕ 心灵

物质文明
食物、衣服、住所

病体
营养水平
疾病：慢性、急性、瘟疫
医术
民间疗法

规训的身体
公共卫生
近代医学
性的控制

环境与身体
气候（历史气候学）
风土（人文地理学·生态学）
人与生物界

图 1　身体性（corporéité）的构成

如此，作为生物学上的论据，同时也能反映社会情况的身体，人类终其一生，都在持续背负着。因为战后迅速发展起来的历史人口学的关系，我们几乎能够十分细致地追寻这一身体终身的轨迹。因为出生率、死产、婴儿死亡率、初婚年龄、生育间隔、终身单身率、死亡率、平均寿命等统计数据，将身体在各个时代、各个地域、各个社会阶层所处的具体状况展现了出来。必须说，死亡率的阶层差异、职业差异在刻画出身体社会性的同时，其长期的变动与死亡观念的改变也有着极大的关系。通过生育间隔、生育频率的变化曲线来进行推测是可能的，而出生调节的有无问题，应该也能对探寻时人的身体观以强有力的帮助。

若把问题进一步拓展，正如在弗兰德林（Jean‑Lousi Flandrin）与索雷（Jacques Solé）的研究中所能见到的那样，在人类的性生活（Sexualité Humaine）的分析方面，历史人类学的数据也提供了有力的支援。① 关于性的习惯，不仅是身体的问题，也是社会性规范的问题。根据未婚生育儿童出生率这种性行为的现实情况，规范所拥有的意义也变得清晰起来。正因为基于教区簿册这样系统性的资料，使长时段内的统计分析成为可能，历史人口学方才拥有了不可估量的贡献。

把视角从上述探寻身体的真实情况转移到把身体作为一个工具进行工作的立场，这正是身体技术的内容。每种文化都有其固有的身体技术这样的观点虽然早就被马塞尔·莫斯（Marcel Mauss）所批判，但进一步而言，如身体语言所能看到的那样，"身体"内涵作用的阐明正成为一个重要的课题。我们必须回忆起交流的很大一部分内容，是由与语言并列的身体姿势所承担的。

劳动的场合也是，有必要超越仅单纯地关心劳动时间与劳动报酬这样的局限，应当将之作为身体的问题来重新理解。弗朗索瓦丝·卢库斯（Françoise Loux）认为："手艺也好智慧也好，实际上，那是肉身的使用方法，总而言之，无非是如何在自制、节制肉身的同时对其进行使用的方法。这是一件如何将'活生生'的肉体，为了劳动而且通过劳动使之成为比起幼儿时期更为复杂的工具的事情。"农耕也好，畜牧也罢，或者是渔猎，这些劳动全部被记在身体之中，因为其传承的应有状态，正是通过技术与工具，一同赋予文化以特征。②

如此，同时作为生理性与社会性存在的身体，到底是被置于怎样的环境之中的呢？首先，是直接关于身体的各种条件，以衣、食、住为中心的日常生活史成为问题。到目前为止，经济史的研究，即使是农业史，虽然针对诸如土地所有权的分布与经营规模、雇佣劳动等问题，围绕农业经营的各种条件进行了确实是十分细致的研究，但却并未从正面探究农业对应怎样的饮食生活，而仅仅满足于认定日本人的主食是稻米，欧洲人的是小麦制作的面包。因为从只热衷于研究稻作与谷作以

---

① Jean-Lousi Flandrin, *Le sexe et l'Occident*, Ed. Du Seuil, 1981（宮原信訳『性と歴史』新評論、1987）; Jacques Solé, *L'amour en Occident à l'époque moderne*, Albin Michel, 1976（西川長夫他訳『性愛の社会史』人文書院、1985）.

② Françoise Loux, *Le corps*, ch. 1: le labeur quotidien, p. 25. 蔵持不三也、信部保隆訳『肉体：伝統社会における慣習と知恵』マルジュ社、1983、第 26~27 頁。

来，人们就建立起了这样一种默认的前提，但如果尝试重新提问：平民的日常饮食是何种样子？那么回答一定是完全不知道。

即便在欧洲，饮食生活被视为历史学的一个重要分支，也是比较晚近的事情。荞麦、玉米与土豆等的实际作用，肉、鱼、乳制品实际在何种程度上被平民所摄取，这样的问题开始受到学界关注。关于衣料或住所方面的研究，情况也都一样。在这点上，我们有必要从民俗学与文化学的研究中多加学习。

在1937年召开于巴黎的第一届民俗学国际会议上，以衣、食、住为中心的物质文明被采纳为一个主要的议题，这次大会上，"年鉴学派"小组显示了极强的关切，马克·布洛赫围绕着住所样式与社会构造的关联做了报告，吕西安·费弗尔（Lucien Febvre）则为了弄清法国饮食文化的地域类型，提议针对食物油的种类与其地理分布进行历史溯源性考察的共同研究。① 这种尝试在战后被费尔南·布罗代尔（Fernand Braudel）所继承，最终在《日常性构造》中结出了果实。② 法国的历史学家们在一段时期内十分热衷于食物摄取中的卡路里计算，这多少有些滑稽，但不仅仅在生产水平上对食物进行探究，而是通过探寻其具体的摄取情况，明了人类的身体是如何被支撑起来的，我认为这提出了一个重要的问题。

法国封建时期饮食生活史的研究，基于统计的确凿证据揭示出社会上层的饱食与社会下层恒常的营养不足的鲜明对比。这样的营养状态与恶劣环境相辅相成，由此，生病的身体成为历史学研究中的一个重大问题。人们在受到慢性疾病折磨的同时，被间歇袭来的瘟疫驱赶进死亡的深渊。比哈本（Jean–Noël Biraben）等人关于黑死病的共同研究，展现了欧洲如何深受这一疫病的影响。近年来的医学史，不单单是追寻作为科学的近代医学的诞生轨迹，还关注具有强大生命力的民间疗法，将其对于身体的思考方式与作为近代医学基础的身体观进行对比，努力使之

---

① *Travaux du 1ᵉʳ Congrès International de Folkore*, Tours, 1938.
② Fernand Braudel, *Civilisation matérielle, économie et capitalisme, XVᵉ – XVIIIᵉ siècle*. Tome I: *Les strutures du quotidien*, Armand Colin, 1979（村上光彦訳『日常性の構造』1・2 みずみ書房、1985）. 此外，关于饮食生活研究的现状与问题点，参见拙作「社会史としての食生活史」以及「『食生活史』補遺」（二宮宏之：『全体を見る眼と歴史家たち』木鐸社、1986）。

不断变得清晰。①

进入近代以后，对于如此病体，公共卫生与医学同时开始寻求策略，尤其是眼看着急剧增加的人口，城市环境的整顿成为公权力投以极大关注之事。路易十四治下的巴黎巡回法庭，在1667年新设立了治安地方官（警察总监）这样一个职位，其手下的尼古拉斯·德拉马鲁警察所著的《警务纲要》（Traité de la police），列举了从墓地外迁到水源整顿、污水处理的规定等各项细致入微的行政措施。② 这类公共卫生的发展，同时也是圣俗权力对身体规训的强化过程。特兰托公会议之后的天主教会，对于性的"偏离"（deviation）进行了十分严格的追查，市政府将病人变成被排斥和隐藏的对象。精神病患者被强制收容于疗养院，如福柯（Michel Foucault）所指出的那样，这也是17世纪后半叶的事情。③

虽然顺序往后排了一些，但在思考"身体"问题之时，必须重视围绕着身体的环境——自然、风土的意义。图1记载的各条目，是与自然环境和身体之间的关系有着深刻关联的问题群。在法国，有着十分优秀的由维达尔·白兰士（Paul Vidal de la Blache）建立起基础的人文地理学的传统，该传统也一直与历史学保持着紧密关系。而在法国的地域史研究之中，环境（milieu）占有不可忽视的一席之地，在开头必然会放上与之有关的一章，这也显示出两者之间深刻的联系。维达尔学派的法国人文地理学的特征，便是与地理决定论针锋相对，重视人类对自然的能动作用。其有时被误解为某种"可能论"（possibilisme），进而被批评为有着过于放大人类能动性的倾向。近年来，从生态学的立场出发对人文历史学提出批判，也与上述理由一脉相承，正因为如此才更有必要认真地重新思考"自然"对于人类的意义。对于历史学同样如此，在身体复权的同时，必须将自然的复权作为一个重要的课题。

第一，气候本身对于身体而言是个大问题。如穆尚布莱（Robert

---

① Jean-Noël Biraben, *Les hommes et la peste*, 2 vol., Mouton, 1975. 关于医与病的历史学的具体案例，参考アナール论文选3『医と病い』新評論、1984。
② Nicolas Delamare, *Traité de la police*, 4 vol. in-fol., 1705~1738.
③ Michel Foucault, *Histoire de la folie à l'âge classique*, Plon, 1961; 2ᵉ éd., Gallimard, 1972, 田村俶訳『狂気の歴史』新潮社、1975。

Muchembled）所言，即使是在法国，至少在北部法国，冬季寒潮的来临对于不论是衣料方面还是住所情况方面都不具有防御手段的民众，特别是病人与儿童而言，确实是一个可怕的存在。① 随着战后历史气象学的发展，有关长期气候变动的数据也渐渐被整理了出来，虽说尚有很多（情况）不得不靠推测，但从16世纪中叶到19世纪中叶，这段时期欧洲处于一个长时段的低温期，被称为"小冰河时期"，这一事实已经得到了确认。其直接影响也好，以对粮食产量的影响为媒介而间接产生的影响也罢，寒暑变化与多雨、干旱等对身体的影响对于历史学家而言必然是一个重要的课题。勒华拉杜里将之恰切地表达为"晴雨史"，留心对于气候变化没有敏捷应对手段的传统社会，应会更加明了无论是长时段的，还是短时段的气候变动所具有的重要性。②

风土，作为人类生活环境的一环同样必须考察其多样性。即使同为欧洲，在西北欧与地中海地区也完全是不一样的世界。这虽然众所周知，然而更进一步，处于平原的乡村与山村以及渔村，在季节变化之中生活的状况本身也有极大的差异。如此一来，存活于自然之中的人类的身体也不得不产生与之相对应的不同技术。人们的自然观，也因风土差异而受到了极大的影响。

如此，气候和风土，与之前所举的衣、食、住这类物质文明的状态有着密切的关系，同时也大致规定了生活条件，与身体的轨迹有着很深的关系。与人类的生存有关的这些各种各样的要素，首先将以"身体"这个参照系为轴，在相互关联中重新被理解，这就是我的第一个观点。

二　心灵

接下来，移步第二条轴线，"心灵"。

在至今为止的历史研究中，围绕着人类精神的工作有着经年累月的丰富积累。但是，其重点被放在了体系化的思想、成果化的审美意识、

---

① Robert Muchembled, *Culture populaire et culture des élites dans la France moderne*, Flammarion, 1978, 1re partie, ch. 1.
② Emmanuel Le Roy Laduire, "L'histoire de la pluie et du beau temps," *in Faire de l'histoire*, t. III, 1974（福井憲彦訳「雨と晴の歴史」『新しい歴史』新評論、1980）.

政治与经济理论以及意识形态这类较高的层次上，一般而言是在哲学史与社会思想史、文学史与美术史这样的形式下进行讨论的。即使是时代思潮，也是专门以精英阶层的思想与理念为中心进行描绘的。对此，在这里敢于尝试以"心灵"的形式进行理解的，不是那种高端文化以及大型宗教的层面，而仅是极为普通之人对日常事物的思考方式、感受方法。法国的历史学将这种意义上人类"心灵"的状态表述为心态（mentalité），而叫作"心灵"的东西，很难从正面进行理解。在图2中采取一方面将"心灵"与"身体"相联结，其他方面则与"行动模式"相联结的形式，正是基于那样的理由。

感性的领域
声、色、香、味、节奏
身体的记忆

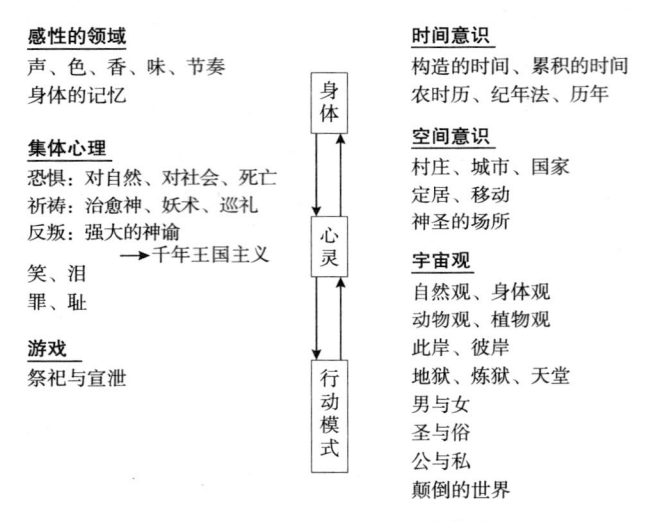

集体心理
恐惧：对自然、对社会、死亡
祈祷：治愈神、妖术、巡礼
反叛：强大的神谕
　　　→千年王国主义
笑、泪
罪、耻

游戏
祭祀与宣泄

时间意识
构造的时间、累积的时间
农时历、纪年法、历年

空间意识
村庄、城市、国家
定居、移动
神圣的场所

宇宙观
自然观、身体观
动物观、植物观
此岸、彼岸
地狱、炼狱、天堂
男与女
圣与俗
公与私
颠倒的世界

身体 ↕ 心灵 ↕ 行动模式

图2　心态（mentalité）的构成

第一，比起理性层面，还是想在感性层面对"心灵"进行理解，因此，便理所当然地产生了在与"身体"的密切关系中对"心灵"进行理解的角度。这并不是说想将人作为专门的"感情动物"进行理解，只是针对旧有思想研究中仅一味地着眼于作为理性存在的人类这样一种弊病的匡正。

第二，是将"心灵"的状态与行动模式紧密联系起来并以此作为理解的角度。封建制度下的民众，罕有将其内心记录成文的。当然，虽然出身贫农，但之后成为洛林王国公家的图书管理员的加姆莱·杜瓦利埃的回忆录、玻璃工匠梅内托拉的日记这样的例子，以及在流水账中不仅只记账还写下对每天发生之事的感想与意见，类似的事也不是没有。还有，如特洛瓦的出版社针对贩夫走卒出版的"蓝皮丛书"（Bibliothèque bleue）系列，虽然不是民众自己写的东西，但将这类面向民众，根据民众需求而制作的小册子作为线索的话，也可以说是对理解民众心态十分有效的一种方法了吧。

　　但是，比起民众在档案里所遗留的极少的内心感受与对事物的思考方法，对其行动模式进行研究效果将会更好。在这个意义上，心态的历史学必须突破旧有的思想史研究手段，开拓新的资源，这就是图2中箭头的含义。比如百姓起义之时，农民们将其要求作为纲领遗留下来是很罕见的情况，但即便不把要求书写成文，农民们对事物的思考方式，也可通过由审判档案等复原的起义行动模式看到。或者还有，通过获取关于生育间隔与未婚生育的历史人口学数据的长时段变动，可以知道民众是怎样应对教会针对避孕与性的控制的。将"心灵"置于身体与行动模式之间，正是基于这样一种问题意识。

　　那么，将心灵置于与身体相互关联这一点进行理解之时，感性领域便径直成为问题。色、声、香、味、节奏等这类感观因素，在人类集体的同一性形成中起到了极大的作用，这在民族学研究中早就被指出，而且作为引发人们相互排斥和歧视的主要原因，它们也有着重要的研究意义。我们在与异质文化的接触中，首当其冲的是感觉因素，在世界观与价值观层面出现违和感之前，感觉因素就发挥了巨大的影响。尽管如此，感性的领域确实是历史学的"处女地"。与其说在史料上对其重构是一件极为困难之事，不如说问题本身并未进入历史学家的视野。在此情况下，可以说赫伊津哈（Johan Huizinga）的工作实在是先驱性的，吕西安·费弗尔也在其拉伯雷研究中着手尝试赋予时代的感性以特征。之后，这种企图被芒德鲁所继承。①

　　按照费弗尔与芒德鲁的思考，虽然铅字文化在近代法国登场，但听觉与触觉仍比视觉更占有优势。比起阅读，人们更多通过听觉与触觉确

---

① Lucien Febvre, *Le problème de l' incroyance au XVIe siècle. La religion de Rabelais*, Albin Michel, 1942, IIe partie, Liver II, ch. IV; Robert Mandrou, *L' introduction à la France moderne*, 1re partie, ch. III.

认事物。同时，在视觉方面，比起文字，图像占据着更高的地位。山口昌男曾在论述第三世界历史意识的同时，指出声音与节奏作为当之无愧的身体性记忆，支撑起人们的历史意识，即使是看上去依靠文字性记忆的西欧世界，若是提醒大家注意一下肉身所具有的唤起力量的重要性，① 那么百姓起义之时被敲响的教堂早钟比起历史叙述，无论如何都一定更能从人们的心中唤醒过去所积累的经验。

我认为，对于民众的心态，比起文字，语言方面的交流对其进行了更大的形塑。特别是在农村，文盲率较高，在漫长的冬夜邻居聚集到一起，于晚饭后度过短暂的"夜间聚会"（veillée）。此时有着这样的习惯——擅长表达的老人诉说着民间故事与当地的传说。刚才所举的面向民众的"蓝皮丛书"虽然也一定是铅字本，但在这样的机会中，可以说是通过被朗读出来，扩散到人群中去的。② 基本依据文献史料的历史学家，容易忽视文字文化背后潜藏的口头文化传统，在思考民间文化起源之时，这一点必须注意。

如此一来，怎样才能理解由此形成的民众心理的特征呢？当然得根据时代的不同、对象社会的不同而变化，也就是说，历史学家们把遗留下来的史料作为线索，尝试着不停地往复运动。那可以说是与文化人类学者田野调查几乎差不多的工作吧。

对于作为1789年"大恐慌"导火线的革命时期民众的心态，乔治·勒费弗尔（Georges Lefebvre）赋予其以不安（inquiétude）与希望（espérance）这两种乍一看互相矛盾的特征。伏维尔（Michel Vovelle）也讨论"革命心态"，他同意勒费弗尔的见解，强调这两者经常被认为是关系密切之物。③ 不仅是革命时期，在一个更长时段的框架内思考封建时期民众心理的特质时，我自己认为能从中分析出恐怖、祈祷、反叛

---

① 山口昌男「〈第三世界〉における歴史像」（収入岩波講座『世界歴史』第30卷、1971）。

② Robert Mandrou, *De la culture populaire aux 17ᵉ et 18ᵉ siècles. La Bibliothèque bleue de Troyes*, 2ᵉ éd. Augmentée, Plon, 1975, pp. 20~22（二宮宏之、長谷川輝夫訳『民眾本の世界——十七・十八世紀フランスの民眾文化』人文書院、1988）．

③ Georges Lefebvre, Foules révolutionnaires, in *Etudes sur la Révolution française*, P. U. E., 1954（二宮宏之訳『革命的群眾』創文社、1982、第34頁以後）; Michel Vovelle, *La mentalité révolutionnaire. Société et mentalités sous la Révolution française*, Editions sociales, 1985.

这一连串的心灵结构（mechanism）。

恐怖的感觉不断蔓延，吕西安·费弗尔在论述16世纪的社会时，将之恰切地描述为"连绵不断的恐怖，无所不至的恐怖"（Peur toujours, peur parrtout），这也被德吕摩（Jean Delumean）在更大的框架内验证过。① 可以说，由恐怖变化而来的由衷的祈祷，典型地表现为希望瘟疫得治的宗教队伍与奥弗涅的黑玛丽信仰等。受过洗礼的法国国王，被相信具有治愈结核病的能力，大量的患者为了实现接触国王的目的涌至兰斯，这件事在马克·布洛赫早年的研究《国王神迹》中被详细地进行了论证，在今天看来，一句"迷信"就能总结的那种现象，在民众心理由恐怖向祈祷的转变过程中仍起到了很大的作用。②

当恐惧与祈祷的紧张程度达到巅峰之时，便出现了反叛的局面。本文并非对其进行详细论述的合适场合，为了理解17世纪频繁发生的民众起义的背景，必须超越单纯的经济利害对立，而考察隐藏其间的民众心态。列斐伏尔（Georges Lefebvre）认为，"如此一来，他们为了逃避不安，加紧了行动。总而言之，逃向前方"。在1789年的"大恐慌"中，发生了这样的情节。③

将民众心态仅仅局限于恐慌、祈祷、反叛，或许是多少有些悲观的看法。即使不举出拉伯雷，我们也十分熟悉民众哄笑的模样。巴赫金早就指出这继承了中世纪大众文化的传统。而按照阿部谨也的说法，只有一起捧腹大笑，方才是朋友。④ 笑也能转化为相拥之泪。安妮·文笙－芭渥德（Anne Vincent-Buffault）追寻眼泪的历史，认为在革命时期，泪水走出剧院，溢满街头，这或许也应该被称为时代的感性。⑤ 我们同

---

① Lucien Febvere, *op. cit.*, p. 445; Jean Delumean, *La peur en Occident, XIVe – XVIIIe siècles*, Fayard, 1978.
② Marc Bloch, *Les Rois thaumaturges*, Strasbourg, 1924.
③ Georges Lefebvre, art. Cit. 二宮宏之訳『革命的群眾』創文社、1982、第45頁。
④ ミハイール・バフチーン（Михаил・Ъахтинг）著、川端香男里訳『フランソワ・ラブレーの作品と中世・ルネッサンスの民眾文化』せりか書房、1980；阿部謹也「ティル・オイレンシュピーゲル」『思想』第663号、1979年9月、第109頁。
⑤ Anne Vincent-Buffault, *Histoire des larmes, XVIIIe – XLXe siècles*, Ed. Rivages, 1986, 1re partie, ch. 5.

样无法忘记，勒华拉杜里对中世纪比利牛斯山脉中蒙塔尤村的村民们进行"参与观察"，记录下他们如何欢笑，如何哭泣。①

那么，在此把话题从感性的领域转移到表象的世界，我们建立了时间意识、空间意识、世界形象这类有些许夸张的标杆。但这也并非更高层次的哲学话语体系。当时极为普通的人，如何理解时间的虚无、场域的扩大？以怎样一种结构思考围绕自己的世界？这是在此需要探讨的问题。围绕第一个时间意识，川田顺造在《无文字社会的历史》中，将循环往复的时间（构造性时间）与纵向流动的时间（累积性时间）进行对比，条理清晰地提出了观点。②研究者认为，基督教在欧洲确立了单线的时间意识，但封建时期村民们实际生活的时间到底如何，这却是一个大问题。实际上，何止是在大革命之前，即使到了20世纪，仍有同样的问题，因此民族学的调查才会关注时间观念的复合性。川田所引用的贝尔诺（Lucien Bernot）与布朗卡尔（René Blancard）对诺曼底地区诺尔夫村的共同调查显示，普法战争（1870~1871）之前的事，被概括为"从前"这样一种表达，成为一种被构造化的时间。③

同样的事实，也在左纳本德（Françoise Zonabend）等人对于勃艮地地区米特村的调查中被指出。④村民时间意识的基础，便是根据季节的变化，于农历下雕凿的"生态学意义的时间"，并装点一些以祭祀为代表的各种例行节日活动。循环往复的时间以这样的一年作为框架不断重复，从天地创造一直到终结，那么，纵向的基督教时间观念如何渗透其间，国王的统治时期这样一种国家性时间究竟在何种程度上被了解和接受，这些问题都有必要进行探讨。从这样一种观点出发，纪年法的问题、一年的开始究竟是谁决定的这样一种时间的管理与权力之间的关系，将会成为重要的课题。

村庄与城市的空间，是如何被认识的呢？城市基本上被城墙所包

---

① Emmanuel Le Roy Ladurie, *Montaillou, village occilan de 1294 à 1324*, Gallimard, 1975, ch. VIII.
② 川田順造『無文字社会の歴史』岩波書店、1976，特别是其中第18章。
③ Lucien Bernot et René Blancard, *Nouville, un village français*, Paris, 1953.
④ Françoise Zonabend, *La mémoire longue. Temps et histoires au village*, P. U. F., 1980.

围，形成一个与外界相别的空间。与此相对，村庄处在广阔自然的范围之内。当然，在村庄的空间中，并非不存在任何结构。任何村庄的中心，有教堂，其尖塔不论在村庄的哪个地方都能看到。教堂对面，基本都有酒吧，是村民聚集的场所。此外，便是与菜园相伴的各家各户。这就是狭义上作为聚集地的村庄。其周边延伸着农田、草场、牧地，这全部都是村民们负责的场所，能让他们感到自己是主人的空间。而在其外，延展着存在双重价值的空间，与村落保持关系的同时，也同样是他者的世界，是一个混杂着善意与恶意的空间。绵延的森林与山野栖息着狼，潜伏着盗贼，时常还有魔女聚集。对于村民而言，那是一个特殊的世界，成为一个敌对的空间。

这便是穆尚布莱所描绘的乡村聚落中空间意识的三重构造，① 当然，在山村与海边的村庄，应该有着十分不同的构造。总之，无论如何，为了切实理解人与人之间建立的关系，对空间意识的分析是不可或缺的。从这种"村庄"与"城市"层面上的空间意识出发，其到底是如何拓展到作为故乡的"国家"意识的呢？更进一步，能够意识到法国国王的存在，到底是何原因？对于这样一种情况，有必要对各种层面上的空间意识进行确认。

更需要提前提醒的是，一方面存在着定居者的空间意识，另一方面也存在着以移动为前提的场所意识。游历的工匠与商人们，以及四处放牧的牧民们自不必说，即使是基本上定居的农民，其以参加巡礼的形式将意想不到的远方联结起来的场所意识，能够产生远超物理空间的框架。这一点，正因为总是容易被忽视，因此希望大家能够事先留神。还有，如同经常被指出的那样，空间的结构与庇护的功能也有关，神圣之所对于空间组成而言具有重大的意义。

那么最后就是宇宙观的问题。在此领域，神话与传说，谚语与习惯法，以及民间话本与各种图像资料都给予了有力的帮助。特别是谚

---

① Robert Muchembled, *Culture populaire et culture des élites*, pp. 59–62. 此外，关于都市，可参考年鉴学派论文选第4卷『都市空間の解剖』（新評論、1985）所收录的论文。关于都市的近邻群体，Garrioch 的研究十分优秀，David Garrioch, *Neighbourbood and Community in Pairs, 1740–1790*, Cambridge U. P., 1986. 关于此书，可参考高澤紀惠「パリの地缘的〈共同体〉」『社会史研究』第8号、1988年3月。

语，在弗朗索瓦丝·卢库斯围绕着身体，玛尔蒂娜·谢阁兰（Martine Segalen）论述男女、夫妻关系之时，甚至是在弗兰德林的性生活（Sexualité Humaine）分析中，都被用作讨论集体心态的基本资料。[1] 以特洛瓦的"蓝皮丛书"（Biblithèque bleue de Troyes）为代表的面向民众的小册子与埃皮纳勒印刷制品等，对于掌握民众的世界观也有帮助。

关于自然观、身体观，有的早在有关"身体"的考察中便触碰到了，动物观、植物观也是如此，在了解人类对围绕自己的全体生物是如何理解方面是一个重要的题目。这个主题与饮食生活中的禁忌问题也有着深刻的关系。如何体会"彼岸"？基督教神学中在天堂与地狱之上新加入了炼狱，围绕其诞生的经过，雅克·勒高夫进行了详细的论述。但不论如何，这是彼岸的问题。但是，因为死者经常与生者共处的观念根深蒂固，这样一来，死者便在彼岸与此岸之间往来。有必要关注这一民间信仰的情况，特别是其与基督教教义的关系。

上面的论述，有很多地方都显示出无论对于时间意识、空间意识、宇宙论中的哪一个，其在带有时代共同性的同时，会因社会阶层的不同而有明显的差异。以欧洲这样的社会作为研究对象时，特别有必要注意这一点。精英文化与民间文化的对立只是一个过于二分法的想法，在其中必须通过引入文化中间层的问题与文化适应（acculturation）的角度，解开各层面重叠的关系。在此，将问题移步社会性结合的实际情况。

三 "纽带"以及"羁绊"

正式讨论社会性结合关系并非本文的主题。但有必要以"身体"和"心灵"为参照，展望基于此形成了怎样的"纽带"。到目前为止，不论是身体还是心灵，都被拉回到个人的角度进行探讨。但因为人类原

---

[1] Françoise Loux er Philippe Richard, *Sagesse du corp. La santé et la maladie dans les proverbes français*, Maisonneuve et Larose, 1978; Martine Segalen, *Mari et femme dans la société paysanne*, Flammarion, 1980; Jean-Louis Flandrin, *Le sexe et l'Occident*, Ed. Du Seuil, 1981（特别是参考其中第11、12章）。

本是存在于社会之中的，所谓的"身体"，是被置于社会性的场合的身体，即被表现为社会性身体，"心灵"也是，超越个人的心理，表现为集体心理。这样一来，以内含了社会性关系的身体与心灵为前提所形成的"纽带"，也就是法国史学界所指称的社会性（sociabilité），是一个为了分析社会性结合关系而出现的基本概念。这种结合关系，一方面是关联性的（solidarité）纽带，另一方面又是约束性的（contrainte）羁绊。图3中既有"纽带"又有"羁绊"，正是为了揭示这种双重性格。

共属感觉、共属意识
形质的特征
语言、文字
感觉：色、声、香、味、节奏
习俗
价值规范
他者认识
边缘人
鄙夷的构造

周缘、无缘
纽带的结扣
集会、弥撒、市场、宴会、祭祀
酒吧、咖啡馆、沙龙、游戏、巡礼

亲属构造
家族构造：夫妇、亲子、兄弟姐妹
亲族名称、亲族称呼
父系集团、母系集团
教父、教母制
婚姻的策略
"家庭"结合
地缘结合
村庄、城市、国家
通婚圈、通商圈、习惯法领域
年龄阶梯群体、性别群体
儿童、青年、成人、老人、死人
儿童组、青年组
少年宿舍、少女宿舍
职能团体
村庄共同体
工匠行会、商人行会
都市共同体、大学、协会
信仰团体
教区、修道会、巡礼团
共济会
信心会（兄弟团）
身份、阶级、民族、国民
政治统合
经济统合
文化统合

身体 → 心灵
↓
纽带
以及
羁绊

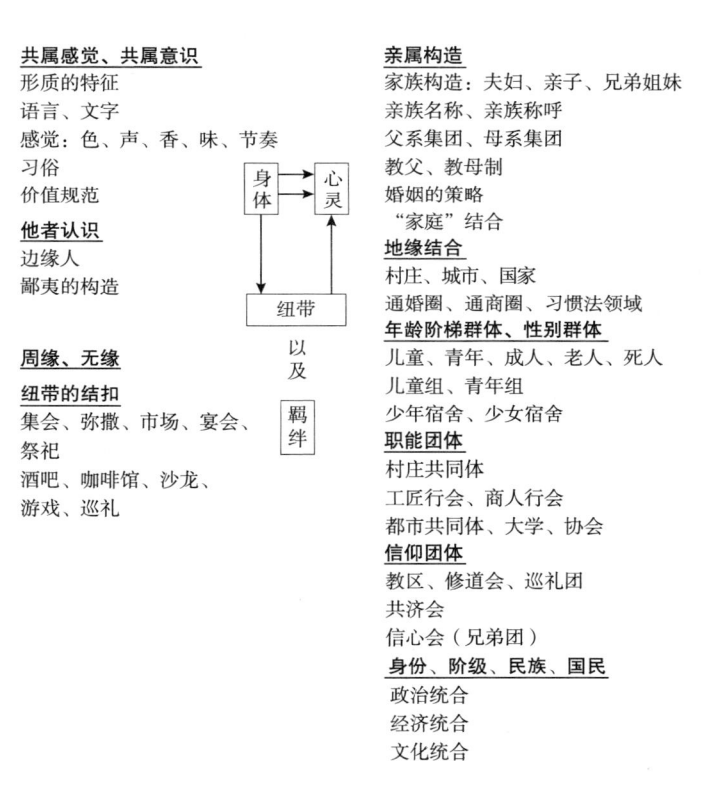

图3　社会性结合（sociabilité）

将社会性的概念正式纳入历史学的是莫里斯·阿居隆（Maurice Agulhon）。他最初利用这一概念，是为了刻画法国南部普罗旺斯地区特有的亲密的人际关系，现在可以说"社会性"与"心态"一样，成为法国史学界的一个关键概念。阿居隆的社会性理论关注的是"正式的结合关系"（sociabilité formelle）与"非正式的结合关系"（sociabilité informelle）的区别，阿居隆重视从非正式向正式的转化，那对于思考社会运动的发展确实是一个十分重要的角度，但在此处我更希望强调"非正式的结合关系"的重要性。① 这一点与人类学家着眼于"隐藏的维度"有相通之处，对于论述社会性，首先以"身体"和"心灵"作为起点，基于此再对"纽带""羁绊"追根溯源。基于这样的操作顺序，也是为了深入正式结合关系的内部，认清非正式的共性。实际上，从预先设定的社会集团的结构与"阶级""民族"这一类前提条件出发，无法理解拥有特定属性的各个历史社会的真实情况；而社会性这一概念，正是对此进行深刻反思之后产生的。②

那么，把"纽带"作为问题，首先应该提出的便是支撑起共属感觉、共属意识的各主要原因。关于形质（character）特征，因为曾经充满偏见的人种理论以此作为排除和歧视的根据，很难对这一问题进行冷静的探讨。虽然很难将人种进行客观的区分，但肤色与发色、五官容貌与体形这些身体特征，对"我们意识"的形成依然有着十分巨大的效果，对这点必须十分留心。关于"语言"，特别是方言这一问题，即使是有着悠久中央集权语言政策传统的法国，对于以曾经的法兰西岛方言为基础的标准法语而言，南部法国奥克语的传统也有其根深蒂固之处。此外，属于凯尔特语系的布里多尼语、作为日耳曼语方言的阿尔萨斯语、北部佛兰德地区的佛兰德语、比利牛斯南部的加泰罗尼亚语、科西嘉地区的意大利语，以及不属于印欧语系的巴斯克语等，此类少数族群语言的存在，近年越来越受到关注。关于法国大革命时期的语言情况，阿贝·格雷戈瓦（Abbe·Gregoire）的调查显示，即使是被称为"法国的六角形"的内部，语言的多样性也比想象的复杂。这对于各语言集团共属意识与他者认识起到了很大的作用。正因如此，进一步

---

① 关于阿居隆的"社会性"理论，可参考工藤光一「移行期における民衆の〈ソシアビリテ〉」『社会史研究』第 8 号、1988 年 3 月。关于最近的研究动向，Survey 有一篇优秀的作品。Etienne Fraçois et Rolf Reichardt, "Les formes de sociabilité en France, du mlieu du XVIIIe siècle au milieu du XIXIe siècle," Revue d'Histoire Moderne et Contemporaine, 1987 n°3.

② 笔者另外两篇文章「ソシアビリテの歴史学と民族」（原载川田順造·福井勝義編『民族とは何か』岩波書店、1988、收入『歴史学再考』），以及「〈sociabilité〉论的矢量」（收入『全体を見る眼と歴史家たち』），对这一问题进行了论述。

而言，巴黎的革命政府也将统一语言作为传播革命理念的手段而牵系于此。① 在感觉领域，因为之前在"身体"这一项中有所接触，可以知晓声音与节奏感确实作为身体性记忆形成了集体心理的基础。这一感觉层面产生了各地特有的歌谣、食物与服饰，更与婚礼、葬礼、祭祀等习俗相关，形成了各地独有的文化。在法国封建时期，虽说巴黎与凡尔赛的荣光渐及地方，但牢牢把握住人们共属感觉的还是对身边世界的归属意识。

但是在这里有必要注意的是，即使是形质、语言、感觉这些被视为与生俱来的因素，也绝不是固定不变的。在一个长时段内考量之时，这些也会变化，而共属感觉所形塑的集团的框架，也会随之而变化。说到习俗，有必要考虑其包含容易改变的风俗与形式这一层。要理解社会性，必须同时看清长期不变之相与以各种波长移动变化之相。正因如此，新史学将形式作为日常性的问题进行理解。

再补充一下，共属感觉与其说是一种积极形式，不如说更多地被表现为消极形式。音、色、味方面的共有感觉，只是在与并不对其共有的他者相遇之时，才会开始被清楚地意识到。为了理解结合的纽带，以谁为他者、以什么作为界限的存在，有必要对他者意识的情况进行一个深入的调查。中心，无疑是在边缘的对照之下才显出清晰的形象。排除的体系与鄙夷的构造，如此一来便浮现为一个重要的主题。

如上所述，在理解社会性结合的各种重要因素之后，接下来就必须考察具体的结合框架的情况。这样一种框架当然会根据对象社会的不同而有着很大的变化，图 3 右边所记录的，就是思考框架的几条线索，在这里的尝试，虽然很啰嗦，但仍要记住是针对法国封建时期的。

关于亲族关系，首先家庭的结构是一个问题。历史人口学的研究十分热衷于追寻欧洲家族的特征，包括地域类型的问题。在法国并存

---

① 天野知恵子：「ことば・革命・民衆——フランス革命下におけるグレゴワールのアンケート調査分析」『社会史研究』第 6 号、1985 年 8 月；原聖：「言語社会史のなかの少数言語——フランス革命期の事例から」『一橋研究』第 12 巻第 2 号、1987 年 7 月。

着两种类型，在西北欧地区占统治地位的单偶婚家族（核心家庭）与在南欧占优势地位的复合家族（大家族）。这两种家庭形态，被认为与社会结构和政治统治形态有着很深的关系。家庭内部的夫妻、亲子、兄弟姐妹的关系等，包括继承制度，必须关注到其地域类型。从社会性的角度出发，与狭义的作为共同居住集团的家族（世代）相比，或许可以说通过血缘关系与婚姻纽带将家庭联系起来的亲族集团更为重要。通过婚姻手段横跨几代所组成的"门第"，其功能即使是在欧洲社会也有必要深入思考。在洗礼时起到很大作用的命名人，教父、教母制度等作为拟制的亲子关系，从社会性网络组织的角度出发也让人兴致颇深。①

地缘性结合、职业性结合被认为是人与人结合的基本纽带，关于这点因为笔者在另一篇文章《法国绝对王政的统治结构》中已有概括性论述，请读者参考，在此就不再触及了。② 当我们仔细观察封建时期的法国社会之时，常常会惊异于不论是在地缘方面还是职业方面，事实上布满了多样的人与人之间结合的网络。

虽然在之前的论文中不能采用，但不同的年龄群体与性别群体从社会性的视角来看也有重要的意义。特别值得关注的是青少年群体，正如被视为喧闹的庆祝（charivari）的惯例所起到的效果那样，他们也具有双重意义：一方面与成年人对抗，另一方面又维持着传统价值规范。在乡村生活中，与由年龄阶层所带来的差异一样，男性与女性的分野也十分清晰。作为性别集团，少年宿舍与少女宿舍也是其中一例，在"夜间聚会"这点上也是，存在着只限女性参加、排除男性的例子。在社会性理论中，男女区别的问题尚未有正式的研究，有必要仔细琢磨。

由信仰而形成的结合的重要性，不需要重新指出。天主教也好，新教也罢，还有犹太教，可以说从诞生一直到死亡，最重要的都是作为信徒生活中的纽带。基本的教会组织结构自不必说，特别是自大城市发展起来的信仰组织（兄弟会）起到的巨大作用，很早就被

---

① 参考年鉴学派论文选第 2 卷『家の歴史社会学』（新評論、1983）所载各篇论文。
② 此为笔者在 1977 年西洋史学会大会上的报告，收入拙作『全体を見る眼と歴史家たち』。

指出了。即使不是恒久不变之物，巡礼团体也给加入者留下了深刻的印象。

以上，从社会性的角度出发建立了若干线索，对围绕各个线索的问题群进行了探讨。不应忘记它们在作为社会结合"纽带"的同时，也是"羁绊"。这个角度通向对共性与个性关系的思考，① 当缺少这一角度时，就会忽略共同体是专门被预设为和谐的（unanimiste）存在而出现的，其实内部隐藏着矛盾的（conflictuel）一面。这不单是向近代转变时期的问题，即使是在中世纪，也就是世人所谓的"未开化"时期，也是必须留意的问题。

以上，我们一边留心封建时期的法国社会，一边探讨了社会性结合的多种结构，在这种基层社会性网络之上，在欧洲社会，出现了身份与阶级、民族与国民这种更高层次的组织结构。② 从前的历史学的确是集中关注这一层面的。在此对被重点考察的有关政治、经济、文化统合过程的分析，超出了本文的主旨，就把它交给另文来研究吧。③

说起 16～18 世纪的欧洲，按照历史学的常规做法首先想到的便是一个国民国家形成的时代，在此之下也开始形成国民经济与国民文化。这本身绝对没有错，但至少也应该视为需被克服的前朝遗物。难道真像这样，一个个活生生的人刚一覆盖上"国民"的大网就被塑造为国民？他们在相互的日常关系中所形成的多种共同纽带的存在就被忘记了吗？但若想要基于生活在那个时代的活生生的个人对历史进行理解，就必须马上逆转顺序。在这里，尝试着返回到"身体"与"心灵"的发端，重新对历史进行理解，也是因为这一理由。这样，一旦让问题逆转之

---

① 与本文总体论述有关的重要观点，参考喜安郎「労働劳动者の生活圏における〈个と共同性〉」『クリティーク』第 7 号、1987 年 4 月。

② 增田四郎的『社会史への道』（日本エディタースクール出版部、1981），从根源性的人与人的结合地点出发，到达国家、民族层面的路线，显示了深刻的思维痕迹。笔者草创此文过程中，从该书获益良多。此外，Pierre Nora 监修的"记忆之场"论文集（Pierre Nora éd., Les lieux de mémoire. Tome II: La Nation, 3vol., Gallimard, 1986），围绕 Nation 概念的成立这一主题进行了深入研究，笔者亦从中获益不少。

③ 关于笔者在这方面的看法，敬请参考『民族の世界史』丛书第八卷『ヨーロッパ文明の原型』（山川出版社、1985）所收录的增田四郎、井上幸治、樺山紘紘一、二宮宏之座谈会纪要「ヨーロッパにおける〈民族〉」。

后，就应该去重新提取经济体制与政治支配的因素。不然，政治史与经济史终将停留在表面。这一立场确立之时，文化人类学的方法与视角对于历史学家而言，会是强有力的援军吧。本文敢于以历史人类学试论为题，也是基于这一原因。

说明：本文为1985年3月14日在国立民族学博物馆召开的"民族とは何か"研讨会上所做报告的一部分，后发表于『社会史研究』第8号（1988年3月），收入『二宫宏之著作集』第三卷（岩波書店、2011）时，仅部分字句有所修改。

图书在版编目(CIP)数据

新史学.第十五卷,社会史的新探索/李恭忠本卷主编.--北京:社会科学文献出版社,2022.12
ISBN 978-7-5228-1243-4

Ⅰ.①新… Ⅱ.①李… Ⅲ.①史学-文集 Ⅳ.
①K0-53

中国版本图书馆 CIP 数据核字(2022)第 244122 号

新史学(第十五卷)
——社会史的新探索

本卷主编 / 李恭忠

出 版 人 / 王利民
责任编辑 / 石 岩
责任印制 / 王京美

出　　版 / 社会科学文献出版社·历史学分社(010)59367256
　　　　　　地址:北京市北三环中路甲29号院华龙大厦 邮编:100029
　　　　　　网址:www.ssap.com.cn
发　　行 / 社会科学文献出版社(010)59367028
印　　装 / 三河市龙林印务有限公司

规　　格 / 开　本:787mm×1092mm 1/16
　　　　　　印　张:17.25 字　数:269千字
版　　次 / 2022年12月第1版 2022年12月第1次印刷
书　　号 / ISBN 978-7-5228-1243-4
定　　价 / 98.00元

读者服务电话:4008918866

版权所有 翻印必究